Der Erste Weltkrieg markiert eine historische Wegscheide von allergrößter Bedeutung: den Anfang vom Ende des bürgerlichen Zeitalters. Die dramatische Vorgeschichte und das Kriegsgeschehen selbst entfalteten eine Eigendynamik, die alle Versuche einer diplomatischen Beendigung des Völkerringens zum Scheitern verurteilte – ungeachtet des unermesslichen Leidens der Soldaten an den Fronten und mehr und mehr auch der Zivilbevölkerung. Es kam zu einer fortschreitenden Radikalisierung der Kriegführung, die alle Schichten der Bevölkerung immer stärker in die Kriegshandlungen einbezog und die Fundamente der politischen und gesellschaftlichen Ordnung in ihren Grundfesten erschütterte.

Ein Übriges tat der Versailler Vertrag, mit dem Deutschland nachhaltig und langfristig niedergehalten werden sollte, der aber gerade das Gegenteil dessen bewirkte, was beabsichtigt war. Die Weimarer Republik wurde in einer Weise belastet, dass die aufkommenden Nationalsozialisten schließlich den Staat übernehmen und ab 1939 auch noch Europa in Brand setzen konnten.

Der Autor, Repräsentant einer international wahrgenommenen deutschen Geschichtswissenschaft und Kenner der Geschichte des 19. und 20. Jahrhunderts, behandelt in seinen hier zusammengestellten, miteinander in enger Beziehung stehenden und souverän geschriebenen Abhandlungen und Essays zentrale Aspekte des damaligen Geschehens, das weitreichende Folgen haben sollte.

Wolfgang J. Mommsen, geboren 1930, studierte Geschichte, Philosophie, Politische Wissenschaften und Kunstgeschichte. Professor für Mittlere und Neuere Geschichte an der Universität Düsseldorf (1968–1995); Direktor des Deutschen Historischen Instituts in London (1977–1985). Zahlreiche Gastprofessuren und Fellowships im In- und Ausland, zuletzt am Wissenschaftskolleg zu Berlin. Gegenwärtig Fellow am Max-Weber-Kolleg der Universität Erfurt. Vorsitzender des Verbandes der Historiker Deutschlands (1988–1992); Mitherausgeber der Max-Weber-Gesamtausgabe und der Zeitschrift »Geschichte und Gesellschaft« (bis 1999).
Veröffentlichungen in den Fischer Verlagen: »Das Zeitalter des Imperialismus« (= FWG 28, 1969, 21. Aufl. 1998); »Das Ende der Kolonialreiche« (als Hg., 1990, vergr.); »Der autoritäre Nationalstaat« (1990, Bd. 10525); »Intellektuelle im Deutschen Kaiserreich« (zus. mit G. Hübinger als Hg., 1993, vergr.); »1848 – Die ungewollte Revolution« (bei S. Fischer 1998; als Tb.: 2000, Bd. 13899); »Bürgerliche Kultur und politische Ordnung« (Bd. 14951).

Unsere Adresse im internet: www.fischerverlage.de
www.hochschule.fischerverlage.de

Wolfgang J. Mommsen

Der Erste Weltkrieg

Anfang vom Ende
des bürgerlichen Zeitalters

Fischer Taschenbuch Verlag

Originalausgabe
Veröffentlicht im Fischer Taschenbuch Verlag,
einem Unternehmen der S. Fischer Verlag GmbH,
Frankfurt am Main, Mai 2004

Lektorat: Walter H. Pehle
Satz: Fotosatz Otto Gutfreund GmbH, Darmstadt
Druck und Bindung: C. H. Beck, Nördlingen
Printed in Germany
ISBN-3-596-15773-0

Inhalt

Studien zur Geschichte des Ersten Weltkrieges
Einleitung

In den letzten Jahren hat die Zeit des Ersten Weltkrieges, die im historischen Bewusstsein lange hinter der wirkmächtigeren Epoche des
Nationalsozialismus und des Zweiten Weltkrieges zurückstand, erneut
steigende Aufmerksamkeit auf sich gezogen. Der Strom neuerer Publikationen reißt nicht ab; im zurückliegenden Jahrzehnt sind nach Angaben
der »Jahresberichte für deutsche Geschichte« im Durchschnitt jährlich
150 Publikationen zum Ersten Weltkrieg neu erschienen. Es ist nicht allein der Umstand, dass jede Generation die Geschichte des Ersten Weltkrieges mit anderen Augen sieht, der dies bedingt. Grundlegender ist die
Tatsache, dass der Erste Weltkrieg, oder – wie die Engländer auch heute
noch sagen – der »Great War«, eine historische Epochenscheide darstellt,
von der bedeutende Wirkungen bis in unsere Gegenwart hinein ausgegangen sind. Er steht am Ende der Epoche des bürgerlichen Europas –
des »langen 19. Jahrhunderts« (Hobsbawm). Zugleich aber führte er in
eine neue Epoche hemmungsloser Gewaltpolitik, die in brutalen Massen-
umsiedlungen und Völkermord von bisher in der Geschichte nicht bekannten Ausmaßen kulminierte.
Der Erste Weltkrieg hatte schwer wiegende Auswirkungen auf die europäischen Gesellschaften. Er führte zu tief greifenden sozialen Um-
schichtungen und zu einer lange anhaltenden Verunsicherung der bürgerlichen Schichten. Dies schuf den Nährboden für den Aufstieg der
Faschismen und des Nationalsozialismus, andererseits aber für die Machtergreifung des Bolschewismus zunächst in Russland und späterhin in
ganz Osteuropa. Die politischen Ordnungen parlamentarischen Typs,
die nach dem Ende des Krieges entstanden, waren nirgends beliebt, und
in der Folge gerieten sie in die Mühlsteine der nationalistischen Kräfte
auf der Rechten und den kommunistischen Bewegungen auf der Linken.
Vor allem aber wurden die materiellen und ebenso die ideellen Grundlagen der bürgerlichen Kultur Europas, wie sie sich seit der Aufklärung
entwickelt hatte, durch den Ersten Weltkrieg und seine Folgen aufs
Schwerste erschüttert. Krieg und Inflation zerstörten die wirtschaftliche

Basis des kulturbewussten Bürgertums sowie der ihr eng verbundenen Intelligenz. Damit wurde zu guten Teilen auch das bürgerliche Kulturleben und die gesicherte Existenz der Künstler, Schriftsteller und Wissenschaftler unterminiert. Eine entwurzelte Schicht von Intellektuellen verschrieb sich nun radikalen ideologischen Lehren, dem Programm einer »Konservativen Revolution« und dann immer stärker völkisch-rassischen Ideen auf der Rechten sowie dem Marxismus-Leninismus auf der Linken.

Auch das weltwirtschaftliche System wurde in seiner Entfaltung weit zurückgeworfen. Die alten ebenso wie die neu begründeten Nationalstaaten suchten in einer Zeit der andauernden Rezession durch eine Politik wirtschaftlicher Autonomie ihre Haut auf Kosten ihrer Nachbarn zu retten; ebenso gingen sie zumeist vom Goldstandard ab. Auf diese Weise wurden der ohnehin daniederliegende Welthandel nachhaltig beeinträchtigt und die wirtschaftliche Wachstumsstockungen noch weiter verschärft. In der Weltwirtschaftskrise von 1930/32, die einerseits mit der Vernichtung von riesigen Kapitalvermögen, andererseits mit Massenarmut von bisher unbekanntem Ausmaß einherging, erreichte diese Entwicklung ihren fatalen Höhepunkt.

Im Hinblick auf diese Sachverhalte ist es nur zu gerechtfertigt, den Ersten Weltkrieg mit George F. Kennan als »Urkatastrophe Europas« zu bezeichnen. Das bürgerliche Europa, das ungeachtet schwerer sozialer Konflikte ein hohes Maß von politischer und sozialer Stabilität sowie vergleichsweise stetigem wirtschaftlichen Wachstum gekannt hatte, gehörte der Vergangenheit an. In der Tat, nichts war nach 1918 noch so, wie es in den letzten Jahrzehnten vor 1914 gewesen war. In den bürgerlichen Schichten breitete sich Nostalgie aus; die Erinnerung an »die [angeblich] gute alte Zeit« unter Bismarck und dem Kaiser wurde für ihre politische Orientierung maßgebend. Sie blickten zurück und nicht nach vorn in eine offene, tatkräftig zu gestaltende Zukunft. Die Arbeiterschaft hatte zwar – nicht zuletzt als Folge des Krieges – ihre politische sowie rechtliche Emanzipation erlangt und sich mit den Gewerkschaften eine effektive wirtschaftliche Interessenvertretung erkämpft. Aber all dies half ihr in den Jahren schwerer wirtschaftlicher Krisen nicht viel. Selbst die gerade eben eingeführte Arbeitslosenversicherung musste während der Wirtschaftskrise wieder zurückgenommen werden. Niedrige Löhne und hohe Arbeitslosigkeit drückten große Teile der industriellen Arbeiterschaft wieder in eine Zone relativer Verelendung hinein, nicht nur in Deutschland, sondern auch in Großbritannien und Frankreich, und selbst die erstmalige Beteiligung sozialistischer Parteien an der Regierung wie in Frankreich vermochte ihr Los nicht durchgreifend zu verbessern. Unter diesen Umständen drifteten große Teile der Arbeiterschaft immer mehr nach links ab, während die ohnehin tief verunsicherten bürgerlichen Schichten bei der Rechten Schutz gegen die klassenkämpferischen Parolen der linkssozialistischen Parteien suchten. Die Jahre von Weimar waren im Grunde nicht viel mehr als eine Phase der endgültigen Dekomposition des Wilhelminischen Kaiserreiches.

Auch in weltpolitischer Hinsicht stellt der Erste Weltkrieg einen tiefen Einschnitt dar. Er führte zum weitgehenden Zerfall des europäischen Staatensystems, das – ungeachtet vielfach martialischer Töne in den europäischen Hauptstädten – den Frieden in Europa für nahezu ein halbes Jahrhundert erhalten hatte, seit mit den preußisch-deutschen Einigungskriegen die Gründung des Deutschen Reiches und dessen Anerkennung im Kreise der Großmächte erreicht worden war. Zugestandenermaßen, auch in der Zeit zwischen 1871 bis zum Kriegsausbruch 1914 hat es immer wieder Kriege gegeben, aber sie fanden durchweg an der Peripherie Europas, auf dem Balkan und in Afrika, statt, während die Mitte Europas von kriegerischen Erschütterungen verschont blieb. Bis zu den Balkankriegen 1911/12 war es den Großmächten gelungen, namentlich die im Orient immer wieder aufflammenden politischen Krisen mit diplomatischen Mitteln, wenngleich untermischt mit begrenzter Gewaltanwendung, unter Kontrolle zu halten und zu lösen, ohne dass es zu größeren kriegerischen Verwicklungen oder zur Destabilisierung des europäischen Staatensystems kam. Besonders Otto von Bismarck hatte eine Diplomatie des Augenmaßes betrieben, die von radikalen Schritten nichts wissen und den mächtepolitischen Status quo als solchen nicht in Zweifel gezogen sehen wollte. Eine Aufteilung des Osmanischen Reiches kam für den deutschen Reichskanzler wegen der unabsehbaren politischen Konsequenzen nicht in Frage. Die folgende Generation geriet hingegen unter den Einfluss eines immer stärker aufkommenden nationalistischen Imperialismus, der territoriale Expansion nach Übersee als unabdingbare Notwendigkeit betrachtete, um in der kommenden Epoche des Weltstaatensystems weiterhin mithalten zu können.

Infolgedessen gewann seit 1911 die Bereitschaft, die politischen Differenzen zwischen den europäischen Mächten notfalls auch mit gewaltsamen Mitteln auszutragen, zunehmend die Überhand über die Diplomatie, von der man in der Öffentlichkeit immer lautstarker forderte, dass sie mit weltpolitischen Erwerbungen in Übersee aufwarten solle. Militarismus und Wettrüsten als vorgebliche Mittel, um eben dies zu erreichen, gewannen immer stärker an Boden. Die Warnungen einiger weniger Männer, zu denen auch August Bebel gehörte, dass bei einem unverminderten Weitertreiben der Rüstungen seitens der Großmächte zu Lande und zur See unvermeidlich früher oder später ein Weltkrieg ausbrechen und dieser die »Götterdämmerung der bürgerlichen Welt« heraufführen werde, verhallten nahezu ungehört. Im Gegenteil, im politischen und militärischen Establishment wurde die Möglichkeit eines europäischen Krieges zunehmend begrüßt. In künstlerischen und literarischen Kreisen breitete sich überdies die Ansicht aus, dass ein großer europäischer Krieg im Grunde zu begrüßen sei, weil er eine »Reinigung« des angeblich erstarrten bürgerlichen Kulturlebens bringen werde. Die Politiker und Militärs neigten zu der Ansicht, dass ein großer europäischer Krieg für die Gesellschaft eigentlich eine gute Sache sein würde, zumal mit diesem früher oder später ohnehin gerechnet werden müsse.

Als der Erste Weltkrieg dann wirklich kam, strafte er alle diese optimistischen Annahmen Lügen. Der Krieg wuchs sich, wie der deutsche Generalstabschef von Moltke schon am Vorabend der Kriegserklärung eingestanden hatte, zu einer Katastrophe aus, welche die europäische Kultur auf lange hinaus schwer beeinträchtigen sollte. In kultureller Hinsicht führte der Krieg zu einer Versäulung der europäischen Nationalkulturen gegeneinander. Es kam zu einem »Krieg der Geister«, der die intellektuellen Eliten gegeneinander engagierte und das Wissen um die Gemeinsamkeiten Europas weithin aus dem öffentlichen Bewusstsein verdrängte. Die hieraus resultierenden Folgen haben bis in die 1950er Jahre hinein nachgewirkt. Auch in weltpolitischer Hinsicht führte der Erste Weltkrieg nicht zu einer dauerhaften Weltordnung, sondern zu tiefer innerer Zerrissenheit. Im Deutschen Reich hatte man erhofft, dass der Weltkrieg zu einer mehr oder minder gewaltgestützten Hegemonialstellung der Mittelmächte unter deutscher Führung über den europäischen Kontinent führen werde. Unter der wohlwollenden Hegemonie der Mittelmächte über die kleineren Mächte des europäischen Kontinents, so meinte man zumindest im Lager der Gemäßigten, würde eine neue Friedensordnung entstehen, die an die Stelle des beständig instabilen europäischen Staatensystems treten und einen dauerhaften Frieden garantieren könne. Die Bolschewiki indes erwarteten eine revolutionäre Umgestaltung der europäischen Gesellschaften gemäß den Prinzipien des Marximus-Leninismus als Folge des Weltkrieges. Die Westmächte hingegen strebten eine grundlegende Umgestaltung des europäischen Staatensystems auf der Basis der »Vierzehn Punkte« an, um – wie es der amerikanische Präsident Woodrow Wilson proklamiert hatte – die Welt »safe for democracy« zu machen. Jedoch scheiterte der große

Versuch, mittels der Begründung eines Völkerbundes demokratischer Nationalstaaten eine stabile Ordnung im kontinentalen Europa zu schaffen. Ebenso misslang eine befriedigende politische Neuordnung der Peripherie Europas, mit Auswirkungen, die sich bis in unsere Gegenwart hinein erstrecken. Der Erste Weltkrieg ließ ein tief zerrissenes Europa zurück, in welchem nahezu alle Völker bestrebt waren, die Nachkriegsordnung bei nächstbester Gelegenheit mit Gewalt wieder einzureißen.

Die Auflösung Österreich-Ungarns und die Schaffung eines Bündels von neuen Nationalstaaten in Ostmittel- und Südosteuropa brachten ebenfalls nicht die erhoffte Stabilisierung der Verhältnisse, deren fehlende Festigkeit ja schon den Anlass zur Entstehung des Ersten Weltkrieges gegeben hatten. Die neuen Nationalstaaten Südosteuropas waren weder wirtschaftlich leistungsfähig noch politisch homogen; überdies gab es innerhalb ihrer Grenzen, welche die Friedensmacher von Versailles unter strategischen Gesichtspunkten ziemlich arbiträr festgelegt hatten, durchweg große ethnische bzw. kulturelle Minderheiten, die sich einer Integration weithin entzogen. Dieser Umstand erwies sich in der Folge als ein destabilisierender Faktor erster Ordnung, der dem Aufstieg des italienischen Faschismus und späterhin des Nationalsozialismus die Wege gebahnt hat. Die südslawischen ethnischen Gruppen waren ohne Rücksicht auf die Tatsache, dass diese weder in religiöser noch in kultureller Hinsicht eine Einheit bildeten, in einem gemeinsamen südslawischen Staate zusammengefasst worden, der anfangs mithilfe der Königsdiktatur Alexanders und späterhin der marxistisch-leninistischen Diktatur Titos gewaltsam zusammengehalten wurde. Dieses Gebilde ist nicht zufällig nach dem Ende des Sowjetsystems auseinander geplatzt. Ähnliches gilt für die Tschechoslowakei, die freilich mit einer besonders widerspenstigen deutschen Minderheit fertig werden musste. Das deutsch-polnische Verhältnis wurde wegen der für das Deutsche Reich schwer tragbaren Grenzziehungen zu einem Quell fortdauernder Konflikte, die schließlich zur Auslösung des Zweiten Weltkrieges geführt haben. Insgesamt ergibt sich, dass es den Nachkriegsordnungen, die aus dem Ersten Weltkrieg hervorgegangen sind, nicht nur an politischer Stabilität mangelte, sondern neue Krisenherde entstanden, die bis in unsere Gegenwart hinein den Frieden in Europa gefährden.

In noch ungleich höherem Maße gilt dies für die Verhältnisse im Nahen Osten, ein Sachverhalt, der in der Öffentlichkeit meist übersehen wird. Die Zerschlagung des Osmanischen Reiches, das gegenüber den anderen nichtislamischen Minoritäten, insbesondere der christlichen Bevölkerung der so genannten europäischen Türkei, eigentlich ein relativ tolerantes Regiment geübt hatte, hat Folgen gehabt, die bis heute die Weltpolitik in bedenklicher Weise beeinflussen. Denn zu einer wirklichen politischen Emanzipation der arabischen Welt kam es nicht, sondern zu einer Neuordnung dieser Region, die einseitig den Interessen der westlichen Welt Rechnung trug. Im Nahen Osten hatten die primär interessierten Siegermächte Großbritannien und Frankreich nach 1918 weitgehend freie Hand; ihre Gegenspieler unter den Großmächten waren teils außer Kraft gesetzt, teils mit sich selbst beschäftigt. Demgemäß konnten die Westmächte die arabische Welt gemäß dem Sykes-Picot-Abkommen von 1916 in Interessenzonen aufteilen, die ihren jeweiligen imperialen Interessen entsprachen. So entstand jene Gemengelage von weitgehend künstlichen arabischen Staaten, die zumeist von ursprünglich seitens der Mandatsmächten arbiträr eingesetzten Dynastien gemeinsam mit winzigen Eliten autokratisch regiert wurden, wie beispielsweise Kuwait, Dubai, Saudi-Arabien, Jordanien, Syrien und der Libanon. Nur die Türkei unter Kemal Atatürk vermochte sich den 1920 im Frieden von Sèvres den von den Westmächten oktroyierten Friedensbedingungen weitgehend zu entziehen, allerdings mit der fatalen Folge, dass es zu einem von den Westmächten unterstützten Angriffskrieg Griechenlands gegen die Türkei kam, der mit der gewaltsamen »Aussiedlung« – oder sollen wir sagen: der Vertreibung – von mehreren hunderttausend Griechen vom anatolischen Festland endete. Heute sind die Vereinigten Staaten, offenbar ohne dies wirklich realisiert zu haben, in die Fußstapfen dieses europäischen, insbesondere britischen Imperialismus der Jahre nach dem Ersten Weltkrieg getreten, mit den bekannten Folgen, die in dem gegenwärtigen Krieg im Irak gipfeln.

Selbst in diesem Raum zeigen sich also die Spätfolgen des Ersten Weltkrieges und der Konflikte, die er zurückgelassen hat. Immer deutlicher zeigt sich, dass dieser Krieg der Anfangspunkt von politischen Entwicklungen gewesen ist, die bis in unsere Gegenwart hinein wirksam sind und auch unsere gegenwärtige Welt in hohem Maße beeinflussen. Es kommt hinzu, dass uns jüngsthin die Realität des Krieges wieder deutlicher geworden ist. Lange galt in der Bundesrepublik unumstritten die Maxime, dass Carl von Clausewitz' berühmte Definition des Kriegs als »Fortführung der Politik mit anderen Mitteln« heute obsolet geworden sei. Dies kann heute nicht mehr uneingeschränkt gesagt werden. Neuerdings hat sogar die lange verfemte Strategie des Präventivkrieges – des »preemptive stroke« – eine Renaissance erfahren. All dies gibt Anlass, sich mit dem Ersten Weltkrieg, als dem Archetyp eines Staatenkrieges, der sich zunehmend in einen bis zur völligen Erschöpfung der Kombattanten geführten Volkskrieg verwandelte, näher zu befassen.

Die hier versammelten Essays* behandeln zentrale Aspekte dieser epochalen Entwicklungen. Der Essay »Der Erste Weltkrieg als Anfang vom Ende des bürgerlichen Zeitalters« schildert die Vorgeschichte des Krieges im europäischen Kontext. Alle europäischen Regierungen befanden sich im Sog der Begehrlichkeiten eines zumeist »objektlosen Imperialismus« (Joseph Schumpeter), der sie vielfach wider besseres Wissen in die Bahn eines immer maßloseren Rüstungswettlaufs einlenken ließ und sie schließlich daran hinderte, eine diplomatische Lösung der durch das Attentat von Sarajewo ausgelösten serbischen Krise zu finden. Die Studie über »Wilhelm II. als König von Preußen und deutscher Kaiser« beleuchtet die Rolle des Monarchen und der engeren preußisch-deutschen Führungselite, die es im Interesse der eigenen Machterhaltung nicht fertig brachte, dem »persönlichen Regiment« des Kaisers Grenzen zu setzen. Der Beitrag »Das Deutsche Reich im Ersten Weltkrieg« beleuchtet einmal mehr die strukturelle Schwäche des halbautoritären Herrschaftssystems des Kaiserreichs, das sich zwar rühmte, weit effizienter zu sein als die parlamentarischen Systeme Westeuropas, aber tatsächlich immer mehr zum hilflosen Spielball des emotionalen Nationalismus der bürgerlichen Schichten einerseits, der rücksichtslosen Gewaltpolitik der militärischen Führung andererseits wurde. Das Deutsche Reich bewegte sich in den Jahren 1915 bis 1918 beständig auf der Schwelle zum totalen Krieg, ohne diese konsequent zu überschreiten. Auch dies war ein Zeichen der strukturellen Schwäche, nicht der Stärke des Herrschaftssystems.

Besondere Bedeutung kommt der Analyse des »Kriegsalltags und des Kriegserlebnisses« zu, nicht zuletzt deshalb, weil hier die mentalen Folgen des Kriegsgeschehens hervortreten, welche das deutsche politische Denken auf lange hinaus geprägt haben. Bemerkenswert ist auch, in welchem Umfang sich die christlichen Kirchen damals in den Dienst der offiziellen Kriegspolitik gestellt und die christliche Heilsbotschaft in nationalgeschichtlichem Sinne umgedeutet haben. Ersichtlich haben sie aus diesen Erfahrungen gelernt. Ein besonders dunkles Kapitel stellen die Bestrebungen zur Schaffung eines deutsch besiedelten »Polnischen Grenzstreifens« dar, welche, obschon sie seinerzeit über erste vorbereitende Schritte nicht hinausgekommen sind, der Anfang der Politik der

---

* Soweit diese schon an anderer Stelle veröffentlicht worden sind, wurden die Texte neu durchgesehen und der Wortlaut an einzelnen Stellen modifiziert.

»völkischen Flurbereinigung« und der gewaltsamen Umsiedlung der polnischen und jüdischen Bevölkerung in Ostmitteleuropa waren, die dann im Zweiten Weltkrieg ihre mörderische Umsetzung erfahren sollte. Der Essay über »Deutsche und englische Dichter im Ersten Weltkrieg« beansprucht nicht, dieses große Thema auch nur annähernd flächendeckend behandeln zu wollen, zumal hier nur die deutsche und die englische poetische Literatur berücksichtigt werden, und auch diese nur selektiv. Allein die hier zusammengetragenen literarischen Zeugnisse zeichnen ein besonders eindringliches Bild der Mentalität der Bevölkerung, und nicht zuletzt der Soldaten während des Ersten Weltkrieges. Gerade die hier zitierten Autoren, die nahezu ausnahmslos auch Kriegsteilnehmer waren, verfügten über ein ungewöhnliches Maß von Sensibilität bei der Wahrnehmung der Einstellungen der deutschen bzw. der englischen Gesellschaft zum Kriege und zur Gewalt. Ihre literarischen Zeugnisse vermitteln einen unvergesslichen Eindruck von der Größe und Gewaltsamkeit des Ersten Weltkrieges.

Abgerundet werden diese Darlegungen durch eine knappe Würdigung des Vertrags von Versailles, der damals von den Verlierern des Krieges mit großer Erbitterung bekämpft, zugleich von den Siegern und von den Angehörigen der neuen Nationen als wenig befriedigend empfunden wurde. Damals war die Ablehnung des Vertrages in Deutschland nahezu einhellig, und das Ziel, ihn wieder zu zerreißen, wurde von fast allen politischen Gruppierungen, von der radikalen Rechten hin zu den Kommunisten, geteilt. Erst aus heutiger Sicht ist es möglich geworden, zu einer objektiven Einschätzung der Pariser Vorortverträge zu gelangen, ohne doch die Kritik an der Zwiespältigkeit ihrer Ergebnisse, vor allem in Ostmittel- und Südosteuropa und nicht zuletzt im Nahen Osten, zu unterdrücken.

Abschließend sei Herrn Dr. Walter Pehle für die Unterstützung dieses Buchprojekts und für manchen kritischen Ratschlag ausdrücklich Dank gesagt.

Düsseldorf, im September 2003   Wolfgang J. Mommsen

Der Erste Weltkrieg als Anfang vom Ende des bürgerlichen Zeitalters

In diesen Tagen ist wieder viel von Krieg und Kriegsplanungen die Rede. Es scheint fast, als ob die Erinnerung an das ungeheure Leiden, welches der Erste und nachfolgend der Zweite Weltkrieg über die Welt gebracht haben, in der Zwischenzeit verblasst ist. Der Erste Weltkrieg verdient dabei in besonderem Maße unsere Aufmerksamkeit. Er steht am Ende der Epoche des bürgerlichen Europa, die ungeachtet großer und wachsender sozialer Gegensätze insgesamt doch eine Zeit außerordentlichen Wirtschaftswachstums gewesen ist, und das sich, so schien es, anschickte, die chronische Armut der immer noch wachsenden Unterschichten der Gesellschaft aufzufangen und diese schrittweise, wenn auch immer noch in äußerst bescheidenem Niveau, am steigenden Wohlstand der bürgerlichen Schichten partizipieren zu lassen. Gleichzeitig vollzog sich schrittweise, wenn auch in den Mittelmächten nur zögerlich, ein Prozess der Demokratisierung der europäischen Staatenordnungen, auch wenn dies noch kaum einen Niederschlag in verfassungspolitischen Normen fand. Nachdem sich herausgestellt hatte, dass eine definitive Entscheidung mit militärischen Mitteln nicht erreichbar war, verwandelte sich das erbitterte Ringen der europäischen Nationen, in das dann 1917 auch die Vereinigten Staaten von Amerika direkt eingriffen, immer mehr in einen Abnutzungs- und Erschöpfungskrieg. Der Schwerpunkt der Aufmerksamkeit der Regierungen verlagerte sich von den Fronten hin zur jeweiligen Heimatfront; die Frage war mehr und mehr, wie lange diese den Krieg noch werde durchhalten können. Die deutsche politische Leitung setzte, nachdem sich die Angriffsoperationen in Frankreich in einem Grabenkrieg von außerordentlicher Brutalität festgefahren hatten, auf den unbeschränkten U-Boot-Krieg in der Hoffnung, dass Großbritannien dann binnen sechs Monaten – so die optimistische Rechnung der Befürworter des unbedingten U-Boot-Krieges – werde aufgeben müssen, noch bevor die Vereinigten Staaten, welche mit aller Schärfe gegen die Völkerrechtswidrigkeit des U-Boot-Krieges protestierten, der sich ja auch gegen Nichtkombattanten einschließlich von Frauen und Kindern richtete, in den Krieg eintreten würden. Dies erwies sich als eine Fehlrechnung unter anderem deshalb, weil die Blockade nicht griff; die Briten standen die Versorgungsengpässe trotz schwerer Entbehrungen durch, wenn auch die politische Landschaft in Großbritannien mit dem Aufstieg Lloyd Georges – eines populistischen Politikers neuen Typs – zum Premierminister grundlegend verändert wurde. Auch die Offensive bei Verdun, die 600 000 Soldaten das Leben kostete, war in der Erwartung begonnen worden, dass man Frankreich gleichsam »ausbluten« und zur Aufgabe des Kampfes zwingen könne. Im Frühjahr 1917 zeigten sich dort zwar mit der Verweigerung französischer Einheiten, die gut befestigten deutschen Verteidigungslinie am Chemin des Dames frontal anzugreifen, ernste Anzeichen der Erschöpfung, aber die Krise der französischen Armee konnte dann dank der geschickten Politik Marschall Pétains, die Festigkeit und Nachgiebigkeit miteinander kombinierte, wieder stabilisiert werden. Auch Italien war nach der Offensive bei Caporetto am Rande völliger Erschöpfung, aber der von der deutschen politischen Leitung erhoffte Zusammenbruch blieb dann doch aus. Nur im Osten gingen die deutschen Erwartungen in Erfüllung. Nach der Februarrevolution 1917 konnte Russland zwar mit alliierter Hilfe noch eine Weile im Kriege gehalten werden, aber auf diese Weise wurde der Boden für die Oktoberrevolution 1917 bereitet, welche die Bolschewiki zur Macht brachte und das definitive Ausscheiden der neu entstehenden UdSSR aus dem Weltkriege zur Folge hatte.

Umgekehrt hatten die Deutschen schon seit 1917 Grund zu der Sorge, dass die Donaumonarchie den Krieg nicht mehr lange würde durchhalten können. In der Tat wuchs sich die steigende Flut der südslawischen Nationalitätenbewegungen zu einer schweren Gefahr für den Bestand des habsburgischen Vielvölkerstaates aus, und es zeichnete sich eine zunehmende Fragmentierung der politischen und gesellschaftlichen Ordnung ab. Außerdem sank die militärische und wirtschaftliche Leistungskraft Österreich-Ungarns immer mehr; nur durch deutsche Hilfe insbesondere militärischer Art konnte der Kollaps der Monarchie, die insbesondere in Galizien 1914 und dann wieder 1916 schwere Niederlagen hatte hinnehmen müssen, immer wieder aufgefangen werden. Auch im Deutschen Reich verschlimmerte sich die schon bei Kriegsbeginn angespannte Ernährungslage in solch hohem Maße, dass es insbesondere im »Rübenwinter« 1916/17, aber auch später vor allem in den industriellen Ballungszentren zu einer immer unzureichenderen Versorgung der Bevölkerung mit Nahrungsmitteln und Heizmaterial sowie mit Gütern des täglichen Bedarfs kam, die teilweise zu lokalen Hungerrevolten führte. Die kritische Versorgungslage in den urbanen Zentren und der steigende

Blutzoll – hatte doch bald nahezu jede Familie einen Gefallenen zu beklagen – ließen sich immer weniger übersehen; eine Ökonomie der Ersatzstoffe für alles und jedes entwickelte sich, was das Lebenshaltungsniveau der Bürger immer weiter herabdrückte. Der anfänglich zumindest in Teilen der Gesellschaft vorhandene Enthusiasmus für den Krieg wich nach und nach einer stummen Bereitschaft zum Durchhalten und mündete am Ende in eine apathische Stimmung ein, die mit der Hoffnung verbunden war, dass das fürchterliche Ringen demnächst zu einem Ende kommen müsse. Als sich im Januar 1917 der Eindruck festigte, dass die Regierungen und die Generalstäbe überhaupt keinen Frieden mit Russland abzuschließen bereit seien, kam es in Österreich und in zahlreichen Städten Deutschlands zu spontanen Massenstreiks, entgegen den erklärten Willensbekundungen der Gewerkschaften und der sozialdemokratischen Parteien. Diese Umstände sprechen für sich. Der zunehmend drückenden Stimmung an der Heimatfront, die durch patriotische Appelle immer weniger aufgebessert werden konnte, entsprach es, dass es seit dem Scheitern der Märzoffensive 1918 auch an der Westfront zu »verdeckten Militärstreiks« (Deist) kam.

Die Wirtschaft der europäischen Mächte war bei Kriegsende ebenfalls in hohem Maße erschüttert. Die Forcierung der Rüstungsproduktion auf Kosten eines ausgeglichenen Wachstums der übrigen Wirtschaftssektoren hatte zu schweren dysfunktionalen Störungen geführt. Die fortschreitende Abnutzung der Maschinen und Anlagen, der Mangel an Rohstoffen, der Verlust zahlreicher Facharbeiter – dies alles waren schwere Hypotheken für den Neubeginn. Dies traf auch für den landwirtschaftlichen Sektor zu; insbesondere bei den Mittelmächten führte der Mangel an Düngemitteln und Arbeitskräften zu landwirtschaftlichem Raubbau. Die immer erneuten Anläufe zu einer staatlichen Regulierung der Nahrungsmittelproduktion, die infolge der Unzulänglichkeit der bürokratischen Apparate unzulänglich blieb, hatten ebenfalls eine höchst schwierige Situation für die Landwirtschaft entstehen lassen.

Gleiches galt auch auf dem finanziellen Sektor. Gewiss, die Staatsverschuldung und die Inflation waren im Deutschen Reich und in Österreich-Ungarn bei weitem am höchsten, trotz der Aufsaugung eines großen Teils der privaten Vermögen in Form von Kriegsanleihen. Aber auch Italien, Frankreich und Russland waren finanziell am Rande ihrer Kräfte und mussten von Großbritannien beziehungsweise den USA mit riesigen Krediten über Wasser gehalten werden. Die Amerikaner dachten jedoch auch später nicht daran, ihrem englischen Bündnispartner die hohen Kriegsschulden zu erlassen, die sich auf diese Weise aufgehäuft hatten.

Die Kriegswirtschaft führte zu einem schleichenden Prozess der sozialen Umschichtung, vor dem Vordergrund einer steten Verschlechterung der wirtschaftlichen Lage der Bevölkerung in ihrer Gesamtheit. Die Unterschichten vor allem in den urbanen Zentren wurden durch die Entwicklung schwer getroffen, zumal sich die notwendigen Lebensmittel und Güter des täglichen Bedarfs immer weniger auf dem freien Markt beschaffen ließen. Zugleich aber zeichnete sich eine relative Verarmung des Bürgertums ab, das vom Staate in überproportionalem Umfang zur Finanzierung des Krieges herangezogen wurde. Dies galt in besonderem Maße für die höheren Schichten, soweit diese nicht direkt von der Rüstungsproduktion profitierten, und vor allem für die Beamtenschaft und die Intellektuellen. Das traditionell hohe Vermögenspolster des Bürgertums war eine Bedingung der Möglichkeit eines differenzierten Kulturbetriebes gewesen. Nunmehr aber schmolzen die privaten Vermögen ab, unter anderem durch die Kriegsanleihen. Erst nach Ende des Weltkrieges sollte sich das ganze Ausmaß der Vermögensvernichtung abzeichnen. Der ökonomische Aufstieg des kleinen Sektors des industriellen Bürgertums kraft der Kriegsgewinne fiel demgegenüber nicht ins Gewicht. Umgekehrt kam es zu einem relativen sozialen Aufstieg der Spitzen der industriellen Arbeiterschaft, die das herkömmliche kleinere Bürgertum überholten. Die schleichende Verarmung und der damit verbundene soziale Abstieg der traditionellen bürgerlichen Schichten hatte schwer wiegende Folgen; diese drifteten vielfach in das neu entstehende rechtsradikale Lager ab.

Diese Liste lässt sich mühelos fortsetzen, doch mögen diese Hinweise genügen. Bei Kriegsende bot sich in Europa das folgende Bild: Russland war zerfallen und hatte in den Kernregionen des ehemaligen zarischen Reiches einem kommunistischen Regime Platz gemacht, das freilich zu diesem Zeitpunkt in einen blutigen Bürgerkrieg mit weißrussischen Verbänden verwickelt war. Österreich-Ungarn löste sich in ein Bündel von Nationalstaaten auf, die sich teilweise, wie die Tschechoslowakei und Jugoslawien, am Ende als nicht lebensfähig erwiesen und in jedem Falle mit großen ökonomischen Schwierigkeiten zu kämpfen hatten. Das Osmanische Reich zerfiel. Kemal Atatürk konnte sich in den Kernregionen des ehemaligen Osmanischen Reiches nach erbitterten Kriegshandlungen mit Griechenland behaupten, welches sich den alliierten Mächten als Zwangsvollstrecker angedient hatte. Die Türkei verwandelte sich im Zuge dieser Auseinandersetzungen, die zur weitgehenden Vertreibung des griechischen Volksteils vom anatolischen Kernland führten, unter Atatürk in einen halbfaschistischen Nationalstaat. Die arabischen Regionen hingegen wurden gemäß den Interessen der westlichen Mächte in eine Vielzahl von Mandatsterritorien aufgeteilt, die späterhin zu nicht sonderlich lebensfähigen Staaten werden sollten. In Italien kam nach einem Intermezzo schwacher liberaler Regierungen der Faschismus zur Macht, der die Friedensordnung von Versailles vom ersten Tage an bekämpfte. In Deutschland sah es zunächst besser aus. Hier schien sich nach den Wirren der Revolution die demokratische Republik von Weimar zu stabilisieren; aber im Grunde gab die demokratische Republik nur die verfassungspolitische Fassade eines innenpolitischen Waffenstillstands zwischen der Rechten und der Linken ab. Nur Großbritannien und Frankreich kamen einigermaßen glimpflich aus dem Kriege heraus, freilich ebenfalls mit schweren wirtschaftlichen und politischen Hypotheken, die in der Folge zu großen sozialen Konflikten und am Ende zur Bildung einer Volksfrontregierung in Frankreich führten. Die Hegemonie der großen Flügelmächte Europas, nämlich der Vereinigten Staaten und, mit einiger Verspätung, der UdSSR war eine vollzogene Tatsache. Zugleich kündigte sich das Ende der europäischen Vorherrschaft über den Erdball an; der Niedergang der europäischen Kolonialherrschaft zeichnete sich am Horizont ab, auch wenn diese zunächst noch einmal konsolidiert werden konnte.

Auch auf dem Gebiet der Kultur hat der Erste Weltkrieg breite Schneisen in das europäische Geistesleben geschlagen, die auf eine schwere Beeinträchtigung der überkommenen europäischen Kulturideale hinausliefen. Die intellektuellen Eliten hatten sich in allen Krieg führenden Ländern anfänglich hinter ihre Regierungen gestellt, ja in gewissem Sinne aus eigenem Antrieb heraus einen »Krieg der Geister« betrieben, welcher die ideologische Rechtfertigung des eigenen Lagers und umgekehrt der »Verteufelung« des Gegners zum Ziele hatte. Zu großen Teilen ging dies auch auf die mit allen verfügbaren publizistischen bzw. ästhetischen Mitteln betriebene Propaganda für einen »Siegfrieden« in den Krieg führenden Staaten zurück. Je mehr diese Parolen jedoch in einen Gegensatz zu den Realitäten gerieten, desto schriller wurden sie verkündet. Der größte Teil der europäischen kulturellen Eliten wurde in den Sog dieser Agitation hineingezogen und nicht wenige auch der größten unter den Künstlern und Intellektuellen hielten es für ihre nationale Pflicht, zur Aufrechterhaltung der Kriegsmoral beizutragen. Besonders ausgeprägt war dies im Deutschen Reich, aber im Prinzip traf dies gleichermaßen in allen aktiv am Krieg beteiligten europäischen Staaten zu. Schriftsteller wie Romain Rolland, D. H. Lawrence, Bernard Shaw, Hermann Hesse und Heinrich Mann hatten keine Chance, sich diesem Trend wirksam entgegenzustellen, und für die Künstler, die nicht mit dem Strom der Zeit zu schwimmen bereit waren, blieb nur die innere Emigration.[1] Dies war insofern besonders tragisch, als die ungeheure Vernichtung von öffentlichen und privaten Vermögen als Folge des Kriegs gleichsam die ökonomische Grundlage zerstörte, auf der sich in der europäischen Staatenwelt im 19. Jahrhundert eine reiche und hoch differenzierte Kultur entwickelt hatte. In der Folge gerieten die Gemeinsamkeiten der europäischen geistigen Tradition zunehmend unter die Räder: Die Dichotomie von deutscher Kultur und westlicher Zivilisation in mitteleuropäischer Lesart bzw. der unübersteigbare Gegensatz von westlicher Humanität und deutscher Barbarei wurde immer mehr zur herrschenden Doktrin. Dies führte zu einer geistigen Verflachung der europäischen Kultur und des europäischen Denkens, welche die Anfälligkeit der Intellektuellen für faschistische bzw. nationalsozialistische und umgekehrt bisweilen kommunistische Ideen ungemein steigerte.

Die Bilanz war, wie wir sehen, erschreckend. Wie konnten sich die europäischen Eliten so leichthin, wie dies tatsächlich geschehen ist, auf eine auf einen Weltkrieg zutreibende Politik und eine nationalistische Überformung der Kultur einlassen, welche der geistigen Vorbereitung des Krieges galt?

Dabei hat eine große Menge von unterschiedlichen Faktoren zusammengewirkt:

Auf phänotypischer Ebene kam es zu einer nationalistische Aufladung der öffentlichen Meinung in bisher nicht gekanntem Ausmaß. Dies hing unter anderem mit der Tatsache zusammen, dass sich die große Mehrheit der europäischen Gesellschaften in einer Übergangsphase befand, in welcher sich die Schlüsselfunktionen der Herrschaft ungeachtet eines weit reichenden Wahlrechts nach wie vor in den Händen von schmalen Eliten befanden, die sich teils nach aristokratischen, teils nach Honoratiorenmustern rekrutierten und nicht über eine ausreichende Basis in der Bevölkerung verfügten. In einer solchen Situation bot sich der Appell an nationalistische Stimmungen in besonderem Maße an, um politische Gefolgschaften zu begründen und zu erhalten. Damit einher ging überall dort, wo es sich um multinationale Staaten oder Staaten mit starken ethnischen Minderheiten handelte, eine Destabilisierung der traditionellen Ordnungen unter dem Druck der allerorten aufflammenden Nationalbewegungen. Diese nationalistischen Strömungen steigerten sich unter dem Einfluss des Zeitgeistes zu imperialistischen Ideologien, die durch die verbreitete Ansicht beflügelt wurden, dass in der heraufziehenden Epoche des »Weltstaatensystems« am Ende nur jene Nationen eine Zukunft hätten, die sich zu Weltmächten erweiterten. Alfred T. Mahans Lehre, dass kein Großstaat seine Machtstellung ohne eine entsprechend starke Flotte auf die Dauer werde behaupten können, wirkte sich in dem gleichen Sinne aus.

Dies hinwiederum führte zu einer stetigen Verschärfung der Gegensätze zwischen den europäischen Mächten. Es kam zu einer fortschreitenden »Versäulung« des Mächtesystems, welche den Diplomaten immer weniger Spielraum einräumte. Dies wurde dadurch verschärft, dass nun auch die Mächte zweiten Ranges, namentlich Italien und die Balkanstaaten, starke imperialistische Tendenzen entwickelten. Damit einher ging der Aufbau von Massenheeren sowie die Entwicklung neuer Kriegstechnologien mit einem bislang unbekannten Vernichtungspotenzial. Dies führte zu einem verhängnisvollen Rüstungswettlauf der europäischen Großstaaten, dessen Eigendynamik den politischen Freiraum der Regierungen immer stärker beschränkte und diese im Krisenfall in Zugzwang setzte. Parallel dazu entwickelte sich eine Mentalität, welche einen großen europäischen Krieg für früher oder später als ohnehin unabwendbar betrachtete. Der Topos vom »unvermeidlichen Krieg« wirkte wie eine »self-fulfilling prophecy«, mit anderen Worten, er entfaltete eine sich selbst bestätigende Wirkung.[2] Infolgedessen breitete sich in den Führungsschichten der europäischen Gesellschaften, insbesondere bei den militärischen Instanzen, die Neigung aus, die bestehenden bzw. die künftig zu erwartenden mächtepolitischen und militärischen Probleme mit Hilfe eines Präventivkrieges – eines »preemptive stroke« – zu lösen. Dies schwächte in erheblichem Umfang die Bereitschaft, in Krisensituationen nach friedenserhaltenden Lösungen zu suchen. Die Haager Friedenskonferenzen von 1899 und 1907, welche einen völkerrechtlichen Rahmen für die Verhütung von Kriegen zu schaffen bemüht waren, blieben ohne nachhaltige Wirkung. Die pazifistische Einstellung der Arbeiterschaft und die Bemühungen der bürgerlichen pazifistischen Gruppen fanden in den Führungsetagen der europäischen Mächtepolitik noch ungleich geringere Beachtung.

Die zunehmende Tendenz, die bestehenden politischen Probleme mit gewaltsamen Mitteln zu lösen, stand eigentlich quer zur Entwicklung des weltwirtschaftlichen Systems. Denn schon seit längerem waren multinationale Formen wirtschaftlicher Aktivität auf dem Vormarsch, auf Kosten einseitig nationalwirtschaftlicher Ordnungen. Die internationale Verflechtung des Außenhandels nahm beständig zu und ebenso die Aktivitäten der Außenhandelsbanken, deren Fäden sich, häufig in enger Zusammenarbeit, mittlerweile über den ganzen Erdball erstreckten. Aber diese

Wirtschaftskreise waren nicht stark genug, die Dysfunktionalitäten des nationalistischen Imperialismus der europäischen Industriestaaten einzudämmen und sich dem nationalistischen Zeitgeist wirksam entgegenzustellen. Der Stahlindustrielle Hugo Stinnes hatte 1911 gegenüber Heinrich Claß, dem Vorsitzenden des Alldeutschen Verbandes, der für einen Präventivkrieg plädierte, gemeint:»[...] lassen Sie noch 3–4 Jahre ruhiger Entwicklung, und Deutschland ist der unbestrittene wirtschaftliche Herr in Europa.«[3] Ebenso hatte sich Albert Ballin, Chef der Hapag, der größten deutschen Reederei, seit 1912 wiederholt für eine Verständigung zwischen Großbritannien und Deutschland eingesetzt, um die Gefahr eines Krieges abzuwenden. Vergebens plädierten sie für elastische Formen eines wirtschaftlichen Expansionismus, der das unmittelbare Engagement der Staatsgewalt eher zu beschränken bemüht war. Am Ende wurden sie von den Entwicklungen eingeholt, zumal sie selbst von dem Rüstungsboom der letzten Jahrzehnte vor 1914 profitierten.

Ein weiterer Faktor war die strukturelle Schwäche der Regierungen, die vielfach nicht über zureichenden Rückhalt in der eigenen Bevölkerung verfügten und deshalb von der Sogwelle des populären expansiven »Imperialismus ohne angebbare Grenze« (Joseph Schumpeter) mitgerissen wurden und gegenüber der öffentlichen Meinung durchweg in die Defensive gerieten. Der Aufstieg der Arbeiterbewegung, welche in den wirtschaftlich fortgeschrittenen Ländern bei den bürgerlichen Schichten die Furcht vor sozialistischen Umwälzungen weckte, förderte ebenfalls die Neigung, anstelle von liberalen politischen Strategien solche obrigkeitlichen Charakters zu präferieren. Vielfach wurden die traditionellen Führungseliten nur deshalb in ihren Positionen belassen, weil sie eine Garantie gegen sozialistische Tendenzen der Arbeiterschaft zu bieten versprachen. Dies hinwiederum förderte in den Führungsschichten der europäischen Gesellschaften die Neigung, die bestehenden Probleme im Zweifelsfall mit Krieg und Gewalt zu lösen.

Dies wurde bestärkt durch zahlreiche Intellektuelle und Künstler, die mehr und mehr den Krieg als Ausweg aus der Krise der europäischen Kultur betrachteten. Der italienische Futurismus hatte schon seit geraumer Zeit Gewalt und Krieg als Mittel zur Überwindung der angeblich überlebten bürgerlichen Kultur propagiert, und der Vitalismus – eine gesamteuropäische literarische und künstlerische Bewegung – hatte sich diese Botschaft ebenfalls zu Eigen gemacht. Die künstlerische Avantgarde war auch dann, wenn man selbst von Krieg nichts wissen wollte, von Gewalt und Katastrophen fasziniert. Ludwig Meidners apokalyptische Landschaften, die von ungeheuren Feuersbrünsten, gewaltigen Flutkatastrophen und zerstörten Städten erzählten, sind dafür nur besonders markante Beispiele. Und Schriftsteller und Künstler wie etwa Georg Heym wandten sich dem Krieg zu als einem besonders beliebten Sujet. Unter dem Eindruck der zweiten Marokkokrise von 1911, die Europa dicht an den Rand eines europäischen Krieges heranführte, konzipierte Oswald Spengler erstmals sein großes Projekt vom »Untergang des Abendlandes«. Die künstlerischen und literarischen Eliten fühlten sich von der Idee des Krieges geradezu magisch angezogen, auch dann, wenn sie diesen selbst ablehnten, und halfen damit, einer Mentalität den Weg zu bahnen, die den Krieg nicht mehr als eine Katastrophe, sondern als Chance dafür ansah, eine Wiedergeburt des europäischen Kulturlebens herbeizuführen.

Demgemäß bewegten sich die europäischen Gesellschaften in den letzten beiden Jahrzehnten vor 1914 gleichsam auf einer schiefen Ebene, an deren Ende der zunehmend erwartete und teilweise enthusiastisch herbeigesehnte Große Krieg stand, in den alle großen europäischen Staaten verwickelt wurden. James Joll hat mit einigem Recht von »unspoken assumptions« gesprochen, die das Verhalten der europäischen Öffentlichkeit in den letzten Vorkriegsjahren maßgeblich bestimmt haben. Freilich hatten sich nur wenige von der Größenordnung und den zerstörerischen Auswirkungen eines solchen Krieges eine realistische Vorstellung gemacht. Die ursprünglich weit verbreitete Annahme, dass es aus ökonomischen Gründen nur zu kurzen Kriegen kommen werde, erwies sich als falsch. Mochten auch die Soldaten und ihre Angehörigen vielfach davon ausgehen, dass man nach wenigen Monaten wieder zu Hause sein werde, die Verantwortlichen wussten es besser. Auch die Sozialisten hatten immer wieder gewarnt. August Bebel hatte im November 1911 in einer großen Reichstagsdebatte über eine neue Heeresvorlage beschwörend darauf hingewiesen, dass am Ende des Rüstungswettlaufs der Großmächte ein großer europäischer Krieg stehen werde, welcher der »Götterdämmerung der bürgerlichen Welt« gleichkommen würde. Damals hielten dies die Zeitgenossen für eine rhetorische Übertreibung eines sozialistischen Agitators; heute wird man darüber anders denken.

Schon anlässlich der so genannten Boulanger-Affäre vom Jahre 1887 waren im deutsch-französischen Verhältnis dunkle Schatten heraufgezogen, die zeitweilig die Gefahr eines Krieges einschlossen. Zwar hatte Bismarck damals wie später nicht ernstlich erwogen, seinerseits zum Kriege zu greifen, wenngleich er die Krise von 1887 innenpolitisch weidlich ausgenutzt hat. Jedoch hatte er die Möglichkeit eines französischen Angriffs fest in sein diplomatisches Kalkül eingestellt. Schon damals wurde in weiten Kreisen, namentlich im nationalliberalen Lager, die Meinung vertreten, dass zur endgültigen Sicherung des Bestands des Deutschen Reiches ein erneuter deutsch-französischer Krieg unabweisbar sei. Die Dinge beruhigten sich wieder, und Präventivkriegspläne blieben auf begrenzte Personengruppen beschränkt, wiewohl der Chef des Generalstabs Graf Waldersee 1890 damals offen auf einen Präventivkrieg gegen Frankreich und Russland hingearbeitet hat. Unterschwellig aber blieb die Ansicht weiterhin bestehen, dass die Machtstellung des Deutschen Reiches ohne einen erneuten Krieg mit Frankreich auf Dauer nicht stabilisiert werden könne, und ebenso die Vorstellung, dass »das deutsche Volk einen Krieg nötig« habe (Colmar von der Goltz).

Mit dem Eintritt in eine neue, zweite Phase des Imperialismus, an der alle europäischen Mächte gleichermaßen, wenn auch mit unterschiedlicher Intensität, beteiligt waren, erhielt das Syndrom der Kriegserwartung, das schrittweise in eine positive Bejahung des Krieges überging, weitere Nahrung. Nach und nach stellte sich eine Konstellation ein, in der die großen Kolonialmächte um die Arrondierung ihres Kolonialbesitzes bemüht waren, während sich die *newcomers*, unter ihnen in erster Linie das Deutsche Reich, gegen diese Konstellation aufbäumten. Großbritannien bereinigte durch den Abschluss der Entente Cordiale mit Frankreich eine lange Serie von Konflikten auf überseeischem Gebiet und arrangierte sich auch mit Russland über Persien und mit Japan im Fernen Osten. Auch Italien suchte durch Abkommen mit Frankreich und Großbritannien, als Ergänzung des Dreibundvertrages mit den Mittelmächten, territoriale Ansprüche in Nordafrika zu begründen. Die französische Politik war angesichts der so gewonnenen Rückendeckung dazu in der Lage, ihre einstweilen noch prekäre imperialistische Kontrolle des marokkanischen Königreiches auszubauen. Der Vormarsch einer französischen Militärmacht auf Fes, der zur Stabilisierung der französischen Vorherrschaft im Lande erforderlich erschien, bot dann dem deutschen Staatssekretär des Äußeren, Alfred v. Kiderlen-Wächter, den Ansatzpunkt, um mit einer äußerst gewagten Risikopolitik, die mit dem Kriege drohte, ohne ihn jedoch führen zu wollen, die französische Position in Marokko auszuhebeln. Er verfolgte eine doppelte Zielsetzung, zum einen dem Deutschen Reich mit dem französischen Kongo, als Kompensation für die Aufgabe eigener Ansprüche auf Marokko, ein großes mittelafrikanisches Territorium zu verschaffen, welches das Kernstück eines künftigen Mittelafrika bilden sollte, und zum anderen die Entente Cordiale zu sprengen.

In der Zweiten Marokko-Krise von 1911 finden sich bereits alle Faktoren, die dann im Jahre 1914 zur Auslösung des großen europäischen Krieges führen sollten. Die militärische Drohstrategie gegenüber Frankreich fand 1914 in der Annahme eine Neuauflage, dass man es notwendigenfalls auf einen Krieg sowohl mit diesem werde ankommen lassen als auch mit dem durch den russisch-japanischen Krieg und die Revolution von 1905 geschwächten Russland. Der 1905 erstmals aufgestellte Schlieffenplan bringe – so glaubte man – eine zuverlässige Lösung des strategischen Dilemmas eines Zweifrontenkriegs. Die Ankündigung einer britischen Intervention für den Fall eines deutschen Angriffs auf Frankreich, formuliert in der Mansion House-Rede Lloyd Georges vom Juli 1911, zerstörte jedoch das optimistische Kalkül der deutschen Reichsleitung, die fest mit dem Zurückweichen Frankreichs gerechnet hatte, löste aber zugleich in Deutschland eine Flutwelle anglophober Stimmungen aus, die nun auch die Konservativen erfassten.»Das deutsche Volk weiß jetzt, wo der Feind steht«, erklärte Ernst v. Heydebrand und der Lasa, der Führer der konservativen Reichstagsfraktion, sehr zur Irritation der politischen Leitung, und durch die deutsche Öffentlichkeit ging ein Sturm der Entrüstung über die Einmischung Großbritanniens in den Konflikt. Damals bereits begrüßten breite Kreise der deutschen Gesellschaft, von den Militärs angefangen bis hin zu den Schriftstellern und Künstlern, den Gedanken eines Krieges. Nicht nur die hohe Generalität, sondern auch eine große Zahl von Journalisten und Schriftstellern bedauerte damals, dass es am Ende nicht zu einem Kriege gekommen war, und schrieben dem angeblich stets furchtsamen Kaiser, dem man nun den Spitznamen »Guillaume le timide« gab, die Schuld am Scheitern der deutschen Diplomatie zu.

Am bekanntesten ist das Wort des jüngeren Moltke, der damals an seine Frau schrieb:»Die unglückselige Marokkogeschichte fängt an, mir zum Halse herauszuhängen. Es ist gewiss ein Zeichen lobenswerter Ausdauer, unentwegt auf Kohlen zu sitzen, aber angenehm ist es nicht. Wenn wir aus dieser Affaire wieder mit eingezogenem Schwanz herausschleichen, wenn wir uns nicht zu einer energischen Forderung aufraffen können, die wir bereit sind, mit dem Schwert zu erzwingen, dann verzweifle ich an der Zukunft des Deutschen Reiches.«[4] Ganz ähnlich kommentierte General Erich von Falkenhayn, damals noch Kommandeur des 4. Garderegiments, die politische Lage am Ende der Zweiten Marokko-Krise:»Unsere politische Situation ist äußerlich gebessert [...] Innerlich aber hat sich Nichts geändert, insofern S[eine] M[ajestät] nach wie vor das Äußerste [d.h. den Krieg] abzuwenden entschlossen ist. Damit sind unsere Diplomaten natürlich schachmatt. Ob nicht schließlich doch der allgemeine Unwille, der sich gegen diese Art die Reichsgeschäfte zu betreiben, täglich mehr und in einflussreicheren Kreisen Geltung verschafft, den Kaiser zum Kriege zwingen wird, ist eine andere Frage.«[5] Auch in bürgerlichen Kreisen setzte sich dieser Eindruck fest. Eberhard Gothein – der gewiss nicht zum Lager der »Scharfmacher« gehört, meinte nach der Ersten Marokko-Krise, dass Deutschland jetzt so ziemlich auf den äußersten Tiefpunkt der Achtung bei den anderen Völkern gesunken ist [...], weil es einen »Bramabar zum Herrscher« habe. Der Kaiser engagiere sich persönlich »immer mit großen Worten« und ziehe sich dann kleinmütig zurück, so dass uns in der ganzen Welt niemand mehr ernst nimmt.

Die Zweite Marokko-Krise führte zu einer weiteren Verfestigung der französisch-englischen Entente und zu geheimen militärischen Vereinbarungen beider Generalstäbe für den Kriegsfall. Die Lage der Mittelmächte wurde demnach immer prekärer. Der Imperialismus der Staaten zweiten Ranges, vornehmlich Italiens, das dann Libyen okkupierte, trug zur Verschärfung der Spannungen im internationalen System zusätzlich bei. Diese entfachten 1912 entgegen den Wünschen der Großmächte einen Krieg gegen das Osmanische Reich um die Reste der so genannten europäischen Türkei zu annektieren mit dem Ziel, alle ihre Konnationalen innerhalb des eigenen Nationalstaats zu vereinen; allerdings zerstritten sie sich sogleich über die gemeinsame Kriegsbeute. Aus einem zweiten Balkankrieg ging dann eine für das den Mittelmächten verbündete Bulgarien, indirekt aber auch für Österreich-Ungarn höchst nachteilige Lösung hervor; Serbien etablierte sich als neue Hegemonialmacht auf dem Balkan. Fortan war die Donaumonarchie entschlossen, bei erstbester Gelegenheit die Fesseln des Friedens von Bukarest wieder mit Gewalt zu zerreißen. Die fortschreitende Versäulung der Bündnissysteme, des Dreibunds einerseits, des französisch-russischen Bündnisses andererseits, machte eine diplomatische Bewältigung dieser dicht aufeinander folgenden Krisen an der europäischen Peripherie immer schwieriger. Österreich-Ungarn glaubte der Bedrohung durch die südslawischen Nationalitätenbewegungen nur durch eine gewaltsame Vorwärtsstrategie wirksam begegnen zu können, durch die Serbien an einer weiteren Stärkung seines Einflusses in der Region gehindert und dieses indirekt in den Machtbereich des Habsburgischen Staates eingebunden worden wäre. Wilhelm II. hingegen hoffte die Rolle eines Protektors der südslawischen Nationen (bzw. ihrer Herrscher) zu spielen und auf diese Weise auf dem Balkan »moralische Eroberungen« machen zu können. Andererseits aber wurde er von der Vision eines früher oder später bevorstehenden »Endkampfs der Germanen und der Slawen« geplagt, die ihn wieder auf die

Seite der Donaumonarchie, als einer angeblich deutschen Macht, trieb. Das zarische Russland, dass 1908 unter deutschem Druck brüsk gezwungen worden war, die Annexion von Bosnien und Herzegowina hinzunehmen, wollte jedoch unter keinen Umständen seinen Einfluss auf die Balkanstaaten geschmälert sehen. Die zarische Regierung stand in dieser Frage unter dem Druck der nationalistischen Oberschichten im Lande. Diese sich akkumulierenden nationalistischen, mit imperialistischen Begehrlichkeiten aufgeladenen Gegensätze auf dem Balkan waren bei Lage der Dinge kaum zu beherrschen. Doch wurde dies alles in den Schatten gestellt durch die imperialistischen Bestrebungen im Deutschen Reich, die in der Öffentlichkeit umso schroffer vertreten wurden, je mehr die weltpolitischen Aktionen der deutschen Diplomatie ins Leere liefen oder nur mit unbedeutenden Ergebnissen bzw. unsicheren Wechseln auf die Zukunft aufwarten konnten – wie dem 1912/13 erneuerten Vertrag über eine eventuelle Aufteilung der afrikanischen Besitzungen Portugals unter dem Deutschen Reich und Großbritannien. Nur die Politik der wirtschaftlichen Durchdringung des Osmanischen Reiches mit Hilfe des Baus der Bagdadbahn durch ein Konsortium von Banken und Großindustrie unter deutscher Führung konnte vor 1914 durch internationale Vereinbarungen weitgehend abgesichert werden, allerdings unter Überlassung des letzten Abschnitts der Bahn von Basra zum Persischen Golf an Großbritannien sowie um den Preis der Anerkennung eines britischen Protektorats über das Scheichtum Kuweit.

Den bürgerlichen Schichten war dies jedoch nicht genug. In den bürgerlichen Parteien gewann zunehmend die Ansicht an Boden, dass eine angemessene Berücksichtigung der so genannten weltpolitischen Interessen des Deutschen Reiches notfalls durch eine Politik des unverhüllten Rüstungsdrucks oder, wie Hans Delbrück dies damals nannte, mit einer Strategie des »trockenen« Krieges durchgesetzt werden müsse. Die großbürgerlichen Schichten verlangten, dass in Sachen deutscher Weltpolitik vor einem rückhaltlosen Einsatz des deutschen militärischen Potenzials und gegebenenfalls vor dem Risiko des heißen Krieges nicht zurückgeschreckt werden dürfe, wie dies beispielsweise Ernst Bassermann in der Reichstagssitzung vom 5. Dezember 1911 der Reichsleitung vor Augen stellte: »Was wir wünschen, [...] ist, dass die deutsche auswärtige Politik eine wohlvorbereitete, von Improvisationen sich fern haltende und zielbewusste sein möge, eine Politik, die sich jeden Augenblick bewusst ist der gewaltigen Machtmittel, die wir besitzen und für die unser Volk gern diese großen Opfer bringt.«[7] Diese Strategie führte zu einem am Ende verhängnisvollen Wettrüstens sowie zu einer immer stärkeren nationalistischen Aufheizung der öffentlichen Meinung, bei welcher die realen Bedingungen der deutschen Außenpolitik zunehmend aus dem Blick gerieten. Friedrich von Bernhardis 1912 erschienene Schrift »Deutschland und der nächste Krieg« war besonders deshalb wirksam, weil sie das Überleben der deutsch geprägten Kultur Goethes und Nietzsches in der künftigen internationalen Ordnung davon abhängig erklärte, dass sich das Deutsche Reich zu einer Weltmacht unter Weltmächten erweitern würde. Die Regierungen gerieten zunehmend unter den Druck einer im Grunde unzulänglich orientierten, von den Agitationsverbänden zusätzlich angeheizten Öffentlichkeit und wurden, vielfach gegen ihr besseres Wissen, nach vorn gestoßen.

Gleichzeitig trat angesichts der Befürchtung bzw. der Wünschbarkeit eines mittelbar immer mehr drohenden Krieges allerorten eine Verengung des Blicks der Staatsmänner und Militärs auf das Syndrom der Sicherheit ein. Der Prozess des fortschreitenden Wettrüstens, der alle europäischen Großmächte erfasst hatte, wurde nun zu einem eigenständigen Antriebsfaktor imperialistischer Politik. Die großen Heeresvorlagen, mit welchen die Parlamente der bislang – verglichen mit heutigen Verhältnissen – niedrig besteuerten europäischen Gesellschaften konfrontiert wurden, ließen sich nur mit dem Appell an die nationale Gesinnung rechtfertigen, auch wenn die Regierungen es, wie z. B. Leo Graf von Caprivi 1892, zumeist vermieden, direkt die Kriegstrommel zu rühren. Vielmehr wurde die Steigerung der eigenen Rüstungen zumeist mit dem Motiv der Erhaltung des europäischen Friedens legitimiert, freilich mit dem Hintergedanken der Möglichkeit kriegerischer Verwicklungen. Schon 1892 hatte der ältere Moltke prophetisch darauf hingewiesen, dass die künftigen Kriege Volkskriege sein würden, die womöglich sieben oder mehr Jahre dauern könnten.

Das Deutsche Reich begann unter maßgeblicher Einflussnahme Wilhelms II. 1896 den planmäßigen Bau einer großen Schlachtflotte, der über lange Fristen hinweg realisiert werden sollte, der Endpunkt der Planungen lag im Jahre 1920. Hier bestand freilich die Sorge, dass Großbritannien die noch im Aufbau befindliche deutsche Schlachtflotte kurzerhand in einem Überfall zerstören könnte, wie schon 1807 die dänische. Der Schlachtflottenbau belastete in der Folge das deutsch-britische Verhältnis schwer und verhinderte ein Abkommen zwischen beiden Mächten, durch welches die Besorgnis der »Einkreisung« hätte gemindert werden können. Wichtiger freilich noch war die Dynamik der Landrüstung, die von der Sorge getragen wurde, dass man durch die Rüstungsmaßnahmen der rivalisierenden Großmächte überflügelt werden könne. Dies traf aus deutscher Sicht insbesondere auf das zarische Russland zu, welches seit 1905 mit französischer finanzieller Hilfe große Anstrengungen zur Verstärkung seiner Landarmeen unternommen hatte und vor allem auf eine Verkürzung des Zeitraums hinwirkte, in dem die eigene Mobilmachung durchgeführt werden könne, damit im Kriegsfalle frühestmöglich eine schlagkräftige Armee zum Angriff bereitstehen würde. Frankreich ging 1913 zur dreijährigen Dienstpflicht über, um das knappe Menschenreservoir des Landes für den Militärdienst voll auszunutzen, eine Maßnahme, die allerdings schwerlich auf Dauer durchgehalten werden konnte.

Das Deutsche Reich ging einen etwas anderen Weg, um die Kriegsbereitschaft zu verstärken, nämlich den der Ausbildung eines möglichst großen Anteils der waffenfähigen jungen Generation mit dem Ziel, bei Kriegsausbruch sofort eine große Zahl von militärisch ausgebildeten Reservisten einsetzen zu können und so dem Gegner bereits in der Anfangsphase der militärischen Operationen entscheidend überlegen zu sein. Allerdings blieb das Deutsche Reich, sehr zum Ärger der Repräsentanten des bürgerlichen Militarismus, zu denen namentlich General Erich von Ludendorff zählte, noch immer hinter einer vollen Ausschöpfung der Wehrkraft zurück. Alles drängte demnach auf sofortige Angriffsoperationen bei Kriegsbeginn und demgemäß auf eine möglichst rasche Mobilisierung der Streitkräfte, was den für die Diplomaten verfügbaren Spielraum in der Julikrise 1914 erheblich einengen sollte. Dies war von großer Bedeutung, weil es zu einer frühzeitigen Kriegsauslösung Anlass gab. Entscheidender noch war, dass die Militärs im Deutschen Reich und ebenso in Österreich-Ungarn von der Furcht erfasst wurden, dass sich das prekäre Gleichgewicht der Rüstungen fortlaufend zu ihren Ungunsten verschieben würde. Sowohl in Deutschland als auch in Österreich-Ungarn tauchte nun das Schlagwort auf, man möge den Krieg »je früher, desto besser« führen.

Als es im Spätherbst 1912 wegen der Friedensregelungen nach dem Zweiten Balkankrieg zu schweren Spannungen zwischen Russland und Österreich-Ungarn kam und zeitweilig der Ausbruch eines europäischen Krieges unmittelbar bevorzustehen schien, rief Wilhelm II. am 3. Dezember 1912 seine obersten militärischen Berater, den Generalstabschef Helmuth von Moltke, den Chef des Admiralstabes Josias von Heeringen und den Staatssekretär der Marine Alfred von Tirpitz zu einer »Krisenkonferenz« zusammen. Veranlasst war dieser Schritt durch eine Erklärung der britischen Regierung, dass Großbritannien, sofern es zu einem europäischen Kriege kommen sollte, auf der Seite Frankreichs stehen werde, in direkter Reaktion auf eine ziemlich schroffe Rede des

Reichskanzlers Theobald von Bethmann Hollweg im Reichstag, in der er, an die Adresse Russlands gewandt, unmissverständlich erklärt hatte, dass Österreich-Ungarn für den Fall eines russischen Angriffs auf die Hilfe des Deutschen Reiches zählen könne. Die »Krisenkonferenz« vom 3. Dezember 1912 hat in der neueren Forschung große Berühmtheit erlangt, weil man darin – Fritz Fischer folgend – einen eindeutigen Beleg für die Absicht der deutschen Politik gesehen hat, zum Herbst 1914 einen großen europäischen Krieg zu viert – d. h. unter Voraussetzung der Neutralität Großbritanniens – auszulösen. In dieser Konferenz verlangte Moltke, »je früher, desto besser« loszuschlagen, während Tirpitz dafür plädierte, dass man in jedem Fall bis zur für 1914 erwarteten Fertigstellung des Nord-Ostsee-Kanals, der für die Einsatzfähigkeit der deutschen Schlachtflotte wichtig war, zuwarten solle. Moltke kommentierte dies bitter mit den Worten, »die Marine sei ja niemals fertig«. Am Ende kam es auf dieser Konferenz, die durch die Panikreaktion Wilhelms II. hinsichtlich der zu erwartenden Haltung Großbritanniens ausgelöst worden war, zu keinen definitiven Beschlüssen, zumal die »zivile« Reichsleitung nicht beteiligt worden war und nur Tage später, und dazu noch überwiegend indirekt, über die Konferenz und deren Tenor informiert wurde. Allerdings kam die politische Leitung der Weisung des Kaisers, dass die Öffentlichkeit auf die Eventualität eines europäischen Krieges wegen der Balkanfragen besser vorbereitet werden sollte, mehr recht als schlecht nach. Einstweilen kam dabei nur eine weitere Heeresverstärkung heraus; der Kaiser wollte ungeachtet seiner martialischen Reden im Grunde keinen Krieg.
Aber gleichwohl war diese Konferenz symptomatisch für die veränderte Stimmung. Nicht nur in den militärischen Kreisen setzte sich mehr und mehr die Ansicht durch, dass die Zeit gegen die Mittelmächte arbeite und demgemäß ein Präventivkrieg die angemessene Lösung der strategischen Probleme der Mittelmächte darstelle. Namentlich Moltke hat in den folgenden Monaten überall für diese Ansicht geworben und in diesem Sinne mit seinem österreichischen Kollegen Conrad von Hötzendorff geradezu intrigiert, während Bethmann Hollweg umgekehrt unter Berufung auf Bismarck den Gedanken eines Präventivkriegs nachdrücklich ablehnte. Der Reichskanzler hatte sich dieserhalb übrigens schon 1913 einer giftigen Attacke seitens des Alldeutschen Verbandes unter maßgeblicher Beteiligung des Generals Ludwig von Gebsattel erwehren müssen. Dieser verlangte mit Unterstützung des Kronprinzen, dass der Kaiser den angeblich entschlusslosen und schwächlichen Kanzler durch einen entschlossenen, national denkenden Politiker ersetzen solle, womöglich gar durch Tirpitz, eben weil der Kanzler vor dem Gedanken an einen Präven-

tivkrieg zurückschreckte. Von einer planmäßigen Vorbereitung eines europäischen Krieges durch die politische Leitung kann demnach nicht die Rede sein, weder vor noch nach dem 3. Dezember 1912. Wohl aber wurden in den Führungsetagen des Reiches und insbesondere im Generalstab die Stimmen immer lauter, die eine Lösung des Dilemmas der deutschen Politik durch einen Präventivkrieg befürworteten, weil, wie man meinte, die Lage immer ungünstiger werde und damit – dies wurde nicht direkt ausgesprochen – die Chancen für eine künftige Machterweiterung des Reiches auf dem europäischen Kontinent oder in Übersee immer geringer würden. Das Hauptargument der Befürworter eines baldigen Krieges war, dass Russland nach Abschluss seiner gegenwärtigen Rüstungsprogramme im Jahre 1916 oder 1917 losschlagen werde und dass es besser sei, dem zuvorzukommen als zuzuwarten.

Licht auf diese Vorgänge wirft die Aufzeichnung über eine Unterredung, die der Generalstabschef Helmuth von Moltke Ende Mai oder Anfang Juni 1914 mit dem Staatssekretär des Auswärtigen Gottlieb von Jagow geführt hat. Moltke legte Jagow bei dieser Gelegenheit in aller Form nahe, die deutsche Politik »auf die baldige Herbeiführung eines Krieges einzustellen«. »Die Aussichten über die Zukunft bedrückten ihn schwer. In 2–3 Jahren würde Russland seine Rüstungen beendet haben. Die militärische Übermacht unserer Feinde wäre dann so groß, dass er [Moltke] nicht wüsste, wie wir ihrer Herr werden könnten. Jetzt wären wir ihnen noch einigermaßen gewachsen. Es bliebe seiner Ansicht nach nichts übrig, als einen Präventivkrieg zu führen, um den Gegner zu schlagen, solange wir den Kampf noch einigermaßen bestehen könnten.«[8] Moltkes Einstellung unterlag, wie Stig Förster jüngst zeigen konnte, jedoch erheblichen Schwankungen, denn ungeachtet seines Plädoyers für die baldige Auslösung eines europäischen Krieges äußerte er sich ebenso pessimistisch wie bedrückt über die Aussichten eines Krieges; es scheint, als ob er vor allem deshalb auf einen baldigen Krieg drängte, eben weil er die Gesamtlage äußerst ungünstig einschätzte. Förster spricht in diesem Zusammenhang von Vorgängen, die in das »Reich des Absurden« gehören.[9] Rationales Kalkül und irrationale Ängste gingen miteinander eine enge, am Ende schließlich explosive Mischung ein. Zu diesem Zeitpunkt lehnte der Reichskanzler Bethmann Hollweg den Gedanken eines Präventivkrieges freilich noch entschieden ab. Aber weder er selbst und seine Berater noch Wilhelm II. waren frei von der von einschlägiger Seite geschürten Sorge, dass Russland tatsächlich einen Krieg beabsichtige, zumal ein solcher wegen der Balkanwirren jederzeit ausgelöst werden konnte. Am 21. Juni 1914 gab der Kaiser in einer Unterredung mit dem

Bankier Max M. Warburg eine sehr düstere Bewertung der Lage des Deutschen Reiches; er sprach davon, dass die russischen Rüstungen und Bahnbauten Vorbereitungen für einen Krieg seien, der im Jahre 1916 kommen werde. Daran knüpfte er die Frage, »ob es nicht besser wäre loszuschlagen, anstatt zu warten«.[10] Dies war ein Reflex auf die damals in militärischen Kreisen verbreiteten Ansichten über die Vorteile eines Präventivkriegs.

Hinter den Präventivkriegsplänen der Generalstäbe stand einerseits ein professionell militaristisches Denken, das den Krieg gleichsam als Normalität ansah, andererseits die Überzeugung, dass man vor der breiten Öffentlichkeit auf keinen Fall zurückstecken und Nachgiebigkeit an den Tag legen dürfe. Insofern verknüpfte sich diese Frage mit der Erhaltung des bestehenden politischen Systems und der Selbstbehauptung der konservativen Führungseliten. Dies vor allem bestimmte die Haltung der deutschen politischen Leitung, aber auch – wenn auch nicht in gleichem Maße – die Regierungen der anderen Großmächte während der Julikrise 1914. Vordergründig spielte dabei eine große Rolle, dass man seinen jeweiligen Bündnispartnern schon deshalb beistehen müsse, um nicht das eigene Bündnissystem aufs Spiel zu setzen. Aber dahinter stand als entscheidendes Motiv, dass man gegenüber der eigenen nationalistisch aufgeladenen Öffentlichkeit keinesfalls Schwäche zeigen dürfe und vielmehr Stehvermögen an den Tag legen müsse, auch wenn dies die Überschreitung der Schwelle zum großen Krieg bedeuten konnte. Das Bedürfnis der traditionellen Führungseliten, sich gegenüber der eigenen Öffentlichkeit als handlungsstark und zukunftsorientiert zu zeigen, war unter den Bedingungen des stillen Übergangs zu demokratischen Formen der Willensbildung von erheblicher Bedeutung. Bei Lage der Dinge wirkte es sich zugunsten einer kriegerischen Lösung der Krise aus.

Das Attentat auf das österreichische Thronfolgerpaar am 28. Juni 1914 in Sarajewo löste eine ernste europäische Krise aus. Österreich-Ungarn war von vornherein fest entschlossen, die augenscheinlich günstige Gelegenheit zu nutzen, um seine schon länger gehegten Pläne eines gewaltsamen Vorgehens gegen Serbien, koste es, was es wolle, in die Tat umzusetzen. Der Rückenwind der Entrüstung an den europäischen dynastischen Höfen über die »Königsmörder« von Sarajewo, die nach unseren heutigen Maßstäben ein terroristisches Attentat begangen hatten, sollte ausgenutzt werden, wobei die Tatsache nicht so wichtig war, dass man der offiziellen serbischen Politik gar kein Fehlverhalten nachweisen, sondern nur auf deren Sympathie mit den irredentistischen Bestrebungen verweisen konnte. Für die Donaumonarchie war der Krieg gegen Serbien, obschon sich dieser mit großer Wahrscheinlichkeit nach zu einem europäischen Kriege ausweiten konnte, gleichsam eine Flucht vor dem Tode, wenngleich die Unterstützung des Deutschen Reiches das Schlimmste verhüten sollte. Das österreichisch-ungarische Ultimatum gegen Serbien, dass dann freilich erst drei Wochen später übermittelt wurde, war von vornherein so abgefasst, dass Serbien es nicht werde annehmen können: Es sollte nur die diplomatische Rechtfertigung eines bereits beschlossenen Waffengangs gegen das verhasste Großserbien abgeben.

Für das Deutsche Reich waren andere Motive maßgebend. Die Reichsleitung entschloss sich im Gegensatz zu ihrer bisherigen Haltung, Österreich-Ungarn grünes Licht für einen Waffengang gegen Serbien zu geben, weil man einen, wie man anfänglich zuversichtlich hoffte, lokalen bzw. zu lokalisierenden Krieg gegen Serbien als Testfall für die Kriegswilligkeit Russlands benutzen wollte. In Anknüpfung an die Strategie von 1908 und 1912 sollte Russland durch die unzweideutige Anerkennung des Bündnisfalls einmal mehr zum Rückzug gezwungen werden, mit voraussichtlich nachteiligen Auswirkungen auf den Bestand der französisch-russischen Allianz. Sollte dies nicht gelingen, so war dem Wunsche des Generalstabs Genüge getan, den angeblich unabwendbaren Krieg gegen Russland und Frankreich jetzt und nicht erst später zu führen, obschon man davon ausgehen darf, dass Bethmann Hollweg sehnsüchtig gehofft hat, dass es nicht so weit kommen würde, im Vertrauen auf die Zusicherungen der Militärs, nach denen das zarische Russland jetzt noch nicht kriegsbereit sei.

Erst als sich im Laufe der Krise herausstellte, dass dieses Kalkül nicht aufgehen werde und sich Großbritannien entgegen ersten Anzeichen klar hinter Frankreich und damit auch Russland stellte, wurden – offensichtlich unter dem Einfluss des Kaisers, der die serbische Antwort auf das Ultimatum als eine »brilliante Leistung« bezeichnete, mit der jeder Kriegsgrund entfalle – Kursänderungen an der deutschen Strategie vorgenommen: Sie liefen darauf hinaus, in Wien darauf hinzuwirken, dass Österreich-Ungarn mit der zarischen Regierung in direkte Verhandlungen über die Art und das Ausmaß seines Vorgehens gegen Serbien eintreten solle, um den ansonsten drohenden europäischen Krieg doch noch zu vermeiden. Dies war allerdings bereits zu diesem Zeitpunkt nahezu aussichtslos geworden: Die Österreicher wollten sich den Krieg gegen das verhasste Serbien nun nicht mehr nehmen lassen.

Es steht dahin, wie weit diese Manöver der politischen Leitung nur noch dem Zweck dienen sollten, die Verantwortung für das Disaster möglichst auf andere Schultern, vornehmlich jene Russlands abzuwälzen, um gegenüber dem eigenen Lande und vielleicht auch den neutralen Völkern schuldlos dazustehen. Unübersehbar ist, dass Bethmann Hollwegs Politik in der Julikrise einer »Flucht nach vorn«, ja einem »Sprung ins Dunkle« glich, der einerseits unter dem Einfluss der eigenen Militärs und deren Versicherung stand, dass man jetzt noch einen Krieg siegreich bestehen könne, aber späterhin nicht mehr. Dabei stand Bethmann Hollweg unter dem Druck der Öffentlichkeit, die es nicht hingenommen haben würde, wenn Österreich-Ungarn im Stich gelassen und die auf den ersten Blick augenscheinlich günstige Konstellation des Juli 1914 für eine Stabilisierung der Machtstellung des Deutschen Reiches nicht genutzt worden wäre.

Die Politik der zarischen Regierung war in mancher Hinsicht das Spiegelbild der deutschen. Hier war man von Anbeginn darauf festgelegt, nicht noch einmal, wie 1908 und 1912, vor den Mittelmächten zurückzuweichen, und auch hier spielten militärstrategische Erwägungen von Anfang an eine entscheidende Rolle. Die schon früh angeordnete russische Teilmobilmachung war vor allem deshalb vorgenommen worden, um die in der französisch-russischen Militärabsprache vorgesehenen, möglichst frühzeitigen gemeinsamen Operationen gegebenenfalls durchführen zu können. Auch hier war in militärischen Kreisen keinerlei Bereitschaft vorhanden, einer diplomatischen Lösung der Krise Raum zu geben. Dies trifft auch für die französischen Militärs und Diplomaten zu, denen es in der Krise vor allem darum zu tun war, die vereinbarte militärische Zusammenarbeit beider Länder nicht durch eine schwankende Haltung zu gefährden. »The agressive attitude of the French nationalists, the confidence of the French General Staff, and the extraordinary mélange of chauvinism, corruption and political and military incompetence« seien für den Ablauf der Dinge in St. Petersburg verantwortlich gewesen, so fasste L. C. F. Turner die Situation in Russland im Juli 1914 zusammen. Die französische Regierung war an und für sich friedensgeneigt, aber das Bestreben, die militärische Allianz mit dem zarischen Russland unter allen Umständen aufrechtzuerhalten, führte zu einer nachdrücklichen Ermutigung in St. Petersburg, den österreichisch-ungarischen Bestrebungen hinsichtlich Serbiens von Anbeginn hart entgegenzutreten.

In allen vier Staaten rissen die Militärs das Gesetz des Handelns weitgehend an sich, teilweise im Gegensatz zu den Staatsmännern, die auch in den letzten Julitagen noch nach Auswegen suchten. Nur in Großbritannien bestand eine offenere Konstellation. Aber auch hier fand es Sir Edward Grey schwer, die eigene liberale Mehrheit, die gegen eine Beteiligung am Kriege war, auf seinen Kurs einzuschwören, und dafür kam die Verletzung der Neutralität Belgiens durch das Deutsche Reich gerade recht. Niall Ferguson hat jüngst die Frage aufgeworfen, ob die britische Politik nicht besser daran getan hätte, nicht in den Ersten Weltkrieg einzugreifen und dafür das Empire zu behaupten, selbst auf die Gefahr hin, dass am Ende des Krieges die Hegemonie Deutschlands über den europäischen Kontinent stehen würde. Aber in der Konstellation des Juli 1914 fand es Sir Edward Grey am Ende unvermeidlich, zu den eigenen, zwar nicht bindenden, aber moralisch verpflichtenden Zusagen gegenüber Frankreich zu stehen.

Eine Rationalität des Handelns war in diesem ganzen Geschehen in weit geringerem Maße gegeben, als man bislang angenommen hat. Insbesondere die militärischen Planungen der Generalstäbe waren, gemessen an ihren eigenen Vorstellungen, unzureichend und nicht zu Ende gedacht. Im Grunde war es die Mentalität der Führungsschichten, die den Ausschlag zugunsten des Krieges gab. Dem entsprach freilich die Haltung der meinungsführenden Gruppen in der Öffentlichkeit, von den Sozialdemokraten bzw. Sozialisten einmal abgesehen. Auch die Einstellung der großen Mehrheit der Intellektuellen entsprach diesen Tendenzen. Selbst Max Weber, der es an scharfer Kritik am politischen System des Kaiserreiches nicht hatte fehlen lassen, meinte im August 1914: »Dieser Krieg ist groß und wunderbar, was immer der Ausgang sein mag.« Max Beckmann bezeichnete wenig später in der für sein Denken charakteristischen Ambivalenz den Ersten Weltkrieg als eine »wunderbare Katastrophe«. Die Träume der Intellektuellen von einer Hervorbringung einer neuen, stärker dem Volk verbundenen künstlerischen und literarischen Kultur sollten sich aber schon bald als eine Schimäre herausstellen.

Anmerkungen

1 Vgl. Wolfgang J. Mommsen, Die kulturellen Eliten im Ersten Weltkrieg, in: Ders., Bürgerliche Kultur und politische Ordnung, Frankfurt a. M. 2000, S. 178–215; ebenso Ders. (Hrsg.), Kultur und Krieg, München 1996.
2 Vgl. Wolfgang J. Mommsen, Der Topos vom unvermeidlichen Krieg, in: Ders., Der autoritäre Nationalstaat, Frankfurt a. M. 1990, S. 380–406
3 Alldeutscher Imperialismus oder ökonomische Expansion? Gespräch zwischen Hugo Stinnes und Heinrich Claß im September 1911, abgedruckt in: Wolfgang J. Mommsen, Imperialismus. Seine politischen und wirtschaftlichen Grundlagen, Hamburg 1977, S. 145.
4 Helmuth von Moltke, Erinnerungen, Briefe, Dokumente 1877–1916, Darmstadt 1922, S. 362.

5 Holger Afflerbach, Falkenhayn. Politisches Denken und Handeln im Kaiserreich, München 1994, S. 76.

6 Marie Louise Gothein, Eberhard Gothein. Ein Lebensbild, Stuttgart 1931, S. 245.

7 Stenographische Berichte über die Verhandlungen des deutschen Reichstags, 1911/12, Bd. 268, S. 8360 B.

8 Egmont Zechlin, Motive und Taktik der Reichsleitung 1914. Ein Nachtrag, in: Der Monat, Heft 209 (1966), S. 91–95, hier S. 92.

9 Stig Förster, Im Reich des Absurden. Die Ursachen des Ersten Weltkrieges, in: Bernd Wegner (Hrsg.), Wie Kriege entstehen. Zum historischen Hintergrund von Staatenkonflikten, Paderborn 2000, S. 211–252, hier S. 245.

10 Max M. Warburg, Aus meinen Aufzeichnungen, Glückstadt 1952, S. 29.

Das Deutsche Reich im Ersten Weltkrieg

Der Erste Weltkrieg war die Apotheose des bürgerlichen Zeitalters und der Anfang vom Ende der europäischen Vorherrschaft in der Welt. Er endete mit dem Zerfall der konservativen Monarchien des Deutschen Reiches, Österreich-Ungarns und des zarischen Reiches. Das Deutsche Reich war während der Ära Bismarcks und der nachfolgenden Periode des Wilhelminismus zur Hegemonialmacht auf dem europäischen Kontinent aufgestiegen. Der Erste Weltkrieg brach aus, weil sich die Deutschen, oder doch ihre führenden Schichten, nicht damit abfinden wollten, dass der ambitiösen »Weltpolitik« des Deutschen Reiches von den anderen Großmächten nur in beschränktem Umfang Expansionsmöglichkeiten eröffnet wurden. Der neue Nationalismus, der in erster Linie von den aufsteigenden bürgerlichen Schichten und den Intellektuellen getragen wurde, trieb die konservative Führungsschicht, die das Erbe Bismarcks angetreten hatte, sich aber ihrer eigenen Stellung innerhalb des halbkonstitutionellen Regierungssystems nicht mehr sicher war, teilweise wider Willen dazu, eine aggressive Außenpolitik mehr der Rhetorik als der Taten zu betreiben, freilich nicht zuletzt infolge des mangelnden Verständnisses in der deutschen Öffentlichkeit für die vorgegebenen Begrenzungen deutscher Machtpolitik. Die pompöse Weltpolitik des Wilhelminischen Deutschland wurde von den anderen europäischen Mächten mit steigender Irritation betrachtet und veranlasste sie dazu, bündnispolitische Bollwerke gegen diese als bedrohlich wahrgenommene Weltmachtpolitik zu errichten. Die immerhin auch vorhandenen Bestrebungen, das sich im Deutschen Reich aufstauende explosive Gemisch imperialistischer Bestrebungen durch kolonialpolitische Konzessionen zu entschärfen, wurden hingegen nur halbherzig betrieben und blieben am Ende folgenlos.

Der außerordentliche wirtschaftliche Aufschwung seit Beginn der 1880er Jahre, der das Deutsche Reich 1913 zum führenden Exportland der Welt gemacht hatte, ließ in den bürgerlichen Schichten die Forderung entstehen, dass die wirtschaftlichen Machtstellung Deutschlands eine Entsprechung auch in seiner politischen Weltstellung finden müsse, und dies, wenn es sein müsse, auch durch Einsatz seines wachsenden militärischen Potenzials, vorzugsweise in Form eines »kalten Krieges« (Hans Delbrück), der die rivalisierenden Mächte durch das Drohpotenzial der eigenen militärischen Machtmittel zum Nachgeben veranlassen werde, notfalls aber auch durch einen europäischen Krieg. Der von der Öffentlichkeit nahezu enthusiastisch begrüßte Bau einer deutschen Schlachtflotte, obschon deren militärischer Wert unter seestrategischen Gesichtspunkten von Anfang an zweifelhaft war, und späterhin die bereitwillige Unterstützung der sich als zunehmend kostspielig erweisenden Rüstungen zu Lande, die in ein europäisches Wettrüsten einmündeten, aus dem das Deutsche Reich am Ende eher als relativer Verlierer hervorgehen sollte, entsprachen dieser Einstellung. Seit der Marokko-Krise 1911, welche die Versäulung der europäischen Bündnissysteme weiter vorantrieb, gewann in Deutschland zunehmend die Überzeugung an Boden, dass der Gordische Knoten der deutschen Weltpolitik nur in einem europäischen Kriege durchschlagen werden könne. Umgekehrt breitete sich in weiten Kreisen eine fatalistische Stimmung der Kriegserwartung aus, welche die Gegenkräfte nachhaltig schwächte, die für die Erhaltung des Friedens in Europa eintraten. Bei den konservativen Eliten und Militärs kam zusätzlich die Erwägung ins Spiel, dass es im Kriegsfalle gelingen könne, die sozialdemokratische Arbeiterbewegung zu unterdrücken, wenn nicht sogar zu zerschlagen. Infolgedessen bedurfte es nur eines an und für sich zweitrangigen Konfliktes, um den angehäuften Zündstoff innerhalb des europäischen Mächtesystems zu einer Entladung zu bringen. Dies war das Attentat auf den österreichisch-ungarischen Thronfolger Franz Ferdinand und seine Gattin anlässlich eines Staatsbesuchs in Sarajewo am 28. Juni 1914. Die führenden Kreise Österreich-Ungarns waren entschlossen, diesen Zwischenfall zum Anlass einer militärischen Aktion gegen Serbien zu nehmen, um das Ansehen der Donaumonarchie als Großmacht wieder herzustellen und der großserbischen Irredenta in Bosnien und der Herzegowina ein für alle Mal Einhalt zu gebieten.

Auf die Einzelheiten der Julikrise 1914 soll hier nicht eingegangen werden. Unbestreitbar ist, dass die deutsche politische Leitung unter dem Einfluss der von höchsten militärischen Kreisen vorgetragenen Ansicht stand, dass die sich fortlaufend verschlechternde militärische Gesamtsituation der Mittelmächte am besten durch einen Präventivkrieg gegen Frankreich und Russland stabilisiert würde, solange ein solcher noch mit Aussicht auf einen militärischen Sieg geführt werden könne. Demgemäß

hatte die Reichsleitung den allseits erwarteten österreichisch-ungarischen Waffengang gegen Serbien zum Anlass für eine groß angelegte diplomatischen Offensive nehmen wollen, die bei einem günstigen Ausgang zum Zerfall des Bündnisses Frankreichs mit dem zarischen
Russland unter Hinzutreten Großbritanniens, dessen endgültige Verfestigung sich abzuzeichnen schien, führen würde, im ungünstigen Falle hingegen den europäischen Krieg auslösen würde, den jedermann früher
oder später erwartete, der aber nach Ansicht der Militärs zum damaligen
Zeitpunkt noch siegreich für die Mittelmächte entschieden werden
könne. Die deutsche politische Leitung stand dabei unter dem Druck einer seit Jahren nationalistisch aufgeladenen öffentlichen Meinung, die
greifbare Erfolge auf weltpolitischem Gebiete forderte und es aller Vor-
aussicht nach nicht hingenommen haben würde, wenn die deutsche Politik die sich aus der, wie man gelegentlich sagt, »dritten Balkankrise« er-
gebenden mächtepolitischen Chancen nicht genutzt hätte.
Es war von entscheidender Bedeutung, dass es dem Reichskanzler gelang, durch eine doppelbödige Diplomatie, zugleich aber eine geschickte
Manipulation der öffentlichen Meinung in Deutschland (unter Einschluss
auch des sozialdemokratischen Parteivorstandes) die allgemeine Überzeugung zu wecken, das Deutsche Reich sei infolge der hinterhältigen
Machenschaften der anderen Großmächte, nicht zuletzt Großbritanniens,
schnöde überfallen worden und führe einen aufgezwungenen Verteidigungskrieg. Die wenigen Stimmen innerhalb wie außerhalb der Reichsleitung, die es besser wussten, wurden erfolgreich unterdrückt. So kam
es im August 1914 zu einer überwältigenden Zustimmung namentlich der
bürgerlichen Schichten und der Intellektuellen, in geringerem Umfang
aber auch der breiten Massen unter Einschluss der großen Mehrheit der
Arbeiterschaft, mit der Politik der Regierung. Die nationale Euphorie des
»August 1914« war kein Mythos, obschon sie die einzelnen Schichten
und Gruppen der deutschen Gesellschaft in unterschiedlichem Maße und
mit unterschiedlicher Intensität erfasste und zudem durchweg mit tiefer
Sorge und Beklommenheit vor dem, was noch kommen werde, verbunden war, oder doch ein Mythos in dem Sinne, dass zahlreiche Gruppen
der Gesellschaft, die solchen Stimmungen fern gestanden hatten, von der
Idee der nationalen Einheit mitgerissen wurden. Die Armee vermochte
die große Zahl der Kriegsfreiwilligen, die vor allem aus den bürgerlichen
Schichten stammten, zunächst gar nicht sämtlich auszubilden; deren
Wunsch, so bald als möglich an die Front geschickt zu werden, wurde gewiss auch von Motiven der Abenteuerlust und Männlichkeitsriten beeinflusst; aber wichtiger war eine breite Stimmung in der Öffentlichkeit, die

von den Medien, an Schulen und Universitäten verstärkt wurde, dass die Nation in der Stunde der Gefahr ihres Einsatzes und ihres Opfers bedürfe und es verwerflich sei, beiseite zu stehen. Auch die christlichen Kirchen, die nach Kriegsausbruch großen Zulauf erhielten, unterstützten den Krieg als eine göttliche Mahnung zur Buße, aber auch als Verheißung einer großen politischen Zukunft für Deutschland. Der Soldatentod im Felde für die deutsche Nation wurde in Vergleich gesetzt mit dem Opfertod Christi für die christliche Gemeinde. Die kleine Minderheit, die diesen Krieg, wie Kriege überhaupt, aus politischen Gründen oder aus pazifistischer Gesinnung ablehnte, verstummte weitgehend. Die große Mehrheit der Intellektuellen und Künstler fühlte sich in einer Art von geistiger Selbstmobilisierung dazu aufgerufen, zur Stärkung der Kriegsmoral im Innern das Ihre beizutragen und die deutsche Kriegspolitik gegenüber dem Ausland mit Feder und Pinsel zu rechtfertigen. Auf diese Weise wurde der Erste Weltkrieg von Anbeginn auch zu einem »Krieg der Geister«, der tiefe Schluchten zwischen den europäischen Kulturen aufriss.

So hatte die politische Leitung zunächst ein leichtes Spiel. Die große Sensation des Augenblicks war, dass nicht nur die bürgerlichen und konservativen Parteien, sondern auch die Sozialdemokratie den Kriegskrediten und einem Bündel von Ermächtigungsgesetzen für den Bundesrat zustimmten, durch welche das Heft der Politik einstweilen ganz in die Hände der Exekutive gelegt wurde. Dabei wurde geflissentlich übersehen, dass sich die Sozialdemokratie seit langem dem bestehenden politischen System angenähert und wiederholt kundgetan hatte, sie werde in einem Kriege, sofern dieser ein Verteidigungskrieg sein werde, ihre nationale Pflicht tun. Die Parole der nationalen Geschlossenheit in der Stunde der Gefahr wurde unter solchen Umständen weitgehend befolgt. Dies wurde weiter festgezurrt durch die Proklamation des »Burgfriedens«, mit anderen Worten der Einstellung des innenpolitischen Kampfes für die Zeit der militärischen Operationen. Im Übrigen verfügte die Reichsleitung mittels der allerdings durch die militärischen Behörden durchgeführten und daher von ihr nur in begrenztem Umfange gesteuerten Zensur über eine wirksame Waffe, um alle oppositionellen Strömungen zu unterdrücken und die Wahrung des »Burgfriedens« durchzusetzen.

Anfänglich verfolgte die politische Leitung die Strategie, das parlamentarische Leben für die Zeit des Krieges so gut wie völlig still zu stellen und im Schutz der Zensur und des Burgfriedensgebots mit obrigkeitlichen Methoden zu regieren. Allerdings sollten mittels einer behutsamen

»Neuorientierung« der inneren Politik die ärgsten Formen der Diskriminierung der Sozialdemokratie und der Freien Gewerkschaften, die sich als Pfeiler der inneren Geschlossenheit erwiesen hatten, beseitigt und diesen wenigstens oberflächlich Gleichberechtigung innerhalb der staatlichen Ordnung eingeräumt werden. Desgleichen wurden auch die Reste der Kulturkampfgesetzgebung stillschweigend aufgegeben. Substanzielle Reformen, namentlich die längst überfällige Reform des preußischen Dreiklassenwahlrechts, sollten hingegen bis nach Kriegsende verschoben werden.

Doch erwies sich dieses Kalkül schon bald als eine Fehlrechnung. Zum Ersten zogen sich die militärischen Operationen in die Länge, und damit konnte auf die Mitwirkung des Reichstags, der anfänglich auf unbestimmte Dauer vertagt worden war, nicht verzichtet werden. Bereits in der zweiten Sitzung des Reichstags am 2. Dezember 1914 ließ sich eine erbitterte Debatte über die Bewilligung der Kriegskredite, bei der nun erstmals die Argumente der Kriegsgegner öffentlich vorgetragen wurden, nicht mehr vermeiden. Außerdem missbilligten die Parteien der Rechten das bescheidene Maß an Entgegenkommen, welches der Reichskanzler von Bethmann Hollweg der Sozialdemokratie und insbesondere den Freien Gewerkschaften entgegenbrachte, nachdrücklich, und das gab ihnen Anlass, die innenpolitische Auseinandersetzung auf dem Felde der Kriegs- und Friedensziele zu suchen, in welchem die Sozialdemokratie isoliert war und leicht als national unzuverlässig decouvriert werden konnte. Bereits kurz nach Kriegsausbruch entwickelte sich ein regelrechter Denkschriftenkrieg der mehr oder minder vertraulichen Versendung von Kriegszieleingaben und Denkschriften an die Staatsbehörden und auch an einflussreiche Persönlichkeiten des öffentlichen Lebens, und nicht zuletzt an die Militärs. In diesen Denkschriften wurden gigantische Kriegszielkataloge vorgetragen, die umfangreiche Annexionen in West und Ost vorsahen und auf eine künftige uneingeschränkte Vorherrschaft des Deutschen Reiches in Europa abzielten. Gleichzeitig wurde die Reichsleitung des Kleinmuts und der Nachgiebigkeit in diesen Fragen bezichtigt und der Reichskanzler selbst als »Flaumacher« angegriffen. Infolgedessen wurde Bethmann Hollweg dazu gezwungen, Stück für Stück aus seiner Deckung herauszukommen und wenigstens in allgemeinen Formulierungen kundzutun, dass die politische Leitung keinesfalls daran denke, einen Verzichtfrieden zu schließen, sondern vielmehr einen Frieden anstrebe, der den großen bereits gebrachten Blutopfern entspreche und die notwendigen Sicherungen des Reiches gegen künftige Angriffe für alle absehbare Zukunft garantieren werde. Tatsächlich hatte die Reichsleitung schon von Anfang des Krieges an intensiv an eigenen Kriegszielplanungen gearbeitet, zu denen insbesondere das späterhin wieder obsolete so genannte Septemberprogramm gehört, welches noch in Erwartung eines unmittelbar bevorstehenden Zusammenbruchs Frankreichs konzipiert worden war. Dies konnte, da der Reichskanzler bei diesen Planungen zahlreiche Experten und Interessenten hinzugezogen hatte, schwerlich auf Dauer geheim bleiben, und verstärkte den Druck der Annexionisten auf die politische Leitung in erheblichem Maße.

Fortan bewegte sich die deutsche Kriegspolitik in einer unwirklichen Atmosphäre, weil sich die militärischen Operationen keineswegs so entwickelten, wie die Oberste Heeresleitung und mit ihr die Reichsleitung gehofft hatten. Trotz der höchst erfolgreichen Abwehrschlacht bei Tannenberg war weder im Osten noch im Westen, wo die Fronten nach ungeheuren Blutopfern auf deutscher Seite Ende Oktober 1914 endgültig im Stellungskrieg erstarrten, die Aussicht auf militärische Entscheidungen im Sinne der Mittelmächte zu erkennen. Mit dem Kriegseintritt Italiens gegen Österreich-Ungarn im Mai 1915 entstand sogar zeitweilig eine von den Militärs als äußerst ernst eingeschätzte strategische Lage. Im gleichen Zeitraum steigerten sich die Kriegszielerwartungen in der deutschen Öffentlichkeit in schier unvorstellbarem Maße. Den Höhepunkt der Kriegszielbewegung bildete im Mai eine Denkschriftenkampagne der Fünf (späterhin Sechs) Wirtschaftlichen Verbände, welche sich die bisher vor allem von dem Vorsitzenden des Alldeutschen Verbandes Heinrich Claß vertretenen, in ihrer Reichweite schlechterdings abenteuerlichen Annexions- und sonstigen Kriegsziele in großem Umfang zu Eigen gemacht hatten. Zu ihnen gesellte sich dann eine von dem Theologen Reinhold Seeberg und dem Historiker Dietrich Schäfer zustande gebrachte so genannte Intellektuelleneingabe, die an Maßlosigkeit der Ziele ebenfalls nichts zu wünschen übrig ließ, während eine von Hans Delbrück und Friedrich Meinecke organisierte Gegendenkschrift nur vergleichsweise geringe Unterstützung erhielt. Jetzt tauchte auch in vermehrtem Umfang die Idee auf, die zu annektierenden Gebiete ohne Bevölkerung zu übernehmen. Insbesondere für den Osten wurde der Gedanke einer umfassenden »ethnischen Flurbereinigung« vorgetragen, durch welche die Errichtung eines deutsch besiedelten polnischen Grenzstreifens jenseits der polnischen Provinzen Preußens ermöglicht werden sollte.

Der Reichskanzler war jedoch weder willens noch dazu imstande, dieser bedenklichen Agitation entgegenzutreten, die mit der offiziellen Parole vom Verteidigungskrieg in krassem Widerspruch stand. Bethmann Hollweg weigerte sich, der Öffentlichkeit reinen Wein über die auch von dem Generalstabschef Erich von Falkenhayn höchst skeptisch eingeschätzte Kriegslage einzuschenken und damit der Kriegszielagitation den Boden zu entziehen: Entweder würde er dann selbst der »Flaumacherei« beschuldigt, oder dies würde einen schwer wiegenden Einbruch der Stimmung herbeiführen, welch Letzteres im Hinblick auf die Erhaltung der Kriegsmoral nicht zu verantworten sei. Stattdessen setzte die politische Leitung ihre doppelbödige Strategie fort, einerseits gegenüber der Linken in immer elastischeren Wendungen zu beschwören, dass man einen Verteidigungskrieg führe und jederzeit bereit sei, einen maßvollen Frieden zu schließen, andererseits aber gegenüber den bürgerlichen Parteien und Interessengruppen in mehr oder minder vertraulichen Formen zu bekunden, dass man entschlossen sei, den Krieg bis zu einem allseits befriedigenden Ergebnis fortzuführen. Unabhängig davon arbeitete die Reichsleitung weiterhin an umfangreichen Kriegszielprogrammen, um, wie es hieß, für alle Eventualitäten gerüstet zu sein, und suchte nach völkerrechtlichen Formeln, um diese Ziele ohne allzu krassen Gesichtsverlust gegebenenfalls gegenüber der eigenen wie der ausländischen Öffentlichkeit vertreten zu können.

Gleichzeitig wurden seitens der Behörden alle Hebel in Bewegung gesetzt, um die rückhaltlose Unterstützung der »Heimatfront« für die amtliche Kriegspolitik sicherzustellen. Alle öffentlichen Institutionen, und nicht zuletzt die Kirchen, wurden in die Kampagne zugunsten der Kriegspolitik einbezogen, welche die unterschiedlichsten Lebensbereiche betraf, mit dem Ziel, die vorhandene Bereitschaft zu nationaler Solidarität zu stärken und die Bevölkerung dazu zu bringen, die ihr in immer größerem Umfang abverlangten Opfer willig zu erbringen, beziehungsweise mit stoischer Gelassenheit zu ertragen. Die Presse war zumeist bereit, sich den nationalen beziehungsweise für national gehaltenen Bedürfnissen zu unterwerfen und ihre Berichterstattung an den Wünschen der Regierung auszurichten und so zu gestalten, dass die öffentliche Kriegsmoral dadurch gestärkt wurde. Die Selbstzensur der Zeitungsverleger und der Journalisten war dabei auf die Dauer weit bedeutsamer als die zumeist relativ unbeholfene Zensur der Stellvertretenden Generalkommandos, die erst seit Oktober 1915 einer strafferen Kontrolle durch das mit der politischen Leitung kooperierende Kriegspresseamt unterworfen wurde. Der vergleichsweise erstaunlich große Erfolg der Kriegsanleihen, denen nur im Falle eines Siegfriedens finanzielle Bonität zugesprochen werden konnte, gerade bei den unteren Schichten der Bevölkerung, die nicht selten ihre letzten Ersparnisse dafür einsetzten, zeugt davon, dass die alle Lebensbereiche durchdringende kollektive Propaganda zugunsten einer gemeinsamen Kriegsanstrengung der Nation zumindest in den ersten Kriegsjahren ungemein erfolgreich gewesen ist.

Seit dem Frühsommer 1916 jedoch wurde der nationale Konsensus, der bislang mit nicht unerheblichen propagandistischen Mitteln aufrechterhalten worden war, zunehmend brüchig. Die sich schon im Winter 1915/16 bedrohlich verschlechternde Versorgung der Bevölkerung mit Lebensmitteln und Gütern des täglichen Bedarfs drückte auf die Stimmung. Steigende Verlustzahlen kamen hinzu; bald hatte jede zweite Familie ein gefallenes Familienmitglied zu beklagen, und die ursprüngliche Idealisierung des Soldatentodes als eines Opfergangs für die Zukunft der deutschen Nation begann seine Glaubwürdigkeit zu verlieren. Vor allem war nicht mehr zu sehen, auf welchem Wege ein baldiges Ende des Krieges zu erreichen sein würde.

Unter diesen Umständen begannen immer breitere Kreise der Öffentlichkeit seit Frühjahr 1916, auf die U-Boot-Waffe zu setzen, die als ein angeblich unfehlbares Mittel propagiert wurde, um Großbritannien, in dem man weithin den Hauptgegner des Deutschen Reiches sah, niederzuringen und ein rasches Ende des Krieges herbeizuführen. Die Admiralität hatte angesichts der Tatsache, dass sie über kein taugliches Mittel gegen die Fernblockade der britischen Flotte verfügte, schon seit Februar 1915 auf den rücksichtslosen Einsatz der U-Boote gedrängt, doch weil der U-Boot-Krieg jetzt zu schwerwiegenden Konflikten mit den Neutralen, insbesondere den Vereinigten Staaten von Amerika, geführt hatte, aber auch wegen der geringen Zahl der einsatzfähigen U-Boote, hatte die Reichsleitung die Eröffnung des – völkerrechtlich umstrittenen – unbeschränkten U-Boot-Krieges wiederholt abgelehnt. Die steigende Agitation in der Öffentlichkeit zugunsten des unbeschränkten U-Boot-Krieges nahm die Formen einer Massenpsychose an. Sie erreichte im März 1916 einen ersten Höhepunkt. Bethmann Hollweg konnte das von den bürgerlichen und konservativen Parteien unterstützte Verlangen des Admiralstabs auf den sofortigen Beginn des unbeschränkten U-Boot-Krieges jetzt nur noch mit äußerster Mühe abwehren. So wurde Großadmiral Alfred von Tirpitz zum Rücktritt gezwungen, weil er mit Hilfe des Reichsmarineamts unter der Hand auf die Presse und die Parteien eingewirkt hatte, und damit die bisherige Linie im Wesentlichen bestätigt, nämlich den U-Boot-Krieg nur in eingeschränkten Formen zu führen, um die Gefahr eines offenen Konflikts mit den Vereinigten Staaten zu verringern, wenn nicht gar auszuschalten. Der so genannte verschärfte U-Boot-Krieg jedoch, den die Admiralität wegen der damit verbundenen erhöhten Gefährdungen für die U-Boote und ihre Besatzungen im Grunde gar nicht führen wollte, erfüllte weder die militärischen Erwartungen der politischen Leitung, noch verhinderte er erneute schwere Konflikte mit den Vereinigten Staaten.

Unter diesen Umständen kam die U-Boot-Frage auch in der Folge nicht zur Ruhe. Sie wurde vielmehr zu einem innenpolitischen Kriegsschauplatz erster Ordnung. Die Parteien und Verbände der Rechten, die – koste es, was es wolle – auf einen »Siegfrieden« drängten, setzten nunmehr alle Mittel in Bewegung, um eine grundlegende Kursänderung der Politik herbeizuführen, und dafür kam die Frage des »unbeschränkten U-Boot-Krieges« gerade recht. Sie hofften, den verhassten Kanzler zu stürzen, dessen Nachgiebigkeit gegenüber der Sozialdemokratie ihnen ein Dorn im Auge war. Manche Kreise der Rechten, die seit 1915 im »Unabhängigen Ausschuss für einen deutschen Frieden« eine weit verzweigte Propagandaorganisation ausgebaut hatten, träumten sogar davon, Bethmann Hollweg zu stürzen und Tirpitz an seine Stelle zu bringen.

In der Tat war die Machtposition des Kanzlers inzwischen angeschlagen. Seine Politik der Diagonale oberhalb der Parteien, bei gleichzeitiger Erhaltung der Geschlossenheit des »August 1914«, hatte schwere Rückschläge erlitten. Seine größte Trumpfkarte, nämlich dass nur er die Sozialdemokratie »bei der Stange zu halten« in der Lage sei – so stellten sich die Dinge aus der Sicht Wilhelms II. und seiner engeren Umgebung dar –, hatte seit der Gründung der »Sozialdemokratischen Arbeitsgemeinschaft« am 24. März 1916, die offen gegen die Kriegspolitik der Regierung und den Tolerierungskurs der Mehrheitssozialdemokratie Front machte, stark an Gewicht verloren. Es bedurfte nun weitreichender Konzessionen an die Sozialdemokratie und die Freien Gewerkschaften, wollte man sich diese weiterhin als tragende Kraft der Kriegspolitik erhalten. Insbesondere die preußische Wahlrechtsfrage ließ sich nun nicht länger dilatorisch behandeln. Vor allem aber hatte die Strategie des Kanzlers in der Kriegszielfrage, nämlich jeglicher Festlegung aus dem Wege zu gehen und sich alle Entscheidungen vorzubehalten, bei formellem Festhalten am Grundsatz, dass das Deutsche Reich einen Verteidigungskrieg führe, vollständig Schiffbruch erlitten. Das Einzige, was dabei herausgekommen war, war der Tatbestand, dass das Ansehen des Kanzlers in allen politischen Lagern schwer gelitten hatte.

Die Parteien und Verbände der Rechten suchten fortan stärker denn je zuvor, den Kanzler auf ein weit reichendes Programm expansiver Kriegsziele festzulegen, und, als dies nicht gelang, die Freigabe der öffentlichen Diskussion der Kriegszielfragen, die bisher durch die Zensur behindert war, zu erreichen. Die schwächliche Gegenstrategie der politischen Leitung, in Gestalt des »Nationalausschuss für einen ehrenvollen Frieden« – eine regierungsamtlich angeregte und geförderte, nach außen hin jedoch unabhängige Massenorganisation zu schaffen, die für vergleichsweise maßvolle Kriegsziele eintreten und für Vertrauen in die Handhabung dieser Fragen durch die Reichsleitung werben sollte – die Führung in dieser Frage zu behalten, endete mit einem vollständigen Fiasko. Dies provozierte vielmehr die Gründung der Deutschen Vaterlandspartei, die sich als Sammlungsbewegung zur Herbeiführung eines »deutschen Friedens« verstand. Bethmann Hollweg sah jetzt nur noch einen Ausweg, nämlich ein Friedensangebot der Mittelmächte an den amerikanischen Präsidenten Woodrow Wilson zu richten. Dieses ging dann, nach schwierigen Verhandlungen innerhalb der Reichsressorts, vor allem aber der Obersten Heeresleitung und der Bündnispartner, am 12. Dezember 1916 hinaus. Es war von vornherein so schwer mit weit reichenden Kriegszielforderungen belastet, die der Reichskanzler dem amerikanischen Präsidenten noch nicht einmal im Vorhinein vertraulich zur Kenntnis bringen wollte, dass mit einer Annahme kaum gerechnet werden konnte. Bethmann Hollweg hatte damit ohnehin den Nebenzweck verfolgt, einem von Seiten des amerikanischen Präsidenten zu erwartenden Vermittlungsangebot an alle Krieg führenden Mächte zuvorzukommen. Günstigstenfalls hätte das deutsche Friedensangebot zu direkten Verhandlungen zwischen den Westmächten und den Mittelmächten führen können. Doch sein Hauptzweck bestand ersichtlich darin, gegenüber der deutschen Öffentlichkeit den grundsätzlichen Friedenswillen der deutschen politischen Leitung zu dokumentieren, wie immer es auch mit der Aufrichtigkeit desselben stehen mochte, und den Vereinigten Staaten einen Weg zu ebnen, um für den nunmehr zum 1. Februar 1917 beschlossenen Übergang zum unbeschränkten U-Boot-Krieg gegebenenfalls doch noch neutral bleiben zu können.

Die diplomatischen Manöver – zu Verhandlungen im eigentlichen Sinne war es überhaupt nicht gekommen – über das deutsche Friedensangebot und das wenig später ergangene Vermittlungsangebot Woodrow Wilsons führten erwartungsgemäß nur zu einem propagandistischen Schlagabtausch der Mittel- und der Westmächte. Beide Lager waren am Ende entschlossener denn zuvor, den Krieg mit aller Härte bis zu einer definitiven Entscheidung fortzuführen. Bethmann Hollweg behauptete sich in seinem Amt, indem er nun wider besseres Wissen der Eröffnung des unbeschränkten U-Boot-Krieges seinen Segen gab. Allenfalls konnte er diesen Schritt, der mit einiger Sicherheit den Kriegseintritt der Vereinigten Staaten von Amerika nach sich ziehen würde, damit rechtfertigen, dass Friedensverhandlungen, zumal wenn diese zu einem mageren Frieden geführt haben würden, in jedem Falle erst dann möglich sein würden, wenn nicht zuvor die vermeintlich letzte, angeblich todsichere Karte des »unbeschränkten U-Boot-Krieges« ausgespielt worden war. Im Grunde war dies ein Kalkül *à la baisse*, das dem Umstand Rechnung trug, dass der Glaube an die Wirkung der U-Boot-Waffe längst die Form einer kollektiven Psychose gewonnen hatte.

Genau besehen hatte sich die Lage schon seit dem Spätsommer 1916 aufs Äußerste zugespitzt. Der Fehlschlag der Verdun-Offensive, mit welcher der Generalstabschef Erich von Falkenhayn die französischen Armeen ausbluten und Frankreich dergestalt auf die Knie hatte zwingen wollen, musste im Herbst 1916 nach hohen Verlusten auf beiden Seiten – die Deutschen verloren 337 000 Mann, kaum weniger als die Franzosen – abgebrochen werden, und die im Juli begonnene Somme-Offensive der Alliierten entwickelte sich zu einer mörderischen Schlacht von bislang unbekannten Ausmaßen, die erst im November 1916, nachdem über eine Million Menschen ihr Leben in den einander folgenden Offensiven und Gegenoffensiven gelassen hatten, endgültig eingestellt wurde. Hier entwickelte sich eine neue Art von Kriegführung, die mit den herkömmlichen Formen des Soldatenlebens schlechterdings nichts mehr gemein hatte. Die Erfahrung, dass persönliche Leistung und Tapferkeit unter den Bedingungen des vom Artilleriefeuer immer wieder umgepflügten und sich zeitweilig in Schlammwüsten verwandelnden Kampffeldes nichts auszurichten vermochten, sondern die Soldaten umgekehrt auf weiten Strecken passiv dem anonymen Feuerwirbel des mechanisierten Krieges ausgesetzt waren, hatte eine traumatische Wirkung auf die Truppen. Dem einzelnen Soldaten wurde das Äußerste an physischer und seelischer Widerstandskraft abverlangt. Nur in der relativen Geborgenheit der eigenen Einheit vermochte er die unvorstellbaren Strapazen des Grabenkriegs zu überstehen; von Treue zum Vaterland, von Aufopferung und Heldentum war nicht mehr die Rede, geschweige denn von einem »Siegfrieden«

Die mörderischen Materialschlachten an der Westfront, die Woche für Woche Zehntausende das Leben kosteten und Nordfrankreich in eine trostlose Mondlandschaft verwandelten, ließen immer weniger einen Sinn des Krieges erkennen; dieser hatte sich in eine blinde Maschinerie der Menschenzerstörung verwandelt, die sich gleichsam selbständig gemacht hatte. Die Soldaten wurden unter diesen Umständen von tiefen Ressentiments gegen die zu Hause Gebliebenen in der Heimat erfüllt, die von den Lebensverhältnissen an den Fronten keinerlei Ahnung besaßen.

Ohnehin kam es im Laufe der Entwicklung zu einer teilweisen Entfremdung zwischen den Soldaten an der Front und der Heimat, obschon ein Strom von Kriegsbriefen, der für die Soldaten vielfach die einzige Leitlinie zur Wahrung ihrer persönlichen Identität darstellten, die Verbindung zu den Angehörigen aufrechterhielt, ergänzt durch zumeist kurze Heimaturlaube. Dabei ist davon auszugehen, dass die Soldaten, von den Eingriffen der Zensur abgesehen, in aller Regel ihren Angehörigen nur sehr zurückhaltend über ihre Lage und ihre Erfahrungen berichteten; sie wollten diese nicht beunruhigen. Im Übrigen waren die Soldaten mental gar nicht in der Lage, die Fürchterlichkeit des Frontgeschehens in literarischer Form zum Ausdruck zu bringen. Die Schrecken des Grabenkrieges im Westen lassen sich nur indirekt erschließen; sie entziehen sich in aller Regel der narrativen Darstellung.

Auch Hindenburg und Ludendorff, die Ende August 1916 die Oberste Heeresleitung übernommen hatten und als die Sieger von »Tannenberg« über ein gewaltiges Prestige verfügten, konnten den Ernst der Lage nicht länger übersehen. Die dramatisch geschrumpften Heeresreserven, die von einer Abwehrschlacht zur nächsten hin und her geschoben werden mussten, machten operative Maßnahmen größeren Stils unmöglich, und der Mangel an Munition und anderen Rüstungsgütern wurde immer fühlbarer. Ludendorff und sein Adlatus in diesen Dingen, Oberstleutnant Max Bauer, wollten nun alle materiellen und menschlichen Ressourcen mobilisieren, um mit einer erneuten gewaltigen Kraftanstrengung der ganzen Bevölkerung doch noch die Überhand über die an Menschen und Material überlegenen Streitkräfte der Alliierten zu erlangen. Mit Hilfe des so genannten Hindenburg-Programms, welches die Dienstverpflichtung der gesamten arbeitsfähigen Bevölkerung für die Rüstungsproduktion sowie gewaltige Investitionen in neue Industrieanlagen vorsah, sollte bis zum Februar 1917 eine Verdoppelung der Rüstungsproduktion sowie eine erneute erhebliche Steigerung der Förderung von Kohle erreicht werden. Obschon die politische Leitung und der Reichstag einige Abstriche an dem schlechterdings maßlosen Programm durchsetzten, das Ludendorff und Bauer in Zusammenarbeit mit einzelnen Industrieführern ausgearbeitet hatten, führte dessen Umsetzung im Winter 1917 zu einem zeitweiligen Zusammenbruch des Transportsystems und zu schweren Engpässen in der Versorgung der Industrieunternehmen mit Kohle und anderen Rohstoffen. Zeitgleich brach in den industriellen Ballungszentren die Lebensmittelversorgung der Bevölkerung und die Versorgung mit Brennstoffen nahezu zusammen. Die Dienstverpflichtung der Bevölkerung und die radikale Schließung von so genannten Friedensindustrien

führten keineswegs zu einer nennenswerten Entlastung des Arbeitsmark-
tes in den industriellen Zentren, gleichzeitig aber zu erneuter Arbeitslosigkeit in abgelegenen ländlichen Regionen. Der Mangel an qualifizier-
ten Arbeitskräften führte zu wenig erfolgreichen Versuchen, belgische
Arbeiter zwangsweise nach Deutschland zu holen und zur Arbeit in In-
dustriebetrieben zu verpflichten. Aber gleichwohl blieb es erforderlich,
auch weiterhin eine sogar noch gesteigerte Zahl von Facharbeitern vom
Kriegsdienst freizustellen, sehr zur Erbitterung der Militärs, die eigentlich jeden gesunden Mann aus den Betrieben hatten herausholen und
durch andere, nicht wehrfähige Arbeitskräfte ersetzen wollen, um die
großen Verluste auszugleichen und wieder eine strategisch verwendbare
Heeresreserve aufzubauen. Dies unter anderem gab dann Anlass zu
Bemühungen, als *Quidproquo* für die Gründung eines autonomen polnischen Staates die Polen Kongresspolens dazu zu bewegen, eine Hilfsar-
mee gegen Russland aufzustellen.

Das Hindenburg-Programm, welches einer ohnehin überhitzten Kriegswirtschaft noch zusätzliche Beschleunigung verleihen wollte, hatte noch
weitere gesellschaftliche Auswirkungen langfristiger Natur. Die Überdi-
mensionierung des Rüstungsprogramms, bei dem nach Meinung der Militärbehörden Kosten keine Rolle spielen sollten, führte dazu, dass die bereits auf vollen Touren laufende Preis-Lohn-Spirale den staatlichen
Behörden vollends aus dem Ruder lief und eine immer krassere Verzerrung der bestehenden Lohn- und Gehaltsstrukturen nach sich zog, mit der
Folge einer bedrohlichen Verschärfung der bestehenden sozialen Gegensätze. Während die Gewinne der Unternehmer und die Löhne der In-
dustriearbeiter nominell, aber auch real, erheblich stiegen, geriet die
Masse der Bevölkerung einschließlich des alten Mittelstandes und der
Beamtenschaft zunehmend in wirtschaftliche Bedrängnis, von den so genannten Kriegerfrauen und der wachsenden Zahl der Kriegsinvaliden
ganz zu schweigen. Die Verarmung der Unterschichten nahm bedrohli-
che Ausmaße an.

So endeten die Versuche, im Deutschen Reich zu den Methoden eines totalen Krieges überzugehen, in einem Fiasko. Mit noch so harschen ad-
ministrativen Zwangsmaßnahmen war aus der ohnehin überforderten
Kriegswirtschaft nicht nennenswert mehr herauszuholen. Die Versorgungslage der breiten Massen der Bevölkerung war ohnehin schon seit
geraumer Zeit äußerst angespannt, und im »Steckrübenwinter« 1916/17
hatten sich zeitweilig dramatische Engpässe in der Ernährung der Bevölkerung in den Großstädten eingestellt, die auch mit öffentlichen Suppen-
küchen und sonstigen Notmaßnahmen nicht behoben werden konnten.

Blanker Hunger ging um und außerdem bittere Kälte angesichts einer völlig unzulänglichen Kohlenversorgung. Die Versuche der Staatsbehörden und der Kommunen, die Lebenshaltungskosten durch immer neue Preisverordnungen und Mietstopps niedrig zu halten und das Ansteigen der Preise wenn nicht zu verhindern, so doch zumindest abzuschwächen, hatten sich längst als wirkungslos erwiesen. Stattdessen hatte sich eine immer stärkere Ausweitung des schwarzen Marktes eingestellt. Jedermann musste, wenn er sich dies finanziell nur irgend leisten konnte, über die kärglichen täglichen Lebensmittelrationen hinaus, deren pünktliche Lieferung noch nicht einmal regelmäßig gesichert werden konnte, auf dem schwarzen Markt für hohe Preise zusätzliche Lebensmittel und Güter des täglichen Bedarfs hinzukaufen. Administrativer Druck auf die Landwirte, ihre Produktion zu steigern beziehungsweise uneingeschränkt den offiziellen Annahmestellen zu überlassen, statt diese teilweise auf dem schwarzen Markt zu verkaufen, führte nur zu Verbitterung und Resistenz, zumal Fehldispositionen der Behörden unnötige Produktionsausfälle verursacht hatten. Der Erlass von besonderen Gesetzen gegen Wucher, welche den Volkszorn über die angebliche Preisschinderei der mittelständischen Händler besänftigen sollten, schürte den Hass der Konsumenten auf die Kaufmannschaft und die Bauernschaft nur noch mehr. In den städtischen Zentren kam es bereits im Winter 1915 und dann insbesondere im Winter 1916/17 zu massiven Protestaktionen gegen die unzulängliche Lebensmittelversorgung, die sich nicht selten zu regelrechten Hungerkrawallen auswuchsen und mit polizeilicher Gewalt unterdrückt werden mussten. Im weiteren Verlauf des Krieges diskreditierten die behördlichen Maßnahmen gegen Schleichhandel und Schwarzmarkt nur die Autorität der Polizei und der örtlichen Behörden. Jedermann wusste, dass die großen Rüstungsbetriebe und viele städtische Kommunen längst selbst dazu übergegangen waren, die Versorgung ihrer Arbeiter beziehungsweise ihrer Bürger mit den notwendigsten Lebensmitteln unter Umgehung des offiziellen Preisniveaus auf dem schwarzen Markt zu gewährleisten. Nur der kleine Mann wurde von engstirnigen Gendarmen drangsaliert, wenn er bei irgendeinem Bauern auf dem flachen Land Eier oder Butter gegen eigene Wertgegenstände eingetauscht hatte. Die bürokratische Ordnungsgesellschaft war am Ende ihrer Möglichkeiten angelangt, und die Versuche, den Mangel unter zunehmender Anwendung von Zwang behördlich zu verwalten, untergruben langsam, aber stetig die Legitimität der bestehenden Ordnung. Vorhanden freilich machte sich die aufgestaute Erbitterung über die bedrückende Versorgungslage, das Versagen der Behörden und die behördlichen Drangsalierungen der »kleinen Leute« nur in Ausnahmefällen in politischen Aktionen Luft, zumal die Freien Gewerkschaften und die Sozialdemokratie ihren Einfluss auf ihre Anhänger durchweg in beschwichtigendem Sinne geltend machten.

Bei Kriegsbeginn hatte in großem Maße die Bereitschaft bestanden, kriegsbedingte Entbehrungen auf sich zu nehmen und sich in Notlagen gegenseitig zu helfen sowie gegenüber den Maßnahmen der Behörden Verständnis zu zeigen. Diese Einstellung machte im weiteren Verlauf des Krieges, zumal keine Aussicht auf ein baldiges Ende der Misere abzusehen war, schrittweise einem stoischen Fatalismus Platz, der allerdings plötzliche Ausbrüche des Protests oder gar des Widerstands gegen die Obrigkeit nicht ausschloss. Die Lebenssituation der Frauen in der Heimat, namentlich solcher mit kleinen Kindern, verschlechterte sich zusehends. Sie sahen sich mehr und mehr dazu gezwungen, für die wenigen in den Läden erhältlichen Lebensmittel und Güter des täglichen Bedarfs, besonders für Milch und Fette, stundenlang anzustehen und, soweit dies möglich war, das karge Familienbudget durch Hamsterfahrten im Umland notdürftig aufzubessern. Seit 1917 kam chronische Unterversorgung der städtischen Zentren mit Kohle beziehungsweise Heizmaterial hinzu und stellte die Familien vor schier unlösbare Probleme. Hunger, Kälte und das Angewiesensein auf schäbige Ersatzstoffe in vielen Dingen des täglichen Bedarfs bestimmten den Alltag der Frauen und Mütter in der Heimat. Auch die Erziehung der minderjährigen Kinder und der Jugendlichen litt unter diesen Verhältnissen, zumal die meisten Väter abwesend waren. In manchen Großstädten ließ der Schulbesuch der Jugendlichen zunehmend zu wünschen übrig; diese randalierten stattdessen in den Straßen. Dies alles drückte auf die Stimmung im Innern und ließ den Wunsch nach einem baldigen Frieden übermächtig werden.

Allerdings bemühten sich die politischen Instanzen in vermehrtem Umfang, die breiten Schichten der Bevölkerung auf die Verpflichtung zu nationaler Solidarität hinzuweisen, u. a. durch Indoktrination der Kinder und Jugendlichen in den Schulen und Universitäten, durch Inanspruchnahme der Pfarrer und Geistlichen, am Ende sogar durch besondere Vortragsprogramme. Auch die Konsumgüterindustrie passte sich, soweit sie noch produzieren durfte, mit der äußeren Gestaltung ihrer Produkte der nationalen Psychose an. Außerdem wurde die Bevölkerung durch eine Vielzahl von öffentlichen Sammlungen und Hilfsaktionen zugunsten der Soldaten oder auch besonders hilfsbedürftiger Gruppen, durch die Nagelung von hölzernen Hindenburgstatuen oder Siegessäulen und dergleichen mehr, beständig in Atem gehalten. Bei solchen Gelegenheiten wurde von jedermann erwartet, sich mit den Soldaten an den Fronten solidarisch zu zeigen und die Kriegführung in der einen oder anderen Form mit eigenen Taten oder eigenen Opfergaben zu unterstützen. Der kollektive Druck, sich in die nationale Einheitsfront einzureihen, war unter den obwaltenden Umständen erheblich und die bestehende Klassenstruktur wirkte sich zusätzlich in dieser Richtung aus.

Im Übrigen sorgte die im Großen und Ganzen betont national eingestimmte Presse dafür, dass der in steigendem Maße auftretende Unmut über die drückende Versorgungslage und die wachsenden Entbehrungen in der veröffentlichten Meinung keine größere Resonanz fand und nicht zu einer breiten Strömung wurde. Vielmehr überdeckten patriotische Stellungnahmen und Appelle zum Durchhalten die zahlreichen, zumeist lokal begrenzten Protestaktionen in den industriellen Ballungszentren. Es passt dazu, dass die Kriegerfrauen von den Behörden, der Presse und – den Pfarrern dazu angehalten wurden, die Kampfmoral ihrer an der Front stehenden Männer oder Söhne nicht durch »Jammerbriefe« über die katastrophale Versorgungslage in der Heimat zu beeinträchtigen. Auch die Presseberichte über die Kriegslage waren durchweg in einer beschönigenden Tonlage gehalten.

Die anfänglich großen Erfolge der U-Boote im Frühjahr und Frühsommer 1917 sowie die russische Februarrevolution, die begründete Hoffnungen weckte, dass Russland nun als Gegner aus dem Kriege ausscheiden würde, führten zeitweilig wieder zu einer Hebung der Kriegsmoral in der Heimat, zumal die ärgsten Hungermonate des Winters vorüber waren und sich die Lebensmittelversorgung zwischenzeitlich geringfügig verbessert hatte. Der Unmut der Arbeiterschaft über die unzureichende Versorgungslage in den industriellen Zentren sowie die Unzufriedenheit mit der Politik der politischen Leitung, die offenbar keinerlei Anstrengungen machte, wenigstens einen Sonderfrieden mit dem revolutionären Russland unter Verzicht auf weit reichende Kriegsziele zu schließen, blieb freilich unverändert bestehen. Er machte sich nunmehr in einer ganzen Reihe von »wilden«, d. h. von den Freien Gewerkschaften nicht unterstützten, Streiks Luft, die allerdings zumeist unter Gewährung von Zugeständnissen die Versorgungslage betreffend rasch wieder beigelegt werden konnten. Anders war dies mit dem großen Massenstreik in Leipzig im April 1917, bei dem erstmals nicht nur materielle, sondern auch politische Forderungen offen propagiert wurden, insbesondere das Verlangen nach unverzüglicher Reform des preußischen Dreiklassenwahlrechts. Die Sozialdemokratie und die Freien Gewerkschaften setzten sich für eine baldige Beilegung dieser Streiks ein, auf die Gefahr hin, ihren moralischen Kredit bei der Arbeiterschaft zu verspielen, umso mehr, als die Opposition gegen den Krieg mit der Gründung der USPD soeben eine parteipolitische Basis erhalten hatte. Die Reichsleitung wusste sich in dieser Situation nicht anders zu helfen, als mit der bisherigen doppelbödigen Strategie der »Diagonale« fortzufahren, obschon diese niemanden befriedigte. Einerseits erwirkte der Kanzler nach mühseligen Verhandlungen bei Wilhelm II. im April 1917 den Erlass der so genannten Osterbotschaft, in der in unbestimmter Form die Gewährung eines allgemeinen, direkten und geheimen, nicht aber gleichen Wahlrechts nach Kriegsende in Aussicht gestellt wurde. Dies war jedoch viel zu wenig und viel zu spät, um die Linke zufrieden zu stellen; im Gegenteil, die »Osterbotschaft« wirkte auf die breiten Massen wie eine Provokation. Die politische Rechte sah darin hingegen ein Alarmsignal und versuchte, den angeblich schlappen Kanzler, der der Linken unangemessene Zugeständnisse mache und Preußen der »roten Flut« ausliefere, nun endgültig aus dem Amt zu treiben. Zu diesem Zweck bemühte sie sich um die Unterstützung der neuen Obersten Heeresleitung. Das Terrain, auf dem dies erreicht werden sollte, war einmal mehr die Kriegszielfrage. Während sich die Sozialdemokratie den Aufruf des Petrograder Sowjets nach einem Frieden ohne Annexionen und Kontributionen zu Eigen machte, ließ sich Bethmann Hollweg von der Obersten Heeresleitung in den Kriegszielvereinbarungen vom 23. April 1917 in Bad Kreuznach auf ein neues, noch ungleich weitreichenderes Kriegszielprogramm einschwören. Er nahm dabei seine Zuflucht zu einer geheimen Aktennotiz, in der er aktenkundig machte, dass seine Handlungsfreiheit, sofern es wirklich zu Friedensverhandlungen kommen sollte, durch eine derartige geheime Vereinbarung nicht beschnitten würde und er sich im konkreten Fall darüber hinwegsetzen werde. Die gleichzeitigen öffentlichen Erklärungen des Kanzlers zur Kriegszielfrage zeugten von vollständiger Hilflosigkeit und weckten in allen politischen Lagern den Eindruck, dass es so nicht mehr weitergehen könne.

Eine sich herausbildende Reichstagsmehrheit von Zentrum, Fortschrittlicher Volkspartei, Sozialdemokratie und der Nationalliberalen Partei beschloss im Mai 1917 die Einsetzung eines Verfassungsausschusses und bekundete damit ihren Willen, nunmehr zwar nicht zum parlamentarischen System nach westlichem Vorbild überzugehen, wie dies Max Weber damals öffentlich forderte, wohl aber eine engere institutionelle Verbindung von Reichsleitung und den Reichstagsparteien herbeizuführen, um der bislang bestehenden »kontrollfreien Beamtenherrschaft« (Max Weber) im Reich und in Preußen ein Ende zu setzen. Nur wenige Wochen später, am 6. Juli 1917, übte der Zentrumsabgeordnete Matthias Erzberger im Hauptausschuss des Reichstages vernichtende Kritik an den Prognosen des Admiralstabes, die sich ungeachtet großer Erfolge der U-Boote nicht bewahrheitet hätten, und forderte eine öffentliche Erklärung des Reichstags zugunsten eines »Friedens des Ausgleichs«, welche den Weg für einen Verhandlungsfrieden frei machen sollte. Erzberger, der zu seinem Vorstoß allerdings auch durch seine Kenntnis der bedrohlichen inneren Lage in der Donaumonarchie veranlasst worden war, sprach aus, was jedermann empfand, aber nicht öffentlich zu sagen gewagt hatte, dass nämlich in der Bevölkerung der anfänglichen Euphorie über die großen Erfolge der U-Boote, als eines angeblich unfehlbaren Kriegsmittels, um Großbritannien binnen drei Monaten in die Knie zu zwingen, ein tiefer Stimmungseinbruch gefolgt war.

In der durch Erzberger ausgelösten Julikrise 1917 offenbarte sich die ganze Hilflosigkeit der Führungselite des Kaiserreichs. Sie zog unvermeidlich den Sturz Bethmann Hollwegs und seiner engeren Mitarbeiter nach sich. Jedoch erwiesen sich die Reichstagsparteien dazu außerstande, ihrerseits das Heft der Politik energisch in die eigenen Hände zu nehmen. Stattdessen setzten Hindenburg und Ludendorff die Berufung eines sehr effizienten hohen Verwaltungsbeamten, Georg Michaelis, zum neuen Kanzler durch, obschon diesem jedwede politische Erfahrung abging. Offensichtlich sollte Michaelis nur als verlängerter Arm der Obersten Heeresleitung operieren. Unter solchen Umständen war der Versuch der Reichstagsmehrheit, die Reichsleitung durch die Einsetzung eines permanent tagenden Interfraktionellen Ausschusses gleichsam an die Kandare zu nehmen und zur loyalen Umsetzung der in ihrem Inhalt freilich nicht eindeutigen »Friedensresolution« anzuhalten, bereits im Ansatz zum Scheitern verurteilt. Das seit dem Herbst 1917, insbesondere nach der Ersetzung des völlig unfähigen Michaelis durch Georg Graf Hertling, einen ehemaligen Zentrumspolitiker, praktizierte System eines gebremsten »Halbparlamentarismus«, bei dem in vermehrtem Umfang Vertrauensmänner der Mehrheitsparteien in Regierungsämter berufen wurden, hatte zwar insofern günstige Auswirkungen auf die Stimmung im Innern, als nun der bisher vorherrschende obrigkeitliche Stil der Behörden im Umgang mit den breiten Massen der Bevölkerung einem elastischeren Vorgehen Platz machte, aber gegenüber der politischen Leitung und insbesondere der Obersten Heeresleitung vermochte sich die Reichstagsmehrheit in keiner Weise durchzusetzen. Obwohl Richard von Kühlmann, der nun zum Staatssekretär des Äußeren berufen wurde, in den Kriegszielfragen vergleichsweise maßvolle Ansichten vertrat, sah er sich nicht an die Beschlüsse der Reichstagsmehrheit gebunden, sondern setzte weiterhin auf die klassischen Instrumente der Geheimdiplomatie, zumal die Oberste Heeresleitung sich weigerte, von ihren Kriegszielforderungen auch nur ein Jota zu streichen. Unter diesen Umständen scheiterte die päpstliche Friedensinitiative vom August 1917, auf die namentlich Erzberger einige Hoffnungen gesetzt hatte, angesichts der unerfüllbaren Mindestforderungen der Mittelmächte in den Kriegszielfragen bereits im Ansatz. Der Versuch der Reichstagsmehrheit, der politischen Leitung auf außenpolitischem Felde eine feste Leitlinie vorzugeben, war damit kläglich gescheitert. Das System des »Halbparlamentarismus« hatte sich nur dazu als tauglich erwiesen, die machiavellistische Strategie der deutschen Diplomatie in der Friedensfrage gegenüber der deutschen Öffentlichkeit einigermaßen zu bemänteln.

Die Ohnmacht des Reichstages zeigte sich dann einmal mehr, als es nach der Oktoberrevolution Anfang Dezember 1917 zu Friedensverhandlungen zwischen den neuen bolschewistischen Machthabern und den Mittelmächten in Brest-Litowsk kam. Die deutschen Unterhändler dachten unter dem Einfluss der Obersten Heeresleitung und des Kaisers keinen Augenblick daran, das Programm eines »Friedens ohne Annexionen und Kontributionen« auch nur in Ansätzen aufzugreifen. Vielmehr legten sie es von Anfang an darauf an, unter dem Deckmantel einer höchst fragwürdigen Interpretation des Selbstbestimmungsrechts der Völker die Ablösung der östlichen Randgebiete des ehemaligen Zarenreiches, insbesondere Kurlands, Lettlands und Estlands sowie Litauens und Polens und der Ukraine, zu erreichen und auf diese Weise das alte Programm eines Gürtels von abhängigen Satellitenstaaten im Osten uneingeschränkt zu realisieren. Unter solchen Umständen kamen die Friedensverhandlungen in Brest-Litowsk, die eher öffentlichen Rededuellen über die Anwendung des Selbstbestimmungsrechts auf Osteuropa glichen, nicht vom Fleck. Sie gerieten in der ersten Januarwoche erneut in eine schwere Krise; der Abschluss eines Separatfriedens mit den Sowjets war vorerst in weite Ferne gerückt.

Die harsche Verhandlungsführung der deutschen Unterhändler hatte eine katastrophale Auswirkung auf die Stimmung der Bevölkerung in den Mittelmächten. In weiten Kreisen war die Hoffnung entstanden, dass mit der russischen Oktoberrevolution eine neue Ära der Politik beginne, in der nicht mehr allein nur Gewalt über die Zukunft der Völker entscheide, und dass nun ein Weg zu einem allgemeinen Frieden nahe sei. Diese Hoffnung ging nun in Rauch auf. Die Arbeiter der großen Industriebetriebe gaben in der ersten Januarwoche 1918 ihrer bitteren Enttäuschung in einer Flutwelle von spontanen Massenstreiks Ausdruck, welche sich direkt gegen die Verhandlungsführung in Brest-Litowsk richteten. Die Streikenden machten sich die russische Forderung eines »Friedens ohne Annexionen und Kontributionen« auf der Grundlage einer fairen Anwendung des Selbstbestimmungsrechts in aller Form zu Eigen. Angesichts ihres tiefen Misstrauens hinsichtlich der Absichten der verantwortlichen Staatsmänner verlangten sie nun die »Demokratisierung der gesamten Staatseinrichtungen«, insbesondere die Abschaffung des preußischen Dreiklassenwahlrechts. Die Mehrheitssozialdemokratie und der Freien Gewerkschaften traten schweren Herzens in die Streikleitungen ein in der Absicht, die Streikbewegung so bald wie möglich zu einem raschen Ende zu bringen und die ansonsten seitens der Militärbehörden angedrohte Militarisierung des gesamten Arbeitslebens abzuwenden. Sie handelten sich damit von Seiten der Rechten den Vorwurf des Landesverrats ein, obschon sie das genaue Gegenteil herbeiführen wollten, nämlich die Aufrechterhaltung der Kriegsmoral.

Oberflächlich konnte die Lage im Innern dank des Einsatzes der Freien Gewerkschaften und der Mehrheitssozialdemokraten wieder beruhigt werden, aber die Stimmung blieb weiterhin äußerst angespannt, zumal die Not der Bevölkerung in den industriellen Ballungszentren immer größer wurde. Die ursprüngliche Hoffnung der Bolschewiki, dass es zu einem Überspringen der Revolution auf die Mittelmächte kommen werde, erfüllte sich freilich nicht. Zähneknirschend mussten sie auf Drängen Lenins, der nun die Parole vom »Sozialismus in einem Lande« ausgab, schließlich am 3. März 1918 den Frieden von Brest-Litowsk unterzeichnen, dessen drückende Bedingungen in den folgenden Monaten noch durch weitere Unterwerfungsverträge verschärft werden sollten. Die Parteien des Reichstags hingegen zeigten sich außerstande, eine auch nur einigermaßen faire Anwendung des Selbstbestimmungsrechts auf die Randstaaten des russischen Reiches sicherzustellen. Eine große historische Chance war vertan, nämlich durch den Abschluss eines maßvollen, auf Dauer berechneten Friedens mit dem neuen Sowjetrussland die Weichen für einen erträglichen Frieden mit den Westmächten zu stellen.

Ganz im Gegenteil, Ludendorff war nun entschlossen, alles auf eine Karte zu setzen und unter Einsatz der im Osten frei gewordenen Truppenverbände durch eine neue groß angelegte Offensive im Westen doch noch eine Kriegsentscheidung zugunsten der Mittelmächte zu erzwingen. Die Besorgnisse und die Beklommenheit in der Öffentlichkeit waren groß; Mutmaßungen über im Vorhinein einkalkulierte gewaltige Verlustzahlen gingen um. Friedrich Meinecke und Alfred Weber appellierten damals an die politische Leitung, sie möge, noch bevor dieses blutige Armageddon beginne, einen letzten Versuch eines Friedensersuchens an die Alliierten Mächte unternehmen, doch blieb dies ohne jegliche Resonanz. Unter den Soldaten selbst, die in den kommenden Wochen hinter der in Aussicht genommenen Angriffszone konzentriert wurden, breiteten sich im Gegenteil Zuversicht und die Erwartung aus, dass es gelingen möge, mit einer letzten großen Kraftanstrengung eine Entscheidung zu erzwingen und einen baldigen Friedensschluss herbeizuführen.

Die große Westoffensive, bei der die deutschen Truppen erstmals über eine geringe zahlenmäßige Überlegenheit über die Gegner verfügten, führte zu erheblichen Anfangserfolgen. Erstmals seit 1914 standen deutsche Truppen wieder fünfzig Kilometer vor Paris. Aber der erhoffte Durchbruch konnte nicht erzielt werden, und am 5. April 1918 musste die Offensive schließlich angesichts der völligen Erschöpfung der deutschen Angriffseinheiten und der Unwegsamkeit des Geländes, in dem eine angemessene Versorgung der Truppen nicht mehr möglich war, abgebrochen werden. Nachfolgende Angriffe an anderen Punkten der Westfront führten gleichfalls nicht zu strategisch entscheidenden Erfolgen. Auch wenn die Oberste Heeresleitung zunächst nicht bereit war, sich den Realitäten zu stellen, waren die deutschen Verbände nach diesen mit großen Hoffnungen und äußerstem Einsatz durchgeführten Offensiven ausgebrannt und nicht mehr imstande, und zunehmend auch nicht mehr willens, Angriffsoperationen größeren Stils durchzuführen. Es kam streckenweise zu einem »verdeckten Militärstreik«, der seinen Niederschlag in einer ungewöhnlich hohen Zahl von Verlusten durch Gefangennahme sowie zahlreichen Versuchen fand, sich dem Frontdienst zu entziehen. Der schwere Einbruch der Kampfmoral konnte auch nicht durch patriotische Appelle, geschweige denn den von den Offizieren zu erteilenden »patriotischen Unterricht«, den die Oberste Heeresleitung anordnete, wieder aufgefangen werden. Zur Verteidigung waren die deutschen Armeen weiterhin bereit, aber es wurde zunehmend schwieriger, die eigenen Linien gegenüber den seit dem 19. Juli 1918 einsetzenden Offensiven der alliierten Armeen zu halten, in der nun auch Tanks und anderes schweres Material, vor allem aber frische amerikanische Truppenverbände zum Einsatz kamen. In den folgenden Wochen und Monaten wurden die deutschen Armeen auf breiter Front zum Rückzug gezwungen. Der Anfang des Endes, nämlich der militärische Zusammenbruch der Westfront, zeichnete sich ab.

Die innere Politik dümpelte in diesen Monaten in einer nahezu unwirklichen Atmosphäre dahin. Die Politiker und die Öffentlichkeit erfuhren von der kritischen Lage an den Fronten nur wenig. Die amtliche Informationspolitik, der die Journalisten und Zeitungsverleger in falsch verstandenem Patriotismus weiterhin Hilfestellung leisteten, zeichnete weiterhin ein rosarotes Bild der militärischen Lage. Wie wenig man selbst in den Kreisen der Regierung über eine realistische Einschätzung der militärischen Lage verfügte, wurde schlagartig in der Kühlmann-Krise vom Juni 1918 sichtbar. Kühlmann hatte im Reichstag dargelegt, dass durch »rein militärische Entscheidungen allein« ein Ende des Krieges kaum erwartet werden könne und diplomatische Bemühungen hinzutreten müssten. Diese Rede wurde von der Obersten Heeresleitung und einem Teil der Presse als verantwortungsloser Defätismus, der zum Zusammenbruch der Stimmung im Innern führen könne, ausgelegt, und der Staatssekretär des Äußeren wurde zum Rücktritt gezwungen. Die Beschönigung der wirklichen Lage blieb ein wesentliches Moment der offiziellen Politik, diese nährte weiterhin die Hoffnungen auf einen »Siegfrieden«, an die sich die Rechte klammerte, weil nur dann die Aussicht bestand, dass die privilegierte Stellung der traditionellen Eliten auch nach dem Kriege uneingeschränkt aufrechterhalten werden könne. Die Öffentlichkeit wurde bis zum bitteren Ende mit Durchhalteparolen gefüttert und mit geschönten Informationen über die militärische Lage versorgt. Die »Vaterlandspartei« betrieb eine groß angelegte Propagandakampagne für einen »Hindenburgfrieden«; allerdings hielt es die Führungsgruppe der Vaterlandspartei um den Generallandschaftsdirektor Friedrich Kapp und den Großadmiral von Tirpitz, welch Letzteren sie als Kanzler in Aussicht genommen hatte, nunmehr für ratsam, sich von allzu weit gehenden Kriegszielforderungen vorsichtig zu distanzieren, wie sie in einigen Landes- und Ortsverbänden weiterhin propagiert wurden. Die Vaterlandspartei versuchte eine breite Sammlungsbewegung zugunsten eines »Siegfriedens« zustande zu bringen, die nicht nur die Honoratioren im Lande, sondern auch die breiten Massen der Bevölkerung umfassen sollte. Die Konservativen aber suchten die überfällige Reform des preußischen Dreiklassenwahlrechts auch jetzt noch mit allen Mitteln zu hintertreiben.

Die Mehrheitssozialdemokraten gerieten ob dieser Entwicklungen in immer größere Bedrängnis und erwogen ernstlich, ob sie den Loyalitätskurs gegenüber der Regierung nunmehr aufkündigen sollten. Sie waren mit der Einstellung der breiten Massen, die bisher ihre bedrängte Lage mit stoischem Fatalismus hingenommen hatten, nun aber fanden, dass das Maß voll sei, besser vertraut als ihre innenpolitischen Gegner und hielten nunmehr Zusammenbrüche im Innern jederzeit für möglich. Sie verlangten die Bildung einer parlamentarischen Regierung unter Einschluss von

Vertretern der Sozialdemokratie, weil sonst ein völliger Einbruch der Stimmung im Innern kaum noch abgewendet werden könne. Nur eine vom Vertrauen der ganzen Bevölkerung getragene Regierung werde aussichtsreiche Verhandlungen über einen Verständigungsfrieden herbeiführen können. Auch die anderen Mehrheitsparteien, das Zentrum, die Fortschrittliche Volkspartei und die Nationalliberalen, hielten dafür, dass ein Übergang zu parlamentarischen Regierungsformen nun nicht mehr aufgeschoben werden könne.

Die Oberste Heeresleitung kam jedoch der Initiative der Parteien des Reichstags einmal mehr zuvor. Am 29. September 1918 verlangten Hindenburg und Ludendorff überraschend, dass unverzüglich eine parlamentarische Regierung gebildet und ein Waffenstillstandsangebot auf der Grundlage der »Vierzehn Punkte« an den amerikanischen Präsidenten Woodrow Wilson herausgegeben werden müsse. Der Schock nicht nur in der Öffentlichkeit, sondern auch in den Kreisen der Staatsmänner und Politiker war ungeheuer; es erwies sich, dass diese selbst Opfer der offiziösen Durchhaltepropaganda geworden waren. Eine neu gebildete parlamentarische Regierung unter dem Prinzen Max von Baden ließ dann am 3. Oktober ein entsprechendes Friedensersuchen an den amerikanischen Präsidenten hinausgehen. Dieser bestand in seinen Antwortnoten auf einer Auswechslung der bisherigen Führungselite des Deutschen Reiches und indirekt auch auf der Abdankung Wilhelms II. Außerdem wurde deutlich, dass die in Aussicht stehenden Waffenstillstandsbedingungen keineswegs nur eine Atempause schaffen, sondern die Niederlage ein für alle Mal besiegeln würden. Es folgten Wochen erbitterter Auseinandersetzungen darüber, ob man nicht noch einen letzten verzweifelten Abwehrkampf aufnehmen solle, statt sich diesen niederschmetternden Bedingungen zu unterwerfen. Gleichzeitig versuchte Ludendorff, die Verantwortung für die Niederlage auf die politischen Instanzen und auf das angebliche Versagen der marxistisch verseuchten »Heimatfront« abzuschieben. Doch es gab keinen Weg mehr zurück. Die Friedenssehnsucht der breiten Massen der Bevölkerung und nun auch der Soldaten und Matrosen war zu groß. Am Ende löste die Besorgnis, dass die Militärs doch noch einmal versuchen könnten, den Kampf wieder aufzunehmen, und vor allem die Erbitterung über Wilhelm II., der das allein Richtige, nämlich seine Abdankung, unter dem Einfluss der Militärs hinausschob und, wie man argwöhnte, dem raschen Abschluss eines erträglichen Friedens im Wege stehe, zunächst die Matrosenrevolte in Kiel und dann die Revolution aus, die sich anfänglich in erster Linie gegen die militärischen Machthaber richteten. Das Kaiserreich brach wie ein Kartenhaus zusammen.

Es hinterließ ein Trümmerfeld nicht allein auf den Schlachtfeldern in Nordfrankreich und im Osten, sondern auch in den Hoffnungen und Erwartungen einer Nation, die vier Jahre lang der trügerischen Illusion eines künftigen Großmachtstatus Deutschlands angehangen hatten und nun vor einem Scherbenhaufen stand. Unter diesen Umständen fanden die noch schwachen und innerlich unsicheren demokratischen Kräfte denkbar ungünstige Bedingungen für den überfälligen Aufbau einer freiheitlichen Ordnung in Deutschland vor. Im Gegenteil, im langen Schatten des Krieges entwickelten sich jetzt auf den Flügeln des parteipolitischen Spektrums radikale politische Bewegungen, die am Ende Deutschland und Europa in einen mehr als dreißigjährigen europäischen Bürgerkrieg verwickelten, der erst in unseren Tagen mit dem Zusammenbruch des Sowjetsystems ein definitives Ende gefunden hat.

Wilhelm II. als König von Preußen und deutscher Kaiser

Mit dem jüngst erschienenen zweiten Band seiner großen Biographie Wilhelms II. hat John Röhl erneut die allgemeine Aufmerksamkeit der Forschung zur Geschichte des Wilhelminischen Reiches auf die Person des letzten Kaisers gelenkt.[1] Mit einer überwältigenden Materialfülle sucht er die These zu erhärten, dass das eigentliche Unheil der deutschen Politik und deren fast zwangsläufige Terminierung im Ersten Weltkrieg als der »Urkatastrophe Europas« entscheidend auf das »persönliche Regiment Wilhelms II.« oder, wie Röhl dies neuerdings nennen möchte, auf den unter Wilhelm II. praktizierten »Königsmechanismus« zurückzuführen sei, demzufolge alle Entwicklungen letzten Endes auf den persönlichen Willen des Herrschers zurückgehen. Röhls Interpretation läuft darauf hinaus, dass Wilhelm II. von einem sich ständig steigernden Geltungsbedürfnis angetrieben wurde und dabei jegliches Augenmaß vermissen ließ. Infolgedessen habe er das Deutsche Reich auf den selbstzerstörerischen Pfad einer maßlosen Weltmachtpolitik gelenkt, an dessen Ende schließlich die Katastrophe des Ersten Weltkrieges stand. Spätestens seit dem Rücktritt der beiden Bismarcks sei die kaiserliche Hofgesellschaft immer mehr zum eigentlichen Nervenzentrum der Politik im Reiche und in Preußen geworden und neben ihr das militärische Establishment, namentlich die Militärattachés und die persönlichen Adjutanten des Monarchen. Hingegen seien die verantwortlichen Minister in Preußen und die Staatssekretäre des Reichs und selbst der Reichskanzler bzw. der preußische Ministerpräsident immer stärker auf die Rolle von Bremsern des eigenwilligen »persönlichen Regiments« zurückgedrängt worden, wenn sie sich nicht gar, wie der Reichskanzler von Bülow, explizit zum »ausführenden Organ des kaiserlichen Regiments« machten. Es ist unübersehbar, dass die persönliche Umgebung des Monarchen schrittweise einen immer größeren Einfluss auf die Entscheidungen gewann. Insbesondere in den ersten Jahren nach der Jahrhundertwende etablierte sich ein kleiner Kreis von persönlichen Vertrauten, insbesondere Philipp Graf von Eulenburg und Hertefeld sowie anfänglich neben ihm auch der Generalstabschef und Bismarckgegner Alfred Graf von Waldersee, einer der wichtigsten Verbündeten des Kaisers in seinem Kampf um die Ausschaltung Otto von Bismarcks, und zeitweilig auch Friedrich von Holstein als eine Art Nebenregierung. Sie suchten den Kaiser behutsam zu steuern, freilich stets im Sinne von dessen persönlichen Aspirationen, um ihn vor seinen eigenen Fehlern zu schützen und vor Fehlschlägen zu bewahren.[2] Nach dem Rücktritt des Kanzlers Leo Graf von Caprivi, der, so gut es ging, seine eigene Machtstellung und seine persönliche Integrität gegenüber dem Monarchen zu wahren vermocht hatte, öffneten sich endgültig die Schleusen des persönlichen Machtwillens und der grenzenlosen Willkür des Kaisers. Nur das Auswärtige Amt vermochte, nicht zuletzt dank der »grauen Eminenz« Friedrich von Holstein, der angesichts seiner asketischen Lebensführung den Verführungen kaiserlicher Gunstbeweise weniger ausgesetzt war als seine Kollegen, ein gewisses Maß an Eigenständigkeit zu behaupten.

Angesichts eines solchen Befundes scheint es, als ob Preußen während der Regierungszeit Wilhelms II. als Staat mit einer eigenständigen Tradition gegenüber dem Reich und dem Kaisertum immer stärker in den Hintergrund getreten sei. Unübersehbar richtete sich der Ehrgeiz Wilhelms II. ganz überwiegend auf seine Rolle als Herrscher an der Spitze eines mächtigen Reiches, das eine führende Rolle in der Weltpolitik spielte und dem eine noch größere zu spielen bestimmt schien. Über die Verfassungsstruktur des Deutschen Reiches, in welcher den Bundesstaaten ein erhebliches Gewicht innerhalb des komplexen Herrschaftssystems zukam, hat sich Wilhelm II. niemals wirklich Rechenschaft gegeben; er nahm an, dass er im Zweifelsfall die anderen Bundesfürsten zu Willfährigkeit zwingen könne, gestützt nicht zuletzt auch auf das überproportionale Gewicht Preußens innerhalb dieses Systems.

Genau besehen hat Wilhelm II. Preußen vornehmlich als eine Art von Hausmacht angesehen, die seinen politischen Plänen mehr oder minder blindlings Gefolgschaft zu leisten habe. Er sah es als Selbstverständlichkeit an, dass die preußischen staatlichen Instanzen im Zweifelsfall die eigene Politik zu unterstützen verpflichtet seien. Vielleicht gerade deshalb entwickelten sich Preußen und das Deutsche Reich seit der Jahrhundertwende immer stärker in eine entgegengesetzte Richtung. Preußen, das *cum grano salis* im 19. Jahrhundert neben Baden der fortschrittlichste Staat Deutschlands gewesen war, fiel seitdem auf vielen Gebieten zurück, und gleichzeitig weitete sich der Abstand auf wirtschaftlichem und industriellem Gebiete immer stärker zwischen den industriellen Provinzen im Westen und den ehemaligen Kernregionen, namentlich Brandenburg,

Posen, Ost- und Westpreußen. Man wird sagen können, dass die persönliche Herrschaft Wilhelms II. mit ihrer einseitigen Fixierung auf militärische Grandeur und weltpolitische Errungenschaften dazu beigetragen hat, dass Preußen langsam an Status einbüßte. Wilhelm I. hatte sich zeitlebens in erster Linie als König von Preußen gefühlt und den Titel des deutschen Kaisers, den er als Charaktermajor empfand, nie gemocht. Auch Bismarck hatte anfänglich die preußischen Komponenten innerhalb des komplexen Herrschaftssystems des Kaiserreiches in besonderem Maße betont. Der vorwiegend zentralistische Charakter dieses Systems war ja ohnehin wesentlich auf Druck der Nationalliberalen entstanden. Anfänglich hatte Bismarck das Reich ganz und gar vom Posten des preußischen Außenministeriums lenken und einen unbedeutenden Diplomaten zum Reichskanzler bestellen wollen. Die Zeitströmungen hatten dann freilich die Gewichtungen des Herrschaftssystems zunehmend zugunsten des Reiches verschoben, das durch den Ausbau von zahlreichen Reichsämtern auch in seiner institutionellen Struktur immer zentralistischer wurde, weit mehr als dies ursprünglich intendiert gewesen war.

Freilich blieb Preußen auch jetzt noch in vieler Hinsicht die geheime Schaltstelle des Herrschaftssystems; nahezu alle wichtigen Gesetzesvorlagen wurden in den preußischen Ministerien ausgearbeitet und dann via dem Bundesrat, in dem die preußischen Bevollmächtigten eine Schlüsselstellung hatten, im Reichstag eingebracht. Darüber hinaus verblieben Schlüsselpositionen auch weiterhin in preußischer Hand, so insbesondere die Position des Kriegsministers, der nach und nach mehr in die Rolle eines Reichskriegsministers hineingeriet, während die Kriegsminister der anderen Bundesstaaten zu Insignifikanz verurteilt wurden. Schließlich war auch das Außenministerium seiner Herkunft nach eine preußische Institution, und die Verbindung zu den anderen Bundesstaaten verlief auf außenpolitischem Gebiete über die Instruktionen der preußischen Bevollmächtigten im Bundesrat durch den Außenminister. Allerdings war die »Wilhelmstraße« schon unter Bismarck definitiv zu einer zentralen Schaltstelle der Reichspolitik geworden, während das preußische Staatsministerium mehr und mehr auf innenpolitische Fragen zurückgedrängt wurde.

Wilhelm II. hat, wie es scheint, die komplizierten Strukturen des preußisch-deutschen Herrschaftssystems nie wirklich verstanden, geschweige denn respektiert. Er betrachtete die preußischen Institutionen in erster Linie als Instrumente der Herrschaft, die dem Monarchen zu strikter Gefolgschaft verpflichtet seien, und die preußischen Führungsschichten gleichsam als Vasallen ihres Königs. Insbesondere das preußische Staatsministerium galt ihm als ein Gremium, das, wie auch immer die Dinge lagen, seinen Wünschen zu willfahren habe. Man kann die Frage stellen, ob sich Wilhelm II. überhaupt als Preuße im engeren Sinne des Wortes gefühlt hat, obschon er immer wieder emphatisch die besondere Verpflichtung seiner preußischen bzw. brandenburgischen Untertanen zum Gehorsam hervorgehoben hat. Die Preußen hatten, so wie er es sah, allemal zu parieren. Daher erklärt sich auch nicht zuletzt der langjährige Konflikt des Monarchen mit der Konservativen Partei, der mit deren Widerstand gegen die Handelsverträge begann und mit der Maßregelung der so genannten Kanalrebellen nach der Ablehnung der Vorlage für die Verlängerung des Mittellandkanals 1901 einen Höhepunkt erreichte. Mehrfache Vorstöße der Konservativen, ihren Frieden mit dem Monarchen zu machen, indem sie ihn ihrer unbedingten Gefolgschaft versicherten, blieben in Ansätzen stecken. Ernst von Heydebrand und der Lasa, der Fraktionsvorsitzende der Konservativen Partei im Preußischen Abgeordnetenhaus, allgemein bekannt als der ungekrönte König von Preußen, hat im Nachhinein beklagt: »Der Kaiser identifizierte [...] die Grundsätze der [Konservativen] Partei im Wesentlichen mit der Aufgabe, eine Art Schutztruppe der Regierung zu bilden und *at nutum* des Trägers der Krone zu stehen.«[3]

Im Zweifelsfall optierte Wilhelm II. gegen die traditionellen agrarischen Interessen der preußischen Aristokratie und für die Kräfte des industriellen Fortschritts. Genau besehen, fühlte er sich den gehobenen bürgerlichen Schichten weit stärker verbunden als dem altständischen preußischen Adel, wie er denn von einem ausgeprägten Bedürfnis getrieben wurde, vor allem in den Augen der bürgerlichen Schichten als populär zu gelten. Bereits 1890 setzte er sich mit seiner Intervention gegen die preußische Schulvorlage vehement für ein fortschrittliches Schulcurriculum ein und ließ den verantwortlichen preußischen Kultusminister Heinrich von Goßler im Regen stehen. Dies wiederholte sich dann 1892, als der Kaiser sich mit großer Schärfe gegen die von Caprivi begrüßte Schulvorlage wandte, die der katholischen Kirche den Einfluss auf die Volksschulen, der ihr im Zuge des Kulturkampfes genommen worden war, wieder öffnen und mit welcher der Kanzler die Kooperation des Zentrums in anderen Fragen, namentlich der von Wilhelm II. hartnäckig geforderten Heeresvorlage, erlangen wollte. Als in der liberalen Presse scharfe Proteste gegen die Schulvorlage laut wurden, stellte sich der Monarch auf Betreiben Johannes von Miquels einmal mehr ganz und gar auf die Seite der liberalen Opposition. Eine Vorlage, die nur von den konservativen

Parteien und dem Zentrum getragen wurde, hielt er von vornherein nicht für akzeptabel. Dies ist kein Zufall. Nach den Vorstellungen des Kaisers hatten im Konfliktfall spezifisch preußische Belange hinter solchen, welche die deutsche Nation in ihrer Gesamtheit betrafen, zurückzustehen. Wilhelm II. partizipierte am neuen Reichsbewusstsein, das den herkömmlichen preußischen Patriotismus mehr und mehr überlagerte.[4] Gleichwohl war Wilhelm II., im Unterschied zu seinem unglücklichen Vater, der am Ende nur 99 Tage regiert hatte, durchaus preußisch gesinnt. Das preußische militärische Establishment bildete in vieler Hinsicht das Rückgrat seiner Machtstellung im Innern und ermöglichte erst den vielbeschworenen so genannten Königsmechanismus. Es ist bezeichnend, dass sich Wilhelm II. ausdrücklich auf die preußische Tradition seit dem »Soldatenkönig« berief. Im Zusammenhang der Auseinandersetzungen über die Gestaltung der Heeresvorlage von 1892 bestand er hartnäckig auf der dreijährigen Dienstpflicht, weil er dies wie schon Wilhelm I. 1861/62 als eine Frage von Parlamentsheer oder Königsheer ansah. Er drohte daher von Anbeginn ziemlich unverhüllt mit der Auflösung und darüber hinaus mit der Waffe des Staatsstreichs, sofern sich der Reichstag seinen Forderungen nicht beugen sollte. Nur mit größer Mühe gelang es Caprivi schließlich, den Kaiser davon zu überzeugen, dass die zweijährige Dienstpflicht auch rein militärtechnisch gesehen durchaus nicht von Nachteil sein würde, und vermochte so einen neuen schweren Verfassungskonflikt abzuwenden. In gleicher Weise hat sich Wilhelm II. späterhin mit äußerster Hartnäckigkeit den Plänen des Kriegsministers Walter Bronsart von Schellendorf für eine zeitgemäße Reform des Militärgerichtsverfahrens widersetzt, insbesondere die Einführung von öffentlichen Verhandlungen; er sah darin eine Untergrabung des herkömmlichen Treueverhältnisses zwischen der Armee und dem Monarchen.

In militärischen Angelegenheiten besaß Wilhelm II. als König von Preußen weitgehende Machtbefugnisse, bei denen eine formelle Mitwirkung des Reichskanzlers bzw. der preußischen Regierung nicht vorgesehen war. Schon zu Bismarcks Zeiten war die so genannte Kommandogewalt des Monarchen schrittweise ausgedehnt worden, um die Armee – so gut es ging – der parlamentarischen Kontrolle zu entziehen. Dazu gehörte auch, dass es von Reichs wegen keine Zuständigkeit für das Heerwesen gab, was sich teilweise aus dem föderalistischen Charakter der Reichsverfassung ergab, welche den Bundesstaaten in Friedenszeiten die eigenständige Verfügung über die jeweiligen Armeeverbände beließ. Die Befugnisse des preußischen Kriegsministers waren nicht präzise abgegrenzt; er befand sich in einer höchst prekären Position zwischen dem Monarchen, dem Reichskanzler und dem kraft des Budgetrechtes zunehmend bedeutsamer werdenden Reichstag. Die Frage, ob der Monarch in militärischen Belangen eigenständig handeln könne oder verfassungsrechtlich die Zustimmung der zuständigen Minister bzw. des Reichskanzlers haben müsse, ist niemals entschieden worden. Die Rechtsstellung des Staatssekretärs des Reichsmarineamts, dessen Leitung 1895 auf eine persönliche Entscheidung Wilhelms II. hin Alfred von Tirpitz übertragen wurde, war unterschiedlich; aber ihm wurde ausdrücklich das Immediatrecht zugestanden, d. h. ein Zugang zum Kaiser – am Reichskanzler vorbei.

Bis 1914 und noch danach ging die herrschende Meinung davon aus, dass die »zivile« Reichsleitung auf Ernennungen im militärischen Bereich und die militärischen Planungen keinen Einfluss nehmen dürfe; im Kriegsfall war vorgesehen, dass die Territorialherrschaft von den Stellvertretenden Generalkommandos übernommen wurde, die rechtlich ebenfalls unmittelbar dem Monarchen unterstanden. Der Kaiser selbst betrachtete die Armee als letzte Bastion in einer Zeit wachsender demokratischer Strömungen und sozialistischer Umtriebe und war demgemäß entschlossen, diese unter allen Umständen in der Hand zu behalten, obschon dies unter den Bedingungen der modernen Massenheere zunehmend fiktiv wurde. Dies wurde allgemein als ein essenzielles Element der preußischen Tradition angesehen, welches nach Ansicht vieler Zeitgenossen die besondere Stärke des deutschen Herrschaftssystems, verglichen mit den westlichen parlamentarischen Staaten, ausmachte.

Dies alles fand seine Entsprechung in der Führungsstruktur des Reiches und insbesondere der engeren Umgebung des Monarchen selbst. Hier bestand eine deutliche Dominanz des militärischen Elements. Der Monarch bediente sich in politischen und militärischen Angelegenheiten, insbesondere in den personalpolitischen Entscheidungen, aber auch im politischen Tagesgeschäft eines Zivilkabinetts sowie eines Militärkabinetts, zu denen dann auch das zunehmend einflussreiche Marinekabinett hinzutrat. Schon die Gleichrangigkeit dieser Kabinette verlieh den Militärs innerhalb dieses Systems besonderen Rang. Wilhelm II. stützte sich darüber hinaus auch in tagespolitischen Fragen sehr häufig auf die von ihm persönlich berufenen Flügeladjutanten, welche den unschätzbaren Vorteil hatten, dass sie stets unmittelbaren Zugang zum Monarchen besaßen. Dazu kam, dass der Kaiser sich auch mit Hilfe der Militärattachés an den Botschaften am Auswärtigen Amt bzw. am Reichskanzler vorbei Informationen verschaffen und gegebenenfalls sogar Weisungen erteilen konnte. In der Anfangsphase traten enge Beziehungen zu dem Grafen

Waldersee, dem Chef des Großen Generalstabes, hinzu, und späterhin solche mit Alfred von Tirpitz, dem es gelang, für seine Ziele uneingeschränkt das Ohr des Monarchen zu finden. Aber nicht genug damit. Üblicherweise wurden regelmäßig einmal im Monat sämtliche Kommandierenden Generale zu Hofe einbestellt und als zusätzliche Informationsquellen genutzt, wiederum weitgehend an den »zivilen« Instanzen vorbei. Die zahlreichen Kaisermanöver dienten Wilhelm II. als weitere Verbindung zur Armee, auch wenn die Generalität Letztere vielfach als schwere Last empfand, weil »Seine Majestät immer gewinnen« wolle. Insgesamt wird deutlich, dass Wilhelm II. in diesem militärischen Milieu ganz zu Hause war, wie er denn große Freude an militärischen Aufmärschen oder Flottenparaden an den Tag legte und eine geradezu kindische Begeisterung an militärischen Uniformen hatte, wie sie damals zwischen Monarchen vielfach als Zeichen besonderer Ehre ausgetauscht wurden. Dieses *maison militaire* traditioneller Art, in dem der Monarch vorzugsweise lebte, war fraglos das preußischste an dem Regiment Wilhelms II. Er selbst sah sich darin in einer langen Tradition seit dem »Soldatenkönig«. Hier allein fühlte er sich, von den berüchtigten Nordmeerreisen einmal abgesehen, die ihn aber ebenfalls in nahezu ausschließlich militärischem Gefolge fanden, innerlich sicher und wohl. Nicht zufällig gehören die Ansprachen des Kaisers bei Rekrutenvereidigungen oder bei der Verabschiedung von Truppenkontingenten wie im so genannten Boxerkrieg 1900 zu seinen martialischsten Äußerungen; hier gab es verfassungsrechtlich keine politische Gegenkontrolle und die Versuche, durch nachträgliche Zensurmaßnahmen die schlimmsten Wendungen zu unterdrücken, waren nur eingeschränkt erfolgreich.

Es versteht sich, dass die »zivile« politische Führung unter diesen Umständen größte Schwierigkeiten hatte, beim Kaiser in angemessener Weise Gehör zu finden. Auch hier griff der Monarch im Konfliktfall vorzugsweise zum militärischen Modus des »Befehls« an einen loyalen Vasall der Krone. Den Grundsatz der Eigenverantwortlichkeit des Reichskanzlers bzw. der Minister für die Führung der jeweiligen politischen Ressorts hat der Kaiser im Prinzip niemals akzeptiert, obschon namentlich der starrköpfige Caprivi dem Monarchen wiederholt klarzumachen suchte, dass seine Pflicht, nach bestem Wissen und Ermessen von Kaiser und Reich Schaden abzuwenden, auch durch einen kaiserlichen Befehl nicht außer Kraft gesetzt werden könne. Die vielbeschworene Tradition von Tauroggen spielte in dem Geschichtsbild Wilhelms II. offenbar keine Rolle. Die verantwortlichen Staatsmänner hatten in aller Regel nur dann die Chance, mit ihren Projekten oder Positionen durchzudrin-

gen, wenn sie dies in Formen taten, die auf das grenzenlose Geltungsbedürfnis des Monarchen und seine Eitelkeit in geziemender Form Rücksicht nahmen; frontaler Widerspruch prallte in aller Regel ab, und ratio-
nale Erwägungen als solche waren nur in begrenztem Umfang
erfolgreich. Von Bethmann Hollweg, der unzweifelhaft große Gewissen-
haftigkeit in der Führung seines Amtes an den Tag legte, heißt es einmal:
»Er doziert immer und will alles besser wissen.« Davon abgesehen war
die Sprunghaftigkeit Wilhelms II., der oft nicht bereit war, sich auf kom-
pliziertere Sachverhalte einzulassen, ein zusätzliches Problem, zumal er
nicht selten von Fall zu Fall seine Meinung änderte.

Unter diesen Umständen hatten Männer wie Philipp Graf Eulenburg oder
späterhin Bernhard Fürst von Bülow (anfänglich übrigens auch Herbert
von Bismarck), die sich einer sorgfältig auf die Psyche des Monarchen hin
»gestilten« Argumentation bedienten und diesen gleichzeitig in seinem,
von verborgener Unsicherheit begleiteten Selbstwertgefühl bestärkten,
die besten Chancen, mit ihren politischen Vorstellungen durchzudringen.
Namentlich Philipp Eulenburg genoss lange Jahre die besondere Gunst
des Kaisers; er war der erfolgreiche Höfling bzw. »Favorit« des Monarchen (Röhl) schlechthin. Ein gutes, emotional fundiertes Verhältnis zum
Monarchen war, wie die preußisch-deutsche Führungselite sehr bald
lernte, die Vorbedingung für Erfolg versprechende Einwirkungen auf den
Monarchen, ja für die erfolgreiche Wahrnehmung politischer Ämter
schlechthin, während der Verlust der Gunst des Monarchen, womöglich
wegen gänzlich trivialer und nicht selten außerhalb der politischen Ge-
schäfte liegender Konflikte, den Verlust der jeweiligen Stellung oder gar
das Ende der Karriere bedeuten konnten. Infolgedessen nahm der Byzan-
tinismus in der Hofgesellschaft beständig zu, und nur wenige wagten es,
dem Monarchen in kritischen Fragen wirklich reinen Wein einzuschenken, auf die Gefahr hin, politisch oder gesellschaftlich ausgegrenzt zu
werden. Die geschickte Behandlung des Monarchen wurde mehr und
mehr zu einem essenziellen Teil der Herrschaftstechnik der preußisch-
deutschen Führungseliten. Es versteht sich, dass dies mit Preußentum im
traditionellen Sinne schlechterdings nichts gemein hatte und eine irrationale Komponente in den Vollzug von Herrschaft hineintrug, die auf die
Dauer schwerste negative Auswirkungen haben musste.

Allerdings lassen sich unterschiedliche Perioden des Regiments des Kaisers und Königs von Preußen ausmachen, in denen die beschriebene
Grundstruktur seines Verhaltens und seiner Mentalität sich nicht in
gleichem Maße politisch auswirkte. Die wachsende Entfremdung Wilhelms II. von Otto Fürst von Bismarck in den Jahren 1888 bis 1890 war

bei der Grundeinstellung des Kaisers unabwendbar, der sein eigener Herrscher, wenn auch nicht notwendigerweise sein eigener Reichskanzler sein wollte; Bismarcks gewaltiges Prestige empfand Wilhelm II. als eine unerträgliche Beeinträchtigung seines eigenen Ansehens, und die Rivalität mit dem Kanzler blieb zu dessen Lebzeiten ein besonderer Faktor, von den Sachdifferenzen in politischen Fragen, die insbesondere vom Grafen Waldersee geschürt wurden, ganz abgesehen. Die Jahre 1890 bis 1900 brachten dann den schrittweisen Aufbau des »persönlichen Regiments« im engeren Sinne, nicht zuletzt gemäß den Einwirkungen von Philipp Eulenburg, Graf Waldersee und Bülow. Der vollen Entfaltung des kaiserlichen Willens stand einstweilen der eigenwillige Reichskanzler Caprivi im Wege, der aber unentbehrlich erschien, wollte man nicht Gefahr laufen, dass die Bismarcks womöglich durch die Hintertür wieder zur Macht kommen könnten.

Caprivi versuchte nach endlosen Querelen 1892, durch die Niederlegung des Amtes des preußischen Ministerpräsidenten Preußen gleichsam vom Reichsschiff abzukoppeln und auf diese Weise die wütende Polemik der Konservativen abzuschütteln. Die preußische Ministerpräsidentschaft wurde dem hochkonservativen Politiker Botho Graf zu Eulenburg übertragen. Dieses verfassungspolitische Experiment erwies sich freilich als wenig erfolgreich. Wilhelm II. bestand unter anderem auf der Einbringung einer Vorlage gegen die aus seiner Sicht steigende Gefahr der Sozialdemokratie und wollte diese durch einen Kampfkurs gegen den Reichstag und notwendigenfalls einen Staatsstreich durchsetzen. Caprivi suchte dem Monarchen klarzumachen, dass die Zeiten sich geändert hatten. Das Deutsche Reich sei mehr geworden als ein Bund von Fürsten, den man nach Belieben wieder auflösen könne, nämlich eine nationale Monarchie. Er nahm wegen der geplanten Umsturzvorlage schließlich 1894 seinen Hut, brachte allerdings auch Botho Eulenburg zu Fall. Es folgte die Kanzlerschaft des greisen Statthalters von Elsass-Lothringen, Chlodwig Fürst zu Hohenlohe-Schillingsfürst, die als Fassade diente, vor welcher Bülow erst als Staatssekretär des Äußeren und dann als Reichskanzler aufgebaut wurde; dieser hatte bekanntlich dem Kaiser in Aussicht gestellt, dass mit ihm »im guten Sinne, aber tatsächlich, ein persönliches Regiment« beginnen werde: »Ich würde mich als ausführendes Werkzeug Seiner Majestät betrachten, gewissermaßen als sein Chef des Stabes.«[5] Die Schattenkanzlerschaft Hohenlohes ging einher mit einer Serie von reaktionären Gesetzgebungsvorhaben, unter ihnen die so genannte lex Heinze, die so genannte Umsturzvorlage und das preußische Vereinsgesetz, deren Scheitern einer schweren persönlichen Niederlage

Wilhelms II. gleichkam. Preußen wurde dabei als Rückzugsbastion für ein reaktionäres Regiment im Reiche missbraucht.

In gewisser Weise befreite Bülow mit der Übernahme der Kanzlerschaft Wilhelm II. aus einer schweren Krise des »persönlichen Regiments«. Bülow wandte nun eine andere, ungewöhnlich geschickte, freilich in mancher Hinsicht zynische Strategie an. Der Kaiser wurde gleichsam zur Speerspitze der neuen Weltpolitik erhoben, welche Bülow mit viel öffentlichem Aufsehen in die Wege leitete. Auf diese Weise gelang es, das unstetige Agieren des Kaisers wenigstens zu kanalisieren, freilich mit der Konsequenz, dass dieser in innen-, vor allem aber in außenpolitischen Fragen sich weniger Zurückhaltung denn je auferlegte und bombastische Reden aller Art hielt. Tatsächlich war er für die fragwürdigen Aktionen der deutschen Diplomatie dieser Jahre, zum Beispiel die spektakuläre Landung in Marokko oder späterhin den Abschluss eines dann sogleich annullierten Vertrages mit dem russischen Zaren auf Bjorkoe, verantwortlich. Aber dank seiner pathetischen Reden wurden die Fehlschläge dieser Politik nicht in erster Linie der politischen Leitung, sondern vielmehr dem Monarchen persönlich angelastet, und die Irritation in der Öffentlichkeit wuchs immer stärker an. Der innenpolitische Kurs Bülows hatte anfänglich den Wünschen des Kaisers entsprochen, die protestantischen Mittelschichten und die Konservativen politisch wieder zusammenzuführen, doch brach der Bülow-Block dann über der Frage einer maßvollen Reform des preußischen Dreiklassenwahlrechts wieder auseinander. Gleichwohl blieb eine nachhaltige Verstimmung der preußischen Aristokratie zurück. Preußen und das Reich, die eine kurze Zeit unter der glanzvollen Aura der neuen Weltpolitik zusammengefunden zu haben schienen, gingen nun wieder unterschiedliche Wege, und Preußen wurde erneut ein Bremsklotz der Modernisierung.

Wilhelm II. aber bunkerte sich einmal mehr in seinem *maison militaire* ein und suchte von dort aus, weitreichende Reformen abzublocken, vor allem aber die halbautokratische Stellung der sich auf die Armee und nun auch die Flotte stützenden Monarchie – so gut es ging – zu verteidigen. Der Flottenbau diente in diesen Jahren in gewissen Grenzen als »innenpolitische Krisenstrategie« (Berghahn), insofern als er dazu beitrug, den Reichstag gefügig zu machen und dem Geltungsbedürfnis der bürgerlichen Schichten entgegenzukommen. Im Übrigen verteidigte der Kaiser die exemte Stellung der Armee in der deutschen Gesellschaft weiterhin mit allen verfügbaren Mitteln. Dies zeigte sich drastisch während der Zabern-Affäre 1913, bei der sich der Kaiser bedenkenlos auf die Seite der Armee stellte und die zivilen Reichsbehörden dazu zwang, die Übergriffe der Truppen in Elsass-Lothringen zu bemänteln. Doch ging dies für das Ansehen des Kaisertums vor allem in Süddeutschland nicht gut aus. Die Drohung des Kaisers, notfalls müsse man das Reichsland eben Preußen einverleiben, um dort Zucht und Ordnung herzustellen, war dem politischen Ziel der elsass-lothringischen Verfassungsreform, die gerade eben mit einiger Mühe zustande gebracht worden war, nämlich der schrittweisen Integration der Elsässer und Lothringer in das Reich, nicht förderlich. Georg Ledebour höhnte im Reichstag, dass die Aufnahme der Elsass-Lothringer in die unterste Klasse der Reichszugehörigkeit, die preußische Staatsangehörigkeit, offenbar auch vom Kaiser selbst als eine Bestrafung angesehen werde. Ebenso spielte der Kaiser bei der großen Heeresvermehrung von 1913 eine ziemlich unrühmliche Rolle. Er wollte die Reduzierung der in der Vorlage geforderten sechs auf drei Kavallerieregimenter ebenso wie die Reduzierung einer stattlichen Zahl von neuen Stellen für das ohnehin überflüssige Institut der Flügeladjutanten mit der Auflösung des Reichstages und gegebenenfalls mit einem Staatsstreich beantworten, was, wäre es denn dazu gekommen, einen schweren Einbruch des Herrschaftssystems zur Folge gehabt hätte.

Abschließend stellt sich die Frage: War Wilhelm II. an allem schuld? Es steht außer Zweifel, dass seine Art des Auftretens nicht nur in der Öffentlichkeit, sondern auch in den Beziehungen zu den anderen Staatsoberhäuptern Europas höchst nachteilige Auswirkungen gehabt hat. Aber die zunehmende Verschlechterung der diplomatischen Lage des Deutschen Reiches seit der Jahrhundertwende wird man schwerlich ausschließlich oder auch nur vorwiegend dem Wirken Wilhelms II. zuschreiben können; der Fehlschlag der Ersten Marokko-Krise ebenso wenig wie das Scheitern der deutsch-englischen Bündnisgespräche 1898/99, und schon gar nicht die machiavellistische Strategie der deutschen Diplomatie in der Zweiten Marokko-Krise 1911, die hart an den Rand eines europäischen Krieges herangeführt hat. Bekanntlich erwarb Wilhelm II. in den engeren Führungskreisen ganz im Gegenteil die Reputation eines »Guillaume le timide«. Ebenso wurde die verhängnisvolle Strategie der Reichsleitung während der Julikrise 1914 auf weiten Strecken hinter dem Rücken und ohne das Vorwissen des Kaisers ins Werk gesetzt, der ja nur in allgemeiner Form die Unterstützung Österreich-Ungarns angeordnet hatte.
Das Problem lag tiefer, es lag, wie schon Max Weber betont hat, im System. Das »persönliche Regiment« kultivierte immer mehr ein Milieu byzantinischer Beweihräucherung des Kaisers und machte es den ver-

antwortlichen Staatsmännern und Militärs zunehmend unmöglich, Wilhelm II. gegenüber eigene Positionen zu vertreten und durchzusetzen. Die Komplexität des Systems, in dem der Chef des Zivilkabinetts eine Art von Schlüsselfunktion innehatte und in dem unverantwortliche Ratgeber eine große Rolle spielten, verwischte die Verantwortlichkeiten und schuf eine Situation der Unübersichtlichkeit, was verschärft wurde durch den beständigen Konkurrenzkampf der engeren Führungselite um die persönliche Gunst des Monarchen.

Schon Ende der 1890er Jahre breitete sich in den Führungseliten Preußens und des Reiches zunehmende Beunruhigung über den Führungsstil Wilhelms II. aus. Ein Teil der Diplomaten und Militärs, unter ihnen Friedrich von Holstein, Philipp Eulenburg und Graf Waldersee, und in gewissem Sinne auch Fürst Bülow, sahen ihre Aufgabe darin, Wilhelm II. vor den Folgen seiner eigenen Fehler zu bewahren, gerade weil sie eine eigenständige Regierung des Kaisers grundsätzlich begrüßten, was aus ihrer Sicht ohnehin die beste Versicherung gegen den sonst drohenden Übergang zum Parlamentarismus darstellte. Dazu gehörte auch die auf die Dauer nicht erfolgreiche Zensur zahlreicher öffentlicher, aber auch diplomatischer Äußerungen des Kaisers. Andere, wie Maximilian Harden, schossen sich auf die unmittelbare Umgebung Wilhelms II. ein, weil sie hier die Ursprünge der Fehler des Kaisers, vor allem dessen angeblich schmähliches Zurückweichen in der Ersten Maroko-Krise, entdeckt zu haben glaubten; Hardens Angriff auf die homosexuellen Verfehlungen Eulenburgs in der *Zukunft* im Jahre 1906, der einen großen Skandal auslöste, den freilich Bülow nach Kräften, nicht zuletzt durch massive Einwirkungen auf die preußische Justiz, zuzudecken suchte, hatte hier seine Ursache. Die große Mehrheit der verantwortlichen Staatsmänner sah es als ihre Pflicht an, die nachteiligen Auswirkungen seines persönlichen Regiments nach Möglichkeit zu vermindern und den Monarchen vor der öffentlichen Meinung zu decken, statt offen gegen ihn Stellung zu nehmen. Dies war gewiss Ausfluss einer royalistischen Gesinnung und einer obrigkeitlich-bürokratischen Mentalität, aber sie wurden zugleich geleitet von der Überzeugung, dass ein Rücktritt des Kaisers einen Umbau der Reichsverfassung und eine Parlamentarisierung unabwendbar gemacht hätte. Dies bestimmte insbesondere Bethmann Hollwegs letztendlich wenig überzeugende politische Strategie, auf Kosten seiner persönlichen Glaubwürdigkeit immer wieder Mittelwege zwischen den verschiedenen Lagern zu suchen – eine Strategie, die sich mehr schlecht als recht als eine Politik oberhalb der Parteien legitimierte, die es im Prinzip niemandem recht machen konnte.

Nach der Jahrhundertwende verstärkten sich die Besorgnisse in den Führungsschichten des Reiches über die sich häufenden pathetischen Reden und spektakulären Auftritte des Kaisers, wegen der vielfach schädlichen Auswirkungen auf das Ansehen des Reiches im Ausland, aber weit mehr noch auf die Schwächung des monarchischen Gedankens im Innern. Von besonderer Bedeutung waren die vermuteten negativen außenpolitischen Auswirkungen des persönlichen Regiments. Max Weber brachte die Stimmung im Herbst 1906 auf den Punkt: »Das Maß von Verachtung, welches uns als Nation im Ausland [...] nachgerade – mit *Recht*! das ist entscheidend – entgegengebracht wird, *weil* wir uns *dieses* Regime *dieses* Mannes ›gefallen lassen‹, ist nachgerade ein Faktor von erstklassiger ›weltpolitischer‹ Bedeutung für uns geworden [...] Wir werden ›isoliert‹, weil dieser Mann uns in dieser Weise regiert *und wir es dulden und beschönigen*.«[6] Auch die Konservativen hatten sich 1903 einer Aufforderung des Zentrums und der Nationalliberalen an den Reichskanzler angeschlossen, den Kaiser »in aller Ehrfurcht« zu bitten, »weniger aus der Stellung herauszutreten, welche die Reichsverfassung für den deutschen Kaiser geschaffen und aus guten Gründen mit dem besonderen, in der alleinigen Verantwortung des Reichskanzlers gegebenen Schutz umwehrt hat«.[7]

Der Reichskanzler hatte an dem Tenor der Gespräche, die der Kaiser während seines Englandbesuches im Herbst 1907 mit seinem Gastgeber Edward Stuart Wortley in Highcliffe Castle auf der Isle of Wight geführt und Bülow darüber informiert hatte, nichts nennenswertes auszusetzen gehabt. Gegen das fiktive Interview, das von Stuart Wortley aufgrund dieser Gespräche zusammengestellt worden war und dann am 28. Oktober 1908 unter dem Titel »The German Emperor and England. – Frank Statement of World Policy. – Proofs of Friendship«, dessen Text Wilhelm II. verfassungsgemäß dem in Norderney befindlichen Kanzler zur Prüfung übersandt hatte, erhob dieser ebenfalls keine Einwendungen. Jüngst erschlossene neuen Quellen zeigen, dass Bülow sich von den Äußerungen des Kaisers eine günstige Wirkung auf die deutsch-britischen Beziehungen erhofft und demgemäß das Auswärtige Amt nach Prüfung allfälliger technischer Details zur Freigabe des Artikels veranlasst hatte. Erst als in der deutschen Öffentlichkeit ein ungeheurer Proteststurm gegen dieses Interview losbrach, in dem der Kaiser sich in höchst ungeschickten Formen im Unterschied zur deutschen Öffentlichkeit als Freund Großbritanniens erklärt hatte, besann sich Bülow eines besseren. Um seine eigene Haut zu retten, schob er die Verantwortung für die Freigabe zur Veröffentlichung ausschließlich dem Auswärtigen Amt zu und behauptete, dass er das inkriminierte Interview gar nicht gelesen habe. Die öffentliche Kritik richtete sich demgemäß ganz gegen die Person des Kaisers, obschon dieser sich in diesem Falle ja völlig korrekt verhalten hatte. Dies zeigt, dass die Verantwortung für die Fehlleistungen des »persönlichen Regiments« keineswegs nur dem Kaiser als Person, sondern dem politischen System angelastet werden mussten.

In der Folge gelang es dem Fürsten Bülow, mit dieser dubiosen und zutiefst unaufrichtigen Strategie durchzukommen, zumal weder die bürgerlichen Parteien noch die Bundesfürsten einen Sturz des Reichskanzlers wünschten. Die Folge war eine schwere Demütigung des Kaisers, von der er sich nie wieder ganz erholt hat. Im weiteren Verlauf der Dinge sah sich Fürst Bülow zur Abgabe einer Erklärung im Reichstag gezwungen, in der versichert wurde, dass »Seine Majestät der Kaiser fernerhin auch in Privatgesprächen jene Zurückhaltung« beachten werde, »die im Interesse einer einheitlichen Politik und für die Autorität der Krone gleich unentbehrlich« sei.[8] Dies erwies sich freilich sogleich als problematisch, weil sich Wilhelm II. in diesem Falle verfassungsrechtlich korrekt verhalten und dem Reichskanzler den Text zur Prüfung hatte zukommen lassen, den dieser dann aber angeblich ungelesen zur Veröffentlichung freigegeben hatte. Aber niemand wollte wirklich eine effektive Remedur des persönlichen Regiments, und Fürst Bülow schon gar nicht, obschon er einige Anstrengungen machte, Wilhelm II. hinfort auf bestimmte Prozeduren festzulegen. Maximilian Harden war einer der wenigen, die sich nicht vorstellen konnten, dass alles weitergehen könne wie bisher: »[…] kann man nach allem, was jetzt drinnen und draußen gesagt worden ist, im Ernst daran denken, wieder Kaiser und höchste Autorität zu spielen? Es ist aus, und nur fraglich, ob wir den Mut zur Operation finden oder die langsame Fäulnis des Reichskörpers vorziehen werden.«[9] Holstein sagte Bülow auf den Kopf zu, dass dieser »dem Kaiser zuliebe einen faulen Frieden zwischen Kaiser und Volk, nein, zwischen Kaiser und Reich herzustellen« versuche; er werde jedoch »daran binnen weniger Monate elend zugrunde gehen«.[10]

Tatsächlich sollte Bülow mit seiner Diagnose Recht behalten, »dass die Stimmung im Lande anders« sei »als bei den Intellektuellen in Berlin«: »Das Land will, dass der Kaiser sich ändert, es will aber nicht, dass ihm etwas geschieht.«[11] Demgemäß liefen die Dinge aus wie das Hornberger Schießen, allerdings mit der Folge, dass der Kaiser fortan tief verunsichert war, was aber den Umgang mit ihm keineswegs einfacher machte. Die Sorge, dass durch eine verfassungsrechtlich fixierte Einschränkung der Machtstellung des Kaisers das monarchische Prinzip als solches in Gefahr geraten könnte und die Sozialdemokraten dann Oberwasser bekommen würden, bestimmte auch die Entscheidung der bürgerlichen Parteien, von einer weiteren Verfolgung der Sache abzusehen. Das monarchische System war längst ganz unabhängig von der Person des Kaisers zu einem essenziellen Element eines nationalen Reichsbewusstseins geworden, das zunehmend an die Stelle traditioneller dynastischer Loyalitäten getreten war.[12] Der Krebsschaden des politischen Systems, ein beständig unverantwortlich handelnder Monarch, wurde demnach niemals beseitigt. Allerdings gelang es in der Folge, den Monarchen stärker in den Hintergrund zu drängen, und demgemäß gestalteten sich die Reichsgeschäfte fortan ein wenig rationaler. Bethmann Hollweg etablierte überdies eine stille Allianz mit dem Chef des Zivilkabinetts, Rudolf von Valentini, der Beeinflussungen des Monarchen von dritter Seite im Einvernehmen mit dem Kanzler abblockte.

Dies trifft insbesondere für die Zeit des Ersten Weltkrieges zu. Nach Kriegsausbruch erwies sich, dass Wilhelm II. außerstande war, die Rolle des Obersten Kriegsherrn, der nun auch formell über die Kontingente der Bundesstaaten verfügen konnte, materiell auszufüllen. Es war daher nur folgerichtig, wenn die Leitung der militärischen Operationen nun der Obersten Heeresleitung unter Helmuth von Moltke (d.J.) übertragen wurde. Obwohl der Kaiser überwiegend im Großen Hauptquartier präsent war, wurde er gleichwohl mehr und mehr an den Rand gedrängt.[13] Ja mehr noch, er zog sich schrittweise selbst vom Tagesgeschehen zurück, das ihn ja ohnehin nie interessiert hatte, und beschränkte sich auf gelegentliche Truppenvisiten, denen freilich der spektakuläre Stil früherer Auftritte dieser Art abging. Der Chef des Zivilkabinetts, von Valentini, sorgte dafür, dass dem Kaiser politische Informationen nur in streng selektierter Form vorgelegt wurden und der Zugang zum Monarchen äußerst restriktiv gehandhabt wurde. Insofern wurde der Kaiser zunehmend zu einem Schatten seiner selbst, der an den großen Entscheidungen kaum noch Anteil hatte. In seiner wichtigsten verfassungsrechtlichen Funktion, nämlich der Koordinierung der verschiedenen militärischen Instanzen einschließlich der Marine, versagte er hingegen nahezu völlig, und die Richtungskämpfe innerhalb der Armee und der Marine über die strategischen Fragen und zunehmend auch die Konflikte mit der politischen Führung nahmen infolgedessen zeitweise groteske Formen an. Nur mit Mühe konnte Bethmann Hollweg die Autorität des Kaisers für die Durchsetzung seines vergleichsweise maßvollen Kurses in der Frage des unbeschränkten U-Boot-Krieges gewinnen, aber nur so lange, bis der innenpolitische Druck auf die politische Leitung, das vermeintlich unfehlbare letzte Mittel des unbeschränkten U-Boot-Krieges auch auf die Gefahr eines Kriegseintritts der Vereinigten Staaten einzusetzen, unwiderstehlich geworden war.

Der Monarch bewies hier wie auf zahlreichen anderen Gebieten, wie etwa den Auseinandersetzungen über die Kriegsziele, kein Augenmaß, und mehr noch, kein Stehvermögen. Er konnte von der Reichsleitung weniger denn je gegen maßlose nationalistische Bestrebungen ins Spiel gebracht werden, obschon er eher zu einer maßvollen Linie neigte. In den Kriegszielkonferenzen im März und Mai 1917 spielte der Kaiser nur eine marginale Rolle, und die Entscheidungen in Brest-Litowsk fielen ohne nennenswerte Interventionen von seiner Seite. Ebenso wenig vermochte er den sich seit 1916 wieder weitenden Spalt zwischen der preußischen und der Reichspolitik zu schließen; die einem Boykott nahe kommende Behandlung der innenpolitisch zentralen Frage der preußischen Wahlrechtsreform durch die preußischen Politiker wurde immer mehr zu einem Sprengmittel, welches den mühsam erreichten Kompromiss mit den großen Parteien einschließlich der Mehrheitssozialdemokratie zu zerstören drohte.

Auch unter den Bedingungen des Krieges war dem Monarchen die wichtigste Quelle seiner Macht verblieben, nämlich die Berufung der Führungspositionen in Staat und Armee, aber er vermochte sie nicht dazu zu nutzen, das Führungschaos, das im weiteren Verlaufe des Krieges immer größere Ausmaße annahm, zu ordnen; im Gegenteil, seine Person verhinderte es, dass verantwortliche und leistungsfähige Politiker in Preußen und im Reich zur Herrschaft kamen; vielmehr wurde bis zuletzt in den alten Bahnen weitergewurstelt. Erich von Falkenhayn verdankte seine Berufung zum Chef der Obersten Heeresleitung primär seinen guten persönlichen Beziehungen zum Monarchen; die politisch verantwortlichen Staatsmänner waren dabei gar nicht gehört worden.[14] Spektakulär gestaltete sich die Auseinandersetzung hinter den Kulissen über die Berufung von Paul von Hindenburg und Erich Ludendorff im Herbst 1916, die Bethmann Hollweg schon deshalb befürwortete, weil ohne die beiden Heerführer ein gemäßigter Frieden nicht geschlossen werden könne. Der Monarch hatte den richtigen Instinkt, dass Hindenburg und Ludendorff mit ihrer Ernennung zu einer bedrohlichen Konkurrenz für seine eigene kaiserliche Stellung werden würden, zumal er ihre Neigung zur Maßlosigkeit durchaus erkannte. Als die Sieger der Schlacht von Tannenberg hatten die beiden Heerführer inzwischen eine charismatische Position in der Öffentlichkeit erlangt, welche den verblichenen Glanz des

Kaisertums mehr und mehr zu überschatten begann. Demgemäß blieb Wilhelm II. am Ende keine andere Wahl, als sich zu fügen und der Autorität der Heerführer seinerseits seine Reverenz zu erweisen. Nicht der Kaiser, sondern Hindenburg wurde zunehmend zu einer Integrationsfigur der Nation im Kriege.[15] Tatsache bleibt, dass der Monarch immer weniger in der Lage war, den beiden Heerführern Paroli zu bieten, aber ebenso wenig imstande, Persönlichkeiten aus dem parlamentarischen Raum wie Gustav Stresemann und Matthias Erzberger den Weg zur Macht zu ebnen, die das Ruder des Reichsschiffs vielleicht noch hätten herumreißen können.

Damit ging einher, dass das Kaisertum als solches in den späteren Kriegsjahren immer stärker an Ansehen und Ausstrahlung auf die Bevölkerung verlor. Zwar galt es weiterhin als Symbol der Einheit der Nation, namentlich bei den bürgerlichen Schichten und selbst bei Teilen der Arbeiterschaft, und insofern waren dem Wandel zu einer plebiszitären Diktatur Hindenburgs und Ludendorffs Grenzen gesetzt. Aber als im Augenblick der Niederlage die Person Wilhelms II. einem unverzüglichen Friedensschluss im Wege zu stehen schien, waren nur wenige Persönlichkeiten bereit, sich für Wilhelm II. einzusetzen. Und als dieser nicht rechtzeitig den erlösenden Schritt der Abdankung tat, begrub er die Zukunft nicht nur des Kaisertums als solchem, sondern auch der bundesstaatlichen Dynastien. Seine ihm durch seine militärische Umgebung eingeflüsterte Idee, dass er seine Krone durch Abdankung zwar als deutscher Kaiser, nicht aber als König von Preußen doch noch werde retten können, offenbarte einmal mehr, wie weitgehend der Monarch die Fähigkeit zu einer nüchternen Einschätzung der Realitäten verloren hatte. Maximilian Harden hatte Recht behalten; die deutschen Führungsschichten hatten nicht den Mut zu einer rechtzeitigen Operation gefunden und standen nun vor einem Scherbenhaufen.

Anmerkungen

1 John C. G. Röhl, Wilhelm II. Der Aufbau der Persönlichen Monarchie, München 2000. Siehe ebenfalls seine ältere Arbeit: Deutschland ohne Bismarck. Die Regierungskrise im Zweiten Kaiserreich 1890–1900, Tübingen 1969, die bereits alle wesentlichen Thesen enthält. Für alternative Deutungen siehe neuerdings u. a. Christopher Clark, Kaiser Wilhelm II, Harlow 2000, und James Retallack, Germany in the Age of Kaiser Wilhelm II, London 1996, sowie die Gesamtdarstellung von Wolfgang J. Mommsen, Bürgerstolz und Weltmachtstreben 1890–1918 (= Propyläen Geschichte Deutschlands, Bd. 7/2), Berlin 1995, sowie ders., Kaiser Wil-

helm II. and German Politics, in: Journal of Contemporary History 25 (1990), S. 289–316, sowie jüngst Ders., War der Kaiser an allem schuld? Wilhelm II. und die preußisch-deutschen Führungseliten, München 2002.

2 Brief Holsteins an Phillip von Eulenburg vom 7. 8. 1893: »... alle Jahre hat man gearbeitet, um Sr. M. die Stellung nach außen zu machen oder zu erhalten. Dies ist aber verlorene Arbeit, wenn er sich die Stellung nach innen ruiniert«; zit. bei Phillip Eulenburg, Politische Korrespondenz, Bd. 2, Boppard 1979, S. 1094.

3 Zit. bei Graf Kuno von Westarp, Konservative Politik im letzten Jahrzehnt des Kaiserreiches, Bd. 1, Berlin 1935, S. 351. Ebenda heißt es weiterhin »... Während seiner ganzen Regierungszeit hat kaum ein aufrechter konservativer Parteimann das Ohr, jedenfalls nicht das Verständnis oder gar die Mitwirkung des Königs gehabt.«

4 Vgl. Wolfgang J. Mommsen, Preußisches Staatsbewußtsein und deutsche Reichsidee. Preußen und das Deutsche Reich in der jüngeren deutschen Geschichte, in: GWU 35 (1984) 10, S. 685–705.

5 Wolfgang J. Mommsen, Das Ringen um den nationalen Staat (= Propyläen Geschichte Deutschlands, Bd. 7/1), Berlin 1993, S. 192; ausführlicher siehe Isabel V. Hull, The entourage of Kaiser Wilhelm II, Yale 1978.

6 Brief Max Webers an Friedrich Naumann vom 14. 12. 1906, zit. nach Max Weber-Gesamtausgabe, Bd. II/5, Briefe 1906–1908, hrsg. von M. Rainer Lepsius und Wolfgang J. Mommsen, Tübingen 1990, S. 202.

7 Westarp, Konservative Politik, S. 40.

8 Am 11. 11. 1908, in: Stenographische Berichte über die Verhandlungen des Reichstags, 1908. Bd. 233, S. 5396.

9 Brief Hardens an Holstein vom 15. 11. 1908, in: Norman Rich (Hrsg.), Die Geheimen Papiere Friedrich von Holsteins, Bd. 4, Göttingen 1963, S. 532 f.

10 Brief Holsteins an Fürst Bülow vom 16. 11. 1908, in: Ebenda S. 535.

11 Ebenda, S. 534.

12 Vgl. Elisabeth Fehrenbach, Wandlungen des deutschen Kaisergedankens 1871–1918, München 1969.

13 Clark, Kaiser Wilhelm II., S. 228 f.

14 Vgl. Holger Afflerbach, Falkenhayn. Politisches Denken und Handeln im Kaiserreich, München 1996, S. 237–240.

15 Vgl. Wilhelm Deist, Kaiser Wilhelm II. als Oberster Kriegsherr, in: John C. G. Röhl (Hrsg.). Der Ort Kaiser Wilhelms II. in der deutschen Geschichte, München 1991, S. 25–42, hier S. 41.

Die Kontinuität des Irrtums. Das Deutsche Reich an der Schwelle zum totalen Krieg

In den letzten Jahren ist die herkömmliche Ansicht, dass die Regierungen und Generalstäbe der kriegführenden Mächte, insbesondere im Deutschen Reich, durchweg einen kurzen Krieg erwartet haben, weitgehend erschüttert worden.[1] Es ist zwar unübersehbar, dass der deutsche Generalstab, und mit ihm die politische Leitung, 1914 mit einem durchschlagenden Erfolg des Schlieffen-Plans gerechnet haben, der Frankreich zu einem baldigen Friedensschluss nötigen werde – das so genannte Septemberprogramm kam unter dieser Prämisse zustande. Ebenso hat der französische Generalstabschef Ferdinand Foch gehofft, mit seiner Offensive im Elsass, die das deutsche Heer in seiner Flanke treffen und gleichsam von hinten her aufrollen könne, einen definitiven Entscheidungsschlag führen zu können. Auch in der Öffentlichkeit gab es viele, die einen raschen Feldzug erwarteten und glaubten, die Soldaten würden Weihnachten wieder zu Hause sein. Aber an vorausschauenden Stimmen, die richtig antizipierten, dass der spätestens seit 1911 allgemein befürchtete und vielerorts herbeigesehnte europäische Krieg sich zu einem erbitterten Ringen der europäischen Nationen auswachsen werde, das mit größter Anstrengung aller Kräfte geführt und sich mehrere Jahre hinziehen werde, fehlte es nicht. Schon 1890 hatte Helmuth Graf von Moltke (d. Ä.) gemeint, dass der über Europa hängende europäische Krieg sehr wohl sieben Jahre dauern, ja sogar ein neuer dreißigjähriger Krieg werden könne.[2] Die Befürchtung war groß, dass durch einen solchen Krieg die Grundlagen der europäischen Gesellschaftsordnung und die Werte der europäischen Kultur aufs Schwerste erschüttert werden könnten. 1911 wies August Bebel die Abgeordneten des Deutschen Reichstags darauf hin, dass der sich beständig beschleunigende Rüstungswettlauf der Großmächte eines Tages zur Katastrophe eines europäischen Krieges führen werde: »Alsdann wird in Europa der große Generalmarsch geschlagen, auf den hin 16 bis 18 Millionen Männer, die Männerblüte der verschiedenen Nationen, ausgerüstet mit den besten Mordwerkzeugen, gegeneinander als Feinde ins Feld rücken.« Dies aber werde den Zusammenbruch der überkommenen bürgerlichen Welt zur Folge haben.[3]

Damals haben nur wenige der Parlamentarier Bebels Worte ernst genommen, aber die Warnung stand fortan im Raum, dass ein europäischer Krieg unabsehbare Folgen auch für die gesellschaftliche Ordnung haben würde. Der Reichskanzler Theobald von Bethmann Hollweg stand solchen Besorgnissen keineswegs fern. Noch im Juni 1914 wies er den Gedanken eines ohne Not herbeigeführten Präventivkrieges mit dem Hinweis auf den Tatbestand ab, dass ein europäischer Krieg keineswegs eine Konsolidierung der inneren Verhältnisse im Deutschen Reiche herbeiführen würde, wie viele Konservative glaubten, sondern ganz im Gegenteil die Machtstellung der Sozialdemokratie noch mehr steigern und womöglich zum Sturz der deutschen Monarchien führen könnte.[4] Auch Moltke ging davon aus, dass der bevorstehende Krieg »die Kultur fast des gesamten Europas auf Jahrzehnte hinaus vernichten« werde[5], wie jüngst Stig Förster nochmals in Erinnerung gerufen hat.[6] Trotzdem versuchte er in enger Zusammenarbeit mit dem österreichischen Generalstabschef Conrad von Hötzendorff Ende Juli 1914 zielbewusst, ein Zurückweichen der Reichsleitung zu verhindern, durch welches der Ausbruch eines europäischen Krieges vielleicht noch hätte abgewendet werden können.

Ungeachtet dieser kritischen Beurteilung der möglichen Folgen eines europäischen Krieges waren sowohl der Generalstab als auch die politische Leitung in den ersten Wochen nach Kriegsausbruch davon überzeugt, dass man Herr der Situation sei und der Krieg beherrschbar sein werde. Egmont Zechlin hat bereits vor geraumer Zeit dargelegt, dass Bethmann Hollweg anfänglich alles darangesetzt hat, den Krieg als einen Kabinettskrieg herkömmlichen Typs zu führen, d. h. jede Ingerenz der Parteien, Parlamente oder *pressure groups* auf die Führung des Krieges nach Möglichkeit abzublocken.[7] Das bestehende bürokratische Regiment halbautoritären Zuschnitts oberhalb der Parteien und gesellschaftlichen Gruppen sollte unter den Bedingungen des Krieges in verschärften Formen fortgeführt werden. Dementsprechend wurde der Reichstag, nachdem er am 4. August 1914 ein ganzes Bündel von Ermächtigungsgesetzen beschlossen hatte, die dem Bundesrat für die Dauer des Krieges weitreichende Vollmachten gaben, auf unbestimmte Zeit vertagt, ursprünglich für die ganze Dauer des Krieges, und auch späterhin nur zusammengerufen, um die unentbehrlichen Kriegskredite zu genehmigen. Ebenso wurde die Zensur, die von den Stellvertretenden Generalkommandos ausgeübt wurde, benutzt, um die Regierungsinstanzen in allen politischen und militärischen Fragen gegenüber der Öffentlichkeit abzu-

schirmen.[8] Auch auf die schon im August 1914 aufflammende Kriegszielagitation versuchte der Kanzler, wenn auch nur mit indirekten Mitteln, anfänglich mäßigend einzuwirken, um sich auf diese Weise freie
Hand für seine Entscheidungen zu verschaffen. Das so genannte Septemberprogramm, das, wie bereits erwähnt, für den Fall baldiger Friedensverhandlungen mit Frankreich vorbereitet wurde, war das Produkt
nicht nur intensiver Beratungen innerhalb der Reichsleitung, sondern
auch umfangreicher Konsultationen zahlreicher so genannter Experten
und wirtschaftlicher Interessenvertreter. Es versuchte die Quadratur des
Zirkels zu lösen, indem es einerseits durch den Entwurf eines Modells indirekter Herrschaft über den europäischen Kontinent vornehmlich mittels
wirtschaftlicher Machtinstrumente die Forderungen der radikalen Annexionisten zu befriedigen suchte, andererseits aber direkte Annexionen in
Ost und West auf ein mögliches Minimum beschränken wollte. Ungeachtet des vagen Charakters seiner Formulierungen und seines erklärter-
maßen provisorischen Status zeigt das Septemberprogramm, dass die politische Leitung im Gegensatz zu ihren eigenen Bestrebungen nahezu von
Anfang an die Kontrolle über die Kriegszielauseinandersetzungen verlor.
Ja mehr noch, sie handelte sich, ungeachtet des weit reichenden Charakters der von ihr selbst, wenn auch mit wechselnder Entschiedenheit verfolgten Ziele, seitens der Rechten den Vorwurf ein, zu einem Friedensschluss unter Opferung so genannter vitaler nationaler Interessen bereit
zu sein. Bethmann Hollweg galt fortan als ein »schlapper« Staatsmann,
dem das Selbstvertrauen und die Führungskraft fehle, um einen Siegfrieden durchzusetzen, der den Blutopfern entspreche.
Auch die Militärs waren anfänglich überzeugt, dass die militärischen
Operationen planmäßig verliefen, obschon der überraschende russische
Vorstoß bis nach Ostpreußen einen erheblichen Schock auslöste. Die zunehmende Besorgnis der Armeeführungen darüber, ob die Operations-
pläne eingehalten werden könnten, fand ihren Ausdruck auch in Gewalt-
akten gegenüber der belgischen Zivilbevölkerung, der man ohne
konkrete Anhaltspunkte unterstellte, mit angeblichen Franktireurs zu-
sammenzuarbeiten. Mehrfache Fälle von so genanntem *friendly fire*, die
in einer Atmosphäre gesteigerter Nervosität zustande kamen, haben für
diese Übergriffe den Auslöser gegeben; die Vorgänge beleuchten, dass
die Heeresleitung und die Führungsstäbe vor Ort keineswegs Herr der
Lage waren.[9] Schon zu diesem frühen Zeitpunkt kam es demgemäß zu einer Verwischung der klassischen Trennlinie zwischen Kombattanten und
der Zivilbevölkerung, ein Phänomen, das für den totalen Krieg charakteristisch ist.

Spätestens mit dem Verlust der Marneschlacht, der dem Scheitern des ursprünglichen deutschen Kriegsplans gleichkam, ging die Illusion eines in politischer wie in militärischer Hinsicht rational kontrollierten Kabinettskrieges in Rauch auf. General von Falkenhayns Bemühungen im Herbst 1914, durch immer neue verlustreiche Angriffe in Flandern unter Aufopferung fast der gesamten Heeresreserve doch wieder Bewegung in die Westfront zu bringen, endeten ebenfalls ergebnislos und führten zu großer Ernüchterung.[10] Plötzlich sah sich die deutsche Heeresleitung vor einer Situation, die sie niemals ernstlich ins Auge gefasst hatte, nämlich einem langen Abnutzungskrieg, bei dem die anfänglich vorhandenen Vorteile auf deutscher Seite, insbesondere die vergleichsweise frühe Verfügbarkeit starker, gut ausgebildeter Heeresreserven, nicht mehr zählten, hingegen die Nachteile, insbesondere die Abschnürung der Mittelmächte von allen überseeischen Rohstoff- und Nahrungsmittelzufuhren, zunehmend stärker ins Gewicht fielen. Falkenhayn kam denn auch bereits am 18. November 1914 zu einer überaus negativen Einschätzung der militärischen Gesamtlage; das deutsche Heer, so meinte er, sei ausgebrannt und eine rein militärische Beendigung des Krieges nicht mehr erreichbar.[35] Bethmann Hollweg aber scheute davor zurück, die deutsche Öffentlichkeit über die tatsächliche militärische Situation zu informieren, aus der nicht ganz unbegründeten Sorge heraus, dass es dann zu einem schweren Einbruch der Moral der Bevölkerung kommen könnte.[12]

Dieses Dilemma setzte sich in der Folge fort. Unter dem Schutzmantel der Zensur und angesichts der Bereitschaft der Presse, die Informationspolitik der politischen Leitung und der Militärs im Hinblick auf das gemeinsame Ziel der größtmöglichen Stärkung der Kriegsmoral hinzunehmen und deren Propagandabestrebungen nahezu uneingeschränkt zu unterstützen, entwickelte sich im Innern eine fast unwirkliche Atmosphäre der Siegesgewissheit, die den tatsächlichen Verhältnissen überhaupt nicht entsprach. Die Sozialdemokratie und ihre Presse, die als Einzige dagegenhielten, konnten nur wenig ausrichten, zumal sie im Bestreben, an ihrer patriotischen Gesinnung keine Zweifel aufkommen zu lassen, selbst in den Sog der offiziösen Propaganda gerieten. Während die militärischen Operationen an der Westfront in einem Stellungskrieg erstarrten, der den Soldaten unvorstellbare Strapazen abverlangte und auf eine sinnlose Menschenvernichtung hinauslief, eskalierte im Innern die nationalistische Agitation zugunsten extremer Kriegsziele.

Im Frühjahr 1915 erreichte die nationalistische Flutwelle in der öffentlichen Meinung einen ersten Höhepunkt. Die Agitation für weitreichende Kriegsziele wurde unter dem Deckmantel des »Burgfriedens« mit einer wachsenden Zahl von Kriegszieldenkschriften geführt, die formal an die politische Leitung adressiert waren, aber gezielt an zahlreiche Persönlichkeiten des öffentlichen Lebens versandt wurden.[13] Am bedeutsamsten unter diesen war, neben einer schon im August 1914 vertriebenen Denkschrift von Heinrich Claß, dem Vorsitzenden des Alldeutschen Verbandes, die Denkschrift der fünf, späterhin sechs Wirtschaftsverbände vom 10. März 1915, die bereits alle wesentlichen Postulate der annexionistischen Rechten enthielt, und mit dem Argument, dass das Gleichgewicht zwischen Industrie und Landwirtschaft auch nach Kriegsende aufrechterhalten bleiben müsse, umfangreiche Annexionen in West und Ost forderte. Demgemäß sollte für Annexionen im Westen, welche die Industrie begünstigten, ein Ausgleich in Form der Annexion von landwirtschaftlich zu nutzender Gebiete im Osten herbeigeführt werden. Dieser Denkschriftenaktion der Wirtschaftsverbände folgte wenig später eine so genannte Intellektuelleneingabe, die auf Betreiben Reinhold Seebergs und Dietrich Schäfers entstanden war und an Maßlosigkeit kaum hinter jener der sechs Wirtschaftsverbände zurückblieb. Es erübrigt sich, hier eingehend auf den utopischen Charakter dieser Kriegszielprogramme einzugehen, die jegliches Augenmaß vermissen ließen. Im Mai 1915 versuchten die Sprecher der Industrie darüber hinaus, den angeblich »schlappen« Reichskanzler zu umgehen und ihre Forderungen unmittelbar an Wilhelm II. heranzutragen, unter Vermittlung des Generals von Gayl, des Chefs des Stellvertretenden Generalkommandos in Münster. Bislang hatte Bethmann Hollweg es dank der Hilfestellung des Chefs des Königlichen Zivilkabinetts, Rudolf von Valentini, erreicht, den Kaiser gegenüber diesen politischen Umtrieben – so gut es ging – abzuschirmen. Jetzt drohte die Kriegszielagitation, auch die persönliche Stellung des Kanzlers bei Wilhelm II. zu untergraben.

Hinter der Kampagne für Kriegsziele immer gigantischeren Umfangs standen nicht nur nationalistische Bestrebungen und patriotische Begeisterung für das erhoffte künftige größere Deutschland, sondern auch handfeste materielle Interessen. Die Industriellen gingen davon aus, dass die Arbeiterschaft sich nur im Falle eines deutschen Sieges, der es erlauben würde, die Kriegskosten zum großen Teil auf die Schultern der westlichen Mächte zu legen, mit ihrer Lage abfinden werde. Ansonsten aber werde es zu schweren revolutionären Erschütterungen kommen.[14] In ihren Gesprächen mit General Egon von Gayl am 12. Mai 1915 äußerten sich die Repräsentanten der rheinischen Schwerindustrie recht offenherzig: »[...] wenn dieser Krieg nicht mit einem großen Erfolge, nicht mit einem großen Gewinn nach allen Seiten« auslaufe, würden die Verhältnisse nach dem Krieg außerordentlich schwierig werden.»Die Arbeiter, die aus dem Kriege zurückkommen, werden mit großen Ansprüchen an die Arbeitgeber herantreten, und wenn nicht auf der Grundlage eines großen Zuwachses an Gebiet und wirtschaftlicher Kraft auf dem Gebiete der Lohnfrage in weitherziger Weise verfahren werden kann, dann wird es zwischen Arbeitgebern und Arbeitnehmern einen fürchterlichen Kampf geben.«[15] Auf der Rechten, namentlich bei den Konservativen Parteien, trat das Motiv hinzu, dass die Situation des Krieges die Chance eröffne, die Macht der Sozialdemokraten über die Massen der Arbeiterschaft zu brechen, indem man deren nationale Gesinnung ins Zwielicht rückte. Durch die Propagierung weitreichender Kriegsziele hoffte man, das bestehende Einvernehmen zwischen der politischen Leitung und der Sozialdemokratie sowie den Freien Gewerkschaften, das ihnen ein Dorn im Auge war, zu untergraben und die Sozialdemokratie in die politische Isolation zu treiben.

Nationalistische Gesinnung, politisches Kalkül und materielle Interessenlagen gingen bei der Kriegszielagitation, die immer mehr die Grenzen des Möglichen hinter sich ließ, Hand in Hand; es war dies in erster Linie eine innenpolitisch motivierte Kampagne, die im Endeffekt die Mittelmächte immer stärker auf den Pfad eines mit allen verfügbaren Kräften geführten und am Ende eines totalen Krieges verwies, der nur mit einem umfassenden Sieg oder einer vollständigen Niederlage zu einem Ende gebracht werden könne.

Es ist charakteristisch, dass diese Agitation zum Zeitpunkt einer schweren außenpolitischen Krise erfolgte, von der freilich die Öffentlichkeit nur unzureichend informiert wurde. Der drohende Eintritt Italiens und womöglich auch Rumäniens in den Krieg aufseiten der alliierten Mächte wurde sowohl von der Reichsleitung als auch von der Obersten Heeresleitung als äußerst schwerwiegend angesehen, namentlich wegen der unmittelbaren Bedrohung der verbündeten Donaumonarchie; dadurch könnte sich, so meinte man in der Umgebung des Kanzlers, das Kräfteverhältnis entscheidend zuungunsten der Mittelmächte verändern. Bethmann Hollweg hielt es jedoch für unmöglich, den Bestrebungen der Annexionisten in der Öffentlichkeit durch nüchterne Aufklärung über die tatsächliche Kriegslage entgegenzutreten, weil er befürchtete, dass dann ein verhängnisvoller Einbruch der Stimmung eintreten würde: »Aufklären über die militärische Situation kann ich die Petenten nicht. Entweder sie bezeichnen mich des Flaumachens, oder sie werden selbst ängstlich. Beides können wir nicht brauchen. Die Aufklärung kann nur ganz allmählich durch die militärischen Ereignisse selbst stattfinden.«[16]

Infolgedessen ließ die Reichsleitung der immer weiter fortschreitenden Eskalation der Kriegszielforderungen freien Lauf, obwohl dies, streng genommen, auf eine krasse Verletzung des »Burgfriedens« hinauslief. Die Schere zwischen den sanguinischen Erwartungen in der Öffentlichkeit und der tatsächlichen militärischen Lage der Mittelmächte öffnete sich immer mehr, ohne dass die politische Leitung irgendetwas dagegen unternahm. Im Gegenteil, ungeachtet der stetig erneuerten Beteuerungen, dass man einen Verteidigungskrieg führe, die notwendig waren, um auch weiterhin die Unterstützung der Sozialdemokratie für die Kriegspolitik zu erlangen, ließ sich die Reichsleitung immer stärker von den annexionistischen Strömungen in der Öffentlichkeit selbst mitreißen.

Die Kluft zwischen der tatsächlichen Lage und den nationalistischen Erwartungen in breiten Schichten der Öffentlichkeit, bis hinein in das linksliberale Lager, gewann mit der Berufung der so genannten 3. Obersten Heeresleitung unter Hindenburg und Ludendorff eine neue Qualität. Anfangs hatte Bethmann Hollweg gehofft, dass sich mit den siegreichen Heerführern, deren Ansehen in der uninformierten Öffentlichkeit inzwischen charismatische Qualität gewonnen hatte, notfalls auch ein magerer Frieden werde schließen lassen.[17] Doch darin sah sich der Kanzler schon bald getäuscht. Vielmehr gaben Hindenburg und Ludendorff nur wenig später der Kampagne für den Übergang zum unbeschränkten U-Boot-Krieg, welche im März 1916 einsetzte und in gewissem Sinne eine Fortsetzung der Kriegszielagitation der ersten Kriegsjahre darstellte, ihren Segen und raubten dem Kanzler die Möglichkeit, sich zur Durchsetzung seines Kurses auf die moralische Autorität Hindenburgs und Ludendorffs zu berufen. Dieser Kurs zielte darauf ab, einen Kompromiss mit den neutralen Mächten in der U-Boot-Frage zu finden, um einen definitiven Bruch mit den Vereinigten Staaten zu vermeiden. Anfänglich gelang dies. Im März 1916 wurde zunächst eine Übereinkunft erzielt, die den Einsatz der U-Boot-Waffe auf einer niedrigen Ebene ermöglichen sollte. Großadmiral von Tirpitz wurde wegen seines zweideutigen Verhaltens in der U-Boot-Frage zum Rücktritt gezwungen. Aber durch die nur wenig später mit vermehrter Wucht einsetzende erbitterte Kampagne für den Übergang zum unbeschränkten U-Boot-Krieg, mit dem Großbritannien nach den Informationen der Admiralität binnen weniger Monate in die Knie gezwungen werden könne, geriet die politische Leitung hoffnungslos in die Defensive, insbesondere, nachdem bekannt geworden war, dass nun auch die 3. Oberste Heeresleitung für den unbeschränkten U-Boot-Krieg eintrat.

Die Agitation für den unbeschränkten U-Boot-Krieg operierte mit dem Argument, dass dieser das letzte, unfehlbare Mittel darstelle, um eine

Kriegsentscheidung im deutschen Sinne herbeizuführen. Dahinter stand die Befürchtung, dass der ersehnte »Siegfrieden«, ohne den die Kriegszielerwartungen nicht hätten in Erfüllung gehen können, auf andere Weise nicht mehr erreichbar sein würde. Diese in die Öffentlichkeit getragene Argumentation war im Grunde eine Spekulation *à la baisse*, die, mit anderen Worten gesagt, den Krieg für verloren gab, wenn die letzte Karte des unbeschränkten U-Boot-Kriegs nicht stechen werde. Sie trug deutlich die Züge einer regelrechten Psychose. Wie problematisch die Grundlagen des Kalküls hinsichtlich einer kriegsentscheidenden Wirkung der U-Boot-Waffe auch immer sein mochte, gegen diese Agitation war nicht anzukommen. Am Ende musste der Kanzler wider besseres Wissen konzedieren, dass der unbeschränkte U-Boot-Krieg nur *pro tempore* ausgesetzt, nicht aber definitiv aufgegeben worden sei.[18]

In den Kriegszielfragen hat Bethmann Hollweg darauf gesetzt, dass es ihm möglich sein werde, sich, sofern es zu konkreten Verhandlungen zwischen den Krieg führenden Mächten kommen sollte, über die in der Öffentlichkeit zirkulierenden Kriegszielforderungen hinwegzusetzen. Aber tatsächlich waren ihm längst die Hände gebunden.[19] Das Bemühen des Kanzlers, mit dem Friedensangebot der Mittelmächte vom 12. Dezember 1916 der Entscheidung zugunsten des unbeschränkten U-Boot-Krieges aus dem Wege zu gehen und zugleich den drohenden Kriegseintritt der Vereinigten Staaten doch noch abzuwenden, scheiterte vollständig, weil der Kanzler in der Frage der deutschen Kriegsziele längst festgelegt war. Der halbherzige Versuch, sich durch die Gründung eines formell unabhängigen, faktisch aber von der Reichskanzlei gesteuerten »Ausschusses für einen ehrenvollen Frieden« eine innenpolitische Basis für einen Verhandlungsfrieden zu schaffen, war fehlgeschlagen und hatte nur die formelle Gegengründung des »Ausschusses für einen deutschen Frieden«, des Vorläufers der wenig später gegründeten »Vaterlandspartei«, provoziert. Die zu diesem Zeitpunkt durchaus noch vorhandene Chance, aus einer vergleichsweise immer noch günstigen Ausgangsposition heraus zu Friedensverhandlungen mit den Westmächten zu kommen, wurde bereits im Ansatz verspielt, weil Bethmann Hollweg, einerseits konfrontiert mit der utopischen Erwartungshaltung der schon seit geraumer Zeit auf weitgespannte annexionistische Ziele eingestellten öffentlichen Meinung, andererseits festgelegt auf die extremen Kriegsziele der Obersten Heeresleitung, den notwendigen Handlungsspielraum verloren hatte, um die zwar nicht großen, aber durchaus gegebenen Möglichkeiten für eine diplomatische Beendigung des sinnlos gewordenen Krieges auszuloten. Das Friedensangebot der Mittelmächte vom 12. Dezember 1916 war auf deutscher Seite mit so vielen Kautelen und Bedingungen belastet worden, dass von vornherein nur sehr geringe Chancen für ein Gelingen bestanden; und das Gleiche galt für die sich daran anschließenden Verhandlungen über die Friedensaktion des amerikanischen Präsidenten. Fortan waren die Schleusen hin zu einer immer radikaleren Kriegführung weit geöffnet. Die nunmehr unabwendbar gewordene Eröffnung des unbeschränkten U-Boot-Krieges führte, wie zu erwarten war, am 1. April 1917 zum Kriegseintritt der Vereinigten Staaten und damit definitiv zu einer Ausweitung des europäischen Kriegs zu einem Weltkrieg. Im Grunde hatte die Politik bereits zu diesem Zeitpunkt abgedankt. Das deutsche Reich driftete nunmehr unwiderruflich in Richtung einer fortschreitenden Radikalisierung der Kriegführung, die schrittweise zur völligen Erschöpfung an den Fronten und in der Heimat führen und schließlich zwangsläufig in der Niederlage terminieren musste.

Im Innern suchten die 3. Oberste Heeresleitung und die dieser zögerlich folgende Reichsleitung, die Unterlegenheit der deutschen Armeen auf dem Gebiet des Kriegsmaterials durch eine drastische Steigerung der Rüstungsproduktion und der Mobilisierung aller verfügbaren Arbeitskräfte zu kompensieren. Bekanntlich führte jedoch das mit großen Worten proklamierte »Hindenburgprogramm«, das allerdings vor dem Äußersten zurückschreckte und nicht zuletzt aus Rücksicht auf die Freien Gewerkschaften, von der Militarisierung der Rüstungsarbeiterschaft und der durchgängigen Lenkung des Wirtschaftssystems durch die Staatsbehörden Abstand genommen hatte, schon nach wenigen Monaten zu einer schweren Krise. Im Winter 1917 kam es zum zeitweisen Zusammenbruch der Energieversorgung und des Verkehrssystems. Die hochfliegenden Projekte des »Hindenburgprogramms« mussten teilweise wieder zurückgenommen werden. Hindenburg und Ludendorff, unter Hilfestellung des Obersten Max Bauer, ihrer rechten Hand in wirtschaftspolitischen Fragen, schreckten am Ende selbst vor einer zentral gelenkten Kriegswirtschaft zurück und gaben stattdessen den Unternehmern weitgehende Freiheit, mit der Folge, dass die Kriegsgewinne, aber auch die Löhne der in den kriegswichtigen Industrien beschäftigten Facharbeiter immer stärker stiegen und das Wirtschaftssystem immer mehr aus dem Gleichgewicht geriet, und mit ihm auch das gesellschaftliche Gefüge. Dies war gewiss das Gegenteil einer Wirtschaftspolitik, die den Erfordernissen eines total geführten Krieges entsprochen hätte. Das halbautoritäre Regierungssystem des Deutschen Reiches, dessen Überlegenheit über die parlamentarischen Systeme des Westens von den Intellektuellen so hoch gepriesen worden war, erwies sich als außerstande, eine zentral gesteuerte

Kriegswirtschaftspolitik zu betreiben. Stattdessen wurde einer durch mangelnde Transparenz in ihrer Leistungsfähigkeit beeinträchtigten marktwirtschaftlichen Ordnung die Bahn freigegeben, in der das Prinzip des »*free for all*«, d. h. für jene galt, die dazu imstande waren.

Auch im Innern, auf dem Sektor der Versorgung der Bevölkerung mit Nahrungsmitteln und Gütern des täglichen Bedarfs, scheiterte das halbbürokratische Steuerungssystem kläglich. Gerade hier zeigte sich, dass die Voraussetzungen für eine planmäßige Lenkung der Wirtschaftsordnung nicht gegeben waren. Die Folge war die schrittweise Verarmung und schließlich die Verelendung breiter Schichten. Zugleich aber führte dies zu einer enormen Verbitterung in der Bevölkerung, die eine Versäulung der einzelnen gesellschaftlichen Gruppen gegeneinander bewirkte: die Städter gegen die Landwirte, die kleinen Leute gegen den Zwischenhandel, die Frauen gegen die Polizei und die Organe der staatlichen Gewalt, die Irritation der Soldaten gegenüber den zahlreichen, vom Wehrdienst freigestellten Facharbeitern der Rüstungsindustrie, und natürlich die Empörung über die kleine Klasse der Kriegsgewinnler.

Ungeachtet der sich stetig verschärfenden Krisenlage im gesellschaftlichen Raum blieb die Kluft zwischen der tatsächlichen Lage und den Erwartungshaltungen der beständig mit nationalistischen Parolen berieselten und zum »Durchhalten« angehaltenen Öffentlichkeit unverändert bestehen. Angesichts der Agitation der »Vaterlandspartei«, die sich als eine Sammlungsbewegung verstand, die alle Bevölkerungsschichten gleichermaßen auf die Linie eines »Hindenburgfriedens« zu bringen bestrebt war, nahmen die Debatten über die Kriegs- und Friedensziele immer unrealistischere Formen an.[20]

Im Sommer 1917 wurde vollends klar, dass der unbeschränkte U-Boot-Krieg trotz großer Versenkungserfolge das vielerorts versprochene Ergebnis, nämlich Großbritannien zu einem Friedensschluss zu zwingen, keinesfalls erbracht hatte. Der Zentrumsabgeordnete Matthias Erzberger, der zudem beunruhigt war, dass ein Zusammenbruch des österreichischen Bundesgenossen in den Bereich des Möglichen gerückt war, unternahm den Versuch, mit der von ihm initiierten Juliresolution des Reichstages die amtliche Politik auf die Linie der baldigen Herbeiführung eines Verständigungsfriedens zu bringen und durch die Einrichtung eines Interfraktionellen Ausschusses des Reichstages auf diese festzulegen. Diese Initiative lief sich jedoch schon bald im Gestrüpp der verantwortlichen Institutionen fest. Vor allem aber zeigte sich, dass selbst im eigenen Lager weitreichende Kriegszielerwartungen mehr oder weniger unvermindert fortbestanden und demgemäß eine eindeutige Strategie gegenüber der politischen Leitung nicht durchgehalten werden konnte. Das Scheitern der Bemühungen des Interfraktionellen Ausschusses, die Führung der äußeren Politik in seinem Sinne zu beeinflussen, wurde im Sommer 1917 manifest angesichts der Behandlung des Päpstlichen Friedensangebotes; es erwies sich, dass die deutsche Kriegspolitik aus den utopischen Bahnen nicht mehr herauszutreten vermochte, in welchen sie sich in den ersten beiden Kriegsjahren verfangen hatte, als die Dinge noch vergleichsweise günstiger aussahen. Dies war keineswegs nur deshalb der Fall, weil die Oberste Heeresleitung mehr denn je das Sagen hatte. Die deutsche Gesellschaft vermochte sich aus dem Teufelskreis utopischer Kriegszielerwartungen nicht mehr zu befreien. Vielmehr wurde jedermann eingehämmert, nun unter Einbeziehung der Schulen, Universitäten und der kulturellen Institutionen, und nicht zuletzt der Kirchen, dass es nur die einzige Alternative gäbe, nämlich, durchzuhalten, bis ein »ehrenvoller Friede« erreicht sei. Dem gleichen Ziel galt die Einrichtung eines speziellen »vaterländischen Unterrichts« für die Soldaten. Dem stand die stetig wachsende Friedenssehnsucht der breiten Massen gegenüber, die sich, von der extremen Linken abgesehen, jedoch nicht politisch wirksam zu artikulieren vermochte.

Die prekäre Lage der Mittelmächte stellte sich nach dem Zusammenbruch des zarischen Russland und der nachfolgenden Oktoberrevolution aus der Sicht der Führungseliten als erheblich verbessert dar. Die Januarstreiks 1918 signalisierten jedoch, dass die breiten Massen der expansionistischen Politik der politischen Leitung und namentlich der Obersten Heeresleitung weniger denn je zu folgen bereit waren. Diese spontanen Streiks brachen aus, weil die Friedensverhandlungen in Brest-Litowsk angesichts der maßlosen Forderungen der Mittelmächte ins Stocken geraten waren. Dies geschah ohne Zutun der Gewerkschaften und der Sozialdemokratie, welche sich in den politischen Konsens, der auf die Fortführung des Krieges mit allen verfügbaren Mitteln abzielte, eingebunden fühlten. Die Streikbewegung war ein Gradmesser der Stimmung der Arbeiterschaft in den industriellen Zentren, die nunmehr einen Frieden um jeden Preis anstrebte und dem nationalistischen Konsensus der herrschenden Eliten einschließlich der Führer der bürgerlichen Parteien zunehmend mit Misstrauen begegnete. Im bürgerlichen Lager wurde der Eintritt der Freien Gewerkschaften und der Sozialdemokratie in die Streikbewegung, obschon diese nur darum bemüht waren, sie behutsam zurückzurollen, als eine Art Aufkündigung des nationalen Aufbruchs des »August 1914« aufgefasst.[21]

Der Abschluss des Friedens von Brest-Litowsk brachte wenigstens im Osten Frieden und so beruhigte sich die Lage im Innern wieder etwas. Die bürgerlichen Parteien und die Presse nahmen den Friedensschluss mit einiger Befriedigung auf. Dabei wurde verkannt, dass durch diesen Gewaltfrieden die Möglichkeit eines erträglichen Verständigungsfriedens mit den westlichen Mächten endgültig verschüttet wurde. Max Weber hat späterhin den Friedensschluss von Brest-Litowsk als Herausforderung des Schicksals bezeichnet.[22] Tatsächlich hatte die Reichsleitung nicht nur die Versuche der Sowjets, die deutsch-russischen Friedensverhandlungen in allgemeine Friedensverhandlungen zu überführen, mit allen Mitteln konterkariert, sondern auch einen Gewaltfrieden geschlossen, der nur mühsam und für jedermann durchsichtig mit dem Prinzip des Selbstbestimmungsrechts der kleineren Völker Ostmitteleuropas bemäntelt wurde. Namentlich die Oberste Heeresleitung war entschlossen, nach dem Ausscheiden des russischen Gegners alle verfügbaren Kräfte zu mobilisieren, um in einer letzten großen Kraftanstrengung die militärische Entscheidung im Westen zu erzwingen, bevor die amerikanischen Streitkräfte ernstlich in die Kampfhandlungen an der Westfront würden eingreifen können. Davon abgesehen diente der Frieden von Brest-Litowsk als Ausgangspunkt für eine weitgespannte Eroberungspolitik im Osten, welche die Chancen für einen Verständigungsfrieden ein für alle Mal verschüttete. Ein faires Arrangement mit den Randvölkern des ehemaligen russischen Reiches hätte den Weg für eine spätere Beendigung des Krieges zu erträglichen Bedingungen bahnen können; doch das Gegenteil geschah. Aller Welt wurde demonstriert, was von den Mittelmächten zu erwarten sein würde, wenn diese den Krieg doch noch zu ihren Gunsten entscheiden würden. Anfänglich hat Lloyd George immerhin erwogen, den Mittelmächten in Osteuropa freie Hand zu geben, um im Westen eine Verständigung zu ermöglichen. Schon bald aber kam er zu dem Schluss, dass nun nur noch ein »*knock out*«, eine definitive Niederwerfung der Mittelmächte, in Frage käme.

Innerhalb Deutschlands aber nahm die verhängnisvolle Überschätzung der den Mittelmächten verbliebenen militärischen Optionen immer noch zu. Die Kluft zwischen den sanguinischen Siegeshoffnungen und der Realität weitete sich immer stärker. Nach dem Scheitern der mit großen Erwartungen begonnenen Märzoffensive 1918 setzte dann allerdings ein Prozess fortschreitender Ernüchterung ein. Aber noch immer waren die Erwartungen in der Öffentlichkeit und selbst in den Kreisen der verantwortlichen Politiker und Militärs weit höher gespannt, als man dies aufgrund einer nüchternen Analyse der Lage der Mittelmächte hätte erwarten können. Teilweise lag dies auch an der offiziösen Durchhaltepropaganda, die weiterhin ein viel zu rosiges Bild der tatsächlichen Verhältnisse zeichnete, unter tätiger Mitwirkung auch der Zeitungsverleger und der führenden Journalisten.[23]

Dies zeigte sich schlaglichtartig in der so genannten Kühlmann-Krise vom Juni 1918. Richard von Kühlmann hatte am 24. Juni 1918 im Reichstag dargelegt, dass »bei der ungeheuren Größe dieses Koalitionskrieges und bei der Zahl der in ihm begriffenen auch überseeischen Mächte durch rein militärische Entscheidungen allein ohne alle diplomatischen Verhandlungen ein absolutes Ende« des Kriegs kaum erwartet werden könne.[24] Diese Äußerung wurde, obschon sie hinter der Wahrheit noch weit zurückblieb, allgemein als ein Zeugnis eines verantwortungslosen Defätismus aufgefasst. Niemand wollte wahrhaben, dass es tatsächlich so stand. Vielmehr wurde auch jetzt noch alles darangesetzt, die öffentliche Meinung weiterhin auf die Parole eines mit zähem Ringen zu erreichenden »Siegfriedens« einzuschwören. Der angebliche Defätist Kühlmann musste auf den Protest der Obersten Heeresführung hin seinen Platz für den linientreuen Admiral Paul von Hintze räumen. Die deutsche Öffentlichkeit wurde bis zum bitteren Ende weiterhin mit Durchhalteparolen gefüttert und mit geschönten Informationen über die militärische Lage getäuscht. Sie drängte im Augenblick der Krise auf eine umfassende, wahrheitsgemäße Information, stieß aber weiterhin auf eine »Mauer des Schweigens«.[25]

Als dann Ludendorff am 28. September 1918 überraschend das Handtuch warf und auf der umgehenden Herausgabe eines Friedensangebots an den amerikanischen Präsidenten Woodrow Wilson bestand, wollte zunächst niemand glauben, dass die Lage tatsächlich so ernst sei. Ludendorff, so meinte man vielerorts, habe bloß die Nerven verloren. Die Informationspolitik der Kriegsjahre hatte der deutschen Öffentlichkeit, bis in die Kreise der Sozialdemokratie hinein, den Blick für eine nüchterne Einschätzung der Lage der Mittelmächte verstellt. Demgemäß vermochten die Parteien der fortschreitenden Radikalisierung der Kriegführung, welche immer näher an die Grenze eines totalen Krieges heranführte, keine realistische Strategie entgegenzusetzen. Eine verhängnisvolle Informationspolitik einerseits und die sich ins Gigantische steigernden Kriegszielerwartungen einer unzulänglich informierten Gesellschaft andererseits trugen dazu bei, dass der Erste Weltkrieg mit innerer Folgerichtigkeit in eine vollständige Niederlage einmündete und auf den Zusammenbruch der bestehenden Herrschaftsordnung hinauslief.

Anmerkungen

1 Zusammenfassend jüngst Stig Förster, Der deutsche Generalstab und die Illusion des kurzen Krieges, 1871–1914. Metakritik eines Mythos, in: Johannes Burkhardt u. a. (Hrsg.), Lange und kurze Wege in den Ersten Weltkrieg. Vier Augsburger Beiträge zur Kriegsursachenforschung, München 1996, S. 115–158.

2 Stenographische Berichte über die Verhandlungen des Reichstages, 1890/91, Bd. 114, S. 76 f.

3 Ebenda., 1911, Bd. 268, S. 7730.

4 Gesandtenbericht Lerchenfelds an Hertling (= Bericht 328 vom 4. 6. 1914), in: Bayerische Dokumente zum Kriegsausbruch und zum Versailler Schuldspruch, hrsg. v. Pius Dirr, München/Berlin 1922, S. 111–113.

5 Brief Moltkes an Bethmann Hollweg am 29. 7. 1914, in: Imanuel Geiß, Julikrise und Kriegsausbruch 1914. Eine Dokumentensammlung, Bd. 2, Hannover 1964, S. 263.

6 Vgl. Förster, Der deutsche Generalstab, S. 142–151.

7 Egmont Zechlin, Deutschland zwischen Kabinettskrieg und Wirtschaftskrieg. Politik und Kriegführung in den ersten Monaten des Weltkrieges 1914, in: HZ 199 (1964), S. 347 ff.

8 Vgl. Wolfgang J. Mommsen, Die Regierung Bethmann Hollweg und die öffentliche Meinung 1914–1917, in: VfZ 17 (1969), S. 131 ff.

9 Alan Kramer, »Greueltaten«, in: Gerhard Hirschfeld/Gerd Krumeich/Irina Renz (Hrsg.), »Keiner fühlt sich hier mehr als Mensch«. Erlebnis und Wirkung des Ersten Weltkriegs, Essen 1993, S. 85–114. Siehe ferner John Horne/Alan Kramer, German Atrocities, 1914. A history of denial, New Haven u. a. 2001; dies., German »Atrocities« and Franco-German Opinion, 1914. The Evidence of German Soldiers Diaries, in: JModH 66 (1994), S. 1–33, sowie Lothar Wieland, Belgien 1914. Die Frage des belgischen »Franktireurkrieges« und die deutsche öffentliche Meinung von 1914–1936, Frankfurt a. M. 1984.

10 Vgl. Holger Afflerbach, Falkenhayn. Politisches Denken und Handeln im Kaiserreich, München 1994, S. 196 ff.

11 Vgl. das diesbezügliche Memorandum Bethmann Hollwegs vom 19. 11. 1914, in: André Scherer/Jacques Grunewald (Hrsg.), L'Allemagne et les problèmes de la paix pendant la première guerre mondiale, Bd. 1, Paris 1962, S. 15–19, sowie Afflerbach, Falkenhayn, S. 204 f.

12 Belege bei Mommsen, Bethmann Hollweg und die öffentliche Meinung, S. 155 f.

13 Auf eine Nachweisung der umfangreichen, an Fritz Fischers Griff nach der Weltmacht anschließende Literatur zu den Kriegszielfragen wird hier verzichtet. Die jüngste umfassende Darstellung bei Georges-Henri Soutou, L'or et le sang. Les buts de guerre économiques de la Première Guerre mondiale, Paris 1989.

14 1916 meinte Hugo Stinnes sogar festhalten zu müssen: »Das Ergebnis eines schlechten Friedens wird Revolution und vermutlich das Ende der Dynastie sein...« – Stinnes an Ludendorff am 23. 12. 1916, zit. bei Gerald D. Feldman, Hugo Stinnes. Biographie eines Industriellen, 1870–1924, München 1998, S. 420 f.

15 Der Bericht über die Unterredung der Vertreter der Stahlindustrie und der bergbaulichen Vereine Hugenberg, Kirdorf und Stinnes mit von Gayl, 12. 5. 1915, GSTA PK, Kgl. Zivilkabinett Rep. 89 H, Militaria 11 c, Anlage 13, Blatt S. 32 ff.

16 Zit. bei Mommsen, Bethmann Hollweg und die öffentliche Meinung, S. 136.

17 Vgl. Bethmann Hollweg an Grünau für General von Lyncker vom 23. 6. 1916, BA Berlin, Reichskanzlei Nr. 2398/6. Siehe auch Karl-Heinz Janßen, Der Kanzler und der General. Die Führungskrise um Bethmann Hollweg und Falkenhayn (1914–1916), Berlin/Frankfurt a. M./Zürich 1967, S. 235 sowie Ders., Der Wechsel in der Obersten Heeresleitung 1916, in: VfZ 7 (1959), S. 337 – 371, hier S. 339 f.

18 Erklärung im Hauptausschuss des Reichstages am 9. 10. 1916, BA Berlin, HAS, Reichstag Nr. 1201, S. 582 f.

19 Ein nahezu grotesk anmutender Beleg dafür findet sich in einer Aktennotiz, in der sich Bethmann Hollweg von dem am 23. 4. 1917 vereinbarten Kreuznacher Kriegszielprogramm insgeheim distanzierte: »General Ludendorff hat seit längerer Zeit auf eine Vereinbarung der Kriegsziele gedrängt und auch Seiner Majestät zu suggerieren verstanden, daß das jetzt das wichtigste Geschäft sei [...] Wahrscheinlich hoffte der General mich bei Differenzen über die Kriegsziele stürzen zu können, was augenblicklich wohl leicht durchzusetzen wäre. Oder er glaubte mich festlegen zu können, damit ich nicht auf billigerer Grundlage (Friedensangebot vom 12. Dezember) Friedensverhandlungen betreibe. Ich habe das Protokoll mitgezeichnet, weil mein Abgang über Phantastereien lächerlich wäre. Im übrigen lasse ich mich durch das Protokoll natürlich in keiner Weise binden. Wenn sich irgendwo und irgendwie Friedensmöglichkeiten eröffnen, verfolge ich sie. Was ich hiermit aktenmäßig festgestellt haben will.« Kuno Graf von Westarp, Konservative Politik im letzten Jahrzehnt des Kaiserreiches, Bd. 2, Berlin 1935, S. 85 f.; ferner Soutou, L'or et le sang, S. 387.

20 Vgl. dazu Heinz Hagenlücke, Deutsche Vaterlandspartei. Die nationale Rechte am Ende des Kaiserreichs, Düsseldorf 1997, insb. S. 282 f.

21 Vgl. dazu die sehr abgewogene zeitgenössische Analyse Max Webers »Innere Lage und Außenpolitik« vom 3., 5. und 7. 2. 1918 in der Frankfurter Zeitung; Max Weber-Gesamtausgabe, Bd. I/15, Zur Politik im Weltkrieg. Schriften und Reden 1914–1918, hrsg. v. Wolfgang J. Mommsen, Tübingen 1984, S. 405–420.

22 MWG I/15, S. 388 f.

23 Martin Creutz, Die Pressepolitik der kaiserlichen Regierung während des Ersten Weltkriegs, Frankfurt a. M. 1996, S. 262 ff.

24 Stenographische Berichte über die Verhandlungen des Reichstages, 1918, Bd. 313, S. 5607–5612, hier S. 5611 f.

25 Vgl. Creutz, Pressepolitik, S. 278.

Die Mitteleuropaidee und die Mitteleuropapläne im Deutschen Reich

Bismarck hat einmal gesagt: »Ich habe das Wort Europa immer im Munde derjenigen Politiker gefunden, die von anderen Mächten etwas verlangten, was sie im eigenen Namen nicht zu fordern wagten...«[1] Man könnte, wenn von »Mitteleuropa« die Rede ist, mit einigem Recht das Gleiche sagen, vielleicht mit der Variante, dass die Politiker immer dann von Mitteleuropa sprachen, wenn sie für die eigene Nation bzw. das eigene Volk Ziele anstrebten, die mit dem Selbstbestimmungsrecht der Nationalitäten nicht vereinbar waren. Fraglos trifft dies für die klassische Mitteleuropadebatte des 19. und frühen 20. Jahrhunderts zu, wie sie im deutschen Sprachraum geführt worden ist. Jedenfalls wird man sagen können, dass sich die »Mitteleuropaidee« seit der Mitte des 19. Jahrhunderts immer mehr zu einem Kampfbegriff verengte, mit dem man formelle oder mehr noch informelle imperialistische Ziele zu legitimieren suchte. Infolgedessen ist die »Mitteleuropaidee« in der deutschen und ebenso der angelsächsischen Diskussion seit Henry Cord Meyers bekanntem Buch »Mitteleuropa in German Thought and Action 1815–1945«[2] in Verruf gekommen, und die Forschungen Fritz Fischers haben ein Übriges besorgt, diese zu diskreditieren.

In der Tat ist die jüngere deutsche Forschung mit den deutschen Mitteleuropa-Konzeptionen der Zeit des Wilhelminismus und des Ersten Weltkrieges scharf ins Gericht gegangen, und dies nicht nur deshalb, weil die nationalsozialistische Großraumideologie sich ebenfalls der »Mitteleuropaidee« für ihre Zwecke reichlich bedient hat. Aber, wie Rudolf Jaworski jüngst mit einigem Recht betont hat, damit kann die Debatte noch nicht zu Ende sein, und dies umso weniger, als wir jüngsthin mit einer bemerkenswerten Renaissance der Mitteleuropaidee in Ostmitteleuropa konfrontiert sind, die als Phänomen eigenen Rechts ernst genommen und nicht einfach nur als Ableger älterer deutschnationaler oder großösterreichischer Traditionen zu den Akten gelegt werden kann.[3] Wir haben es hier mit Versuchen zu tun, jenen Regionen Ost- und Südosteuropas, die am Ende des Zweiten Weltkrieges in die direkten oder indirekten Herr-

schaftsbereich des sowjetischen Imperiums hineingerieten und sich mit
großen Anstrengungen aus diesem herausgearbeitet haben, zu einer
neuen, übernationalen politischen Identität zu verhelfen, umso mehr, als
die überkommene nationalstaatliche Orientierung in diesem Raum, der
eine starke ethnische Gemengelage aufweist, als nicht tragfähig genug
empfunden wird. Es ist charakteristisch, dass diesem neuen Mitteleuropa
zwar die Republik Österreich und in der Vergangenheit zeitweilig auch
die DDR zugerechnet wurde, nicht aber die bisherige Bundesrepublik
Deutschland. Péter Hanák beispielsweise neigte noch vor wenigen Jahren dazu, den Geltungsbereich Mitteleuropas auf jenes Zwischeneuropa
zu beziehen, welches sich östlich der »Mauer« bzw. des »Eisernen Vor-
hangs« und westlich der Grenzen der UdSSR befand. Schon hier tritt ein
signifikanter Bruch in der historischen Entwicklung der Mitteleuropaidee
hervor, dessen Bedeutung gewiss noch Gegenstand der Diskussionen
sein wird. Zuverlässige Orientierung vermag in solcher Lage freilich nur
eine historische Ortsbestimmung der Idee und des Sachverhalts »Mitteleuropa« zu geben.

»Mitteleuropa« ist ein diffuser Begriff, der sich weder geographisch noch
politisch noch kulturell eindeutig verorten lässt. Sein geographischer
Geltungsbereich war seit jeher unbestimmt und an den Rändern äußerst
unscharf. Dies ist, mit den eben genannten Einschränkungen, auch heute
noch so. In politischer Hinsicht hat er sehr unterschiedlichen Zielsetzungen und Bestrebungen als Unterpfand gedient, und er lässt sich auch keineswegs nur einem politischen Lager, etwa jenem eines universalistisch
orientierten Katholizismus, zurechnen. Allerdings ist er in aller Regel in
einer diffusen Gemengelage mit großdeutschem Denken aufgetreten und
diente zunächst der Rechtfertigung der Ausdehnung deutschnationaler
Herrschafts- oder doch zumindest Vorherrschaftsansprüche auch auf
fremdnationale Territorien in Südost- und Ostmitteleuropa. Bis 1918 wenigstens, und wohl noch darüber hinaus, war er konzentriert auf jenen
Kulturraum, in dem das deutsche Element oder doch jedenfalls deutsch
orientierte – wenn auch keineswegs immer deutschstämmige – kulturelle
Eliten den Ton angaben. Die der vormodernen Entwicklung, vornehmlich
des hohen und späteren Mittelalters, aber noch der Ansiedlungspolitik
österreichischer Kaiser entstammende Existenz deutscher Volksgruppen
in vielen Regionen Osteuropas diente den Mitteleuropa-Konzeptionen
unterschiedlichster Observanz dabei als ein zusätzlicher Ansatzpunkt.
Ihre vielfach dominante Rolle innerhalb der noch völlig hierarchisch
strukturierten vormodernen Gesellschaften Osteuropas gab, so schien es,
eine zusätzliche Rechtfertigung dafür ab, den Deutschen – natürlich nicht

im heutigen, sondern in dem weit gespannten vormodernen Sinne, wie er auch in der Nomenklatur des »Heiligen Römischen Reiches deutscher Nation« seinen Niederschlag gefunden hatte – in »Mitteleuropa« eine Führungsrolle zuzuweisen, auf kulturellem und auf wirtschaftlichem, aber auch auf politischem Felde.

Für Constantin Frantz beispielsweise war »Mitteleuropa« ein übernationaler Ordnungsbegriff für eine politische Kultur, die die Traditionen des christlich-abendländischen Europa fortführen sollte; in dieser sollte das deutsche Element im kulturellen, keinesfalls aber im nationaldeutschen Sinne eine Vorrangstellung einnehmen, ja mehr noch, dieser seine Prägung verleihen. Dies war freilich völlig unvereinbar mit der Begründung eines deutschen Nationalstaats, die Constantin Frantz denn auch mit seltener Konsequenz als grundsätzlich falschen Weg bekämpft hat.[4] Für Frantz war schon 1848 klar, dass es darauf ankomme, die Polen und die Donauslawen dazu zu bringen, sich nicht Russland, sondern Deutschland (inklusive des Kaiserreichs Österreich) anzuschließen, weil sonst Asien bis an die Elbe reichen werde.[5] Frantz verwies demgemäß die preußische Politik nachdrücklich auf den Weg einer Verständigung mit Polen, wie er umgekehrt die historische Aufgabe Österreichs in der Begründung eines festen Verhältnisses mit den südosteuropäischen Völkern sah. Im Hintergrund stand seine Prognose, dass Europa langfristig mit dem Aufstieg neuer Großreiche zu rechnen und diese zu fürchten habe, nämlich Russland im Osten und den Vereinigten Staaten von Amerika jenseits des Ozeans.

Auch im liberalen Lager hatte die Mitteleuropaidee zahlreiche Anhänger; allerdings trat hier der Gedanke der Verständigung der deutschen mit den slawischen Nationalitäten, den Frantz mit bemerkenswertem Scharfblick in den Mittelpunkt seiner Erwägungen über eine mögliche mitteleuropäische Ordnung gerückt hatte, mehr oder minder stark zurück hinter der optimistischen Annahme, dass die anderen Volksgruppen den Führungsanspruch der Deutschen auch im eigenen Interesse zu respektieren bereit sein würden. Die Mitteleuropaidee trat hier in einer eigentümlichen Verschmelzung mit der großdeutschen Idee auf. Schon Friedrich List hatte die Vision eines »auf dem engen Bündnis der beiden deutschen Großmächte Preußen und Österreich beruhenden, deutsch geführten Mitteleuropa mit Hamburg und Triest als den beiden großen Hafenstädten« beschworen.[6] Die liberale Nationalbewegung nahm dergleichen Überlegungen mit großer Begeisterung auf; schon vor der Revolution von 1848/49 war der Gedanke, dass der künftige großdeutsche Staat bis zum Schwarzen Meer und bis nach Konstantinopel ausgreifen werde, in liberalen Kreisen weit verbreitet, wenngleich in sehr unbe-

stimmten, verschwommenen Formen. Auch die Abgeordneten der Pauls-kirche begeisterten sich anfänglich für den Beruf der deutschen Nation, wie dies Heinrich von Gagern ausdrückte,»deutsche Gesittung längs der Donau zu tragen«.[7] In einem deutsch geführten Mitteleuropa, das in ein enges Bündnisverhältnis zu Ungarn treten müsse, sahen die 1848er ein Bollwerk zwischen Slawen und Romanen, das eine weltgeschichtliche Rolle zu spielen haben werde. Die»Deutschen«Österreichs sollten da-bei gleichsam eine Brücke zwischen den Kerngebieten Deutschlands und den südosteuropäischen Völkern spielen.[8] Dabei war freilich den wenigs-ten klar, dass eine großdeutsche bundesstaatliche Neuordnung, die die Deutschen Österreichs als gleichberechtigte Bundesglieder einbezog, ob-schon dies die Auflösung der Donaumonarchie oder doch zumindest deren Reduzierung zu einer Macht zweiten Ranges bedeutet haben würde, mit dem Bestreben unvereinbar war, deren bisherigen Groß-machtstatus in Südost- und Südeuropa gleichsam zu beerben und auf den künftigen deutschen Nationalstaat zu übertragen. Ganz im Gegenteil, die Erwartung war weit verbreitet, dass auf dem Verhandlungswege eine ein-vernehmliche Lösung werde erreicht werden können, zumal die öster-reichische Diplomatie ihrerseits diese Tendenzen geschickt aufgriff. Schon damals glaubte man zuversichtlich, dass eine gemeinsame Zoll-union eine so starke Klammer abgeben werde, dass die politischen Schwierigkeiten würden überwunden werden können. So erklärte Waitz im Verfassungsausschuss:»Geschähe einmal diese Zolleinigung, so würde damit eine solche Macht der Interessen entstehen, dass keine Macht Europas widerstehen könnte«.[9]
Alle diese Lösungen krankten bekanntlich daran, dass sie das Behar-rungsvermögen der beiden deutschen Großmächte, obschon diese in der Anfangsphase der Revolution politisch daniederlagen, weit unterschätz-ten. Darüber hinaus aber verkannten die Achtundvierziger die Brisanz der Nationalitätenfrage in geradezu massiver Weise: Ungeachtet der im libe-ralen Lager verbreiteten Polenbegeisterung war man selbst im Lager der demokratischen Linken geneigt, die slawischen Völker mehr oder min-der unter die Kuratel der deutschen Mehrheit zu stellen, in krasser Fehl-einschätzung ihres zahlenmäßigen ebenso wie ihres politischen und kul-turellen Gewichts. Über alle diese weitgesteckten Planungen für ein deutschbestimmtes Mitteleuropa ging die Entwicklung in der Folge mit Riesenschritten hinweg; mit der Entscheidung für eine kleindeutsche Lö-sung und ein preußisches Kaisertum waren die Voraussetzungen für ein großdeutsches Mitteleuropa, wenn sie denn jemals bestanden haben soll-ten, grundsätzlich dahin.

Allerdings ist es nicht überraschend, dass sich die österreichische Diplomatie der 1850er Jahre der immer noch populären Mitteleuropaidee bedienen konnte, um die eigene angeschlagene Stellung in Deutschland gegenüber Preußen wieder zu befestigen. Diesem Ziel vor allem dienten die ehrgeizigen Pläne des österreichischen Handelsministers Carl Ludwig von Bruck, der seinerseits von den Ideen Friedrich Lists beeinflusst worden war. »Durch das handelspolitische Zusammenfassen Mitteleuropas wird Österreich vermöge seiner zentralen Lage zum Westen und Osten, zum Süden und Norden und der freien Entwicklung seiner Natur- und Geisteskräfte notwendig der Mittel- und Schwerpunkt des großen Weltverkehrs, und die weiteren Folgen davon für die politische Gestaltung sind unschwer zu übersehen.«[10] Aber auch für diesen auf die Unterstützung der Nationalbewegung setzenden Kurs war in der sich anbahnenden Restaurationsperiode kein Raum vorhanden.

Die Gründung des Deutschen Reiches, welche Bismarck durch eine »konservative Revolution von oben« mit den Kräften des preußischen Staates, aber zugleich im Bündnis mit der kleindeutschen Nationalbewegung zuwege brachte, setzte der Sache nach den Mitteleuropabestrebungen sowohl des universalistischen wie des großdeutsch-imperialen Typs ein vorläufiges Ende. Das Deutsche Reich war zwar bei seiner Gründung, wie dies Theodor Schieder treffend gesagt hat, ein »unvollendeter Nationalstaat«; die innere Einigung der Nation stand in wesentlichen Hinsichten noch aus. Aber im Laufe der Jahre wurde das Deutsche Reich zum zentralen Bezugspunkt der deutschen Nationalidee: Das internationale Ansehen des neuen Reiches, das militärische Gepränge, mit dem sich das Herrschaftssystem präsentierte, die Idee des Kaisertums mit ihren imperialen Assoziationen, schließlich der große wirtschaftliche Erfolg des neuen Reiches prägten das nationale Bewusstsein der Deutschen in immer stärkerem Maße, während die älteren kulturnationalen Elemente des Nationalbewusstseins, wie sie insbesondere in der -Epoche des Vormärz vorherrschend gewesen waren, ebenso zurückgedrängt wurden wie die emanzipatorische Dimension der Nationalidee, die ursprünglich mit dem Gedanken der nationalen Selbstbestimmung und demgemäß der Beteiligung der bürgerlichen Schichten der Nation an den politischen Entscheidungen im Rahmen eines konstitutionellen Regierungssystems eng verknüpft gewesen war, Dies wurde noch ausgeprägter mit dem Eintritt in die imperialistische Epoche; die Erweiterung des nationalen Machtstaats zu einer Weltmacht gleich den anderen Weltmächten wurde zu einem wesentlichen Inhalt der neudeutschen Reichsidee, unter noch stärkerer Verdrängung der ehemals emanzipatorischen Elemente der Nationalidee.

Der schrittweise Übergang zur Idee des homogenen Nationalstaats, der ein Sonderbewusstsein und eine Sonderkultur von ethnischen oder religiösen Minderheiten immer weniger zu tolerieren bereit war, führte um ein Weiteres weg von der älteren universalistischen Idee, die den Deutschen ihre überkommene Führungsrolle in einem übernational geordneten Europa zu erhalten bestrebt gewesen war. Diese ältere Tradition, die heute auf neuer Ebene eine teilweise Wiedergeburt erfahren hat, war mit der Idee und dem Prinzip des homogenen Nationalstaats machtpolitischer Gebärde vollständig unvereinbart; nicht Verständigung mit den benachbarten Völkern und Gruppen, sondern deren Eindämmung, Zurückdrängung und schließlich, wo immer möglich, deren Germanisierung wurde nun zur Maxime der Politik des Nationalstaats nicht allein in Deutschland, sondern in ganz Europa.

Gleichzeitig versöhnte sich die deutsche Öffentlichkeit mit dem Gedanken eines selbständigen Österreich-Ungarn, das man freilich weiterhin als eine deutsche Macht betrachtete, kraft der Vorrangstellung, die die Deutschen in der Staatsbürokratie, der Armee und ebenso in der cisleithanischen Reichshälfte genossen. Dies galt auch für den katholischen Volksteil, der große Sympathien für die katholische Macht Österreich-Ungarn hegte und unter den gegebenen Umständen die Erhaltung der Selbständigkeit der Donaumonarchie einer unerreichbaren großdeutschen Lösung vorzog.[11] Allerdings avancierte der Zweibund im deutschen politischen Bewusstsein seit den achtziger Jahren zu einer Art von Unterpfand einer besonderen deutsch-österreichischen Verbundenheit, eine Entwicklung, die Bismarck bewusst gefördert hat, obschon dies mit seinem außenpolitischen System eigentlich nicht in Einklang stand. Caprivi hingegen betrachtete den Zweibund als Eckpfeiler des deutschen Bündnissystems.[12] In den gleichen Zusammenhang gehört, dass die deutsche amtliche Politik seit der Jahrhundertwende zunehmend darauf drängte, dass die Vorherrschaft des deutschen Elements in der Monarchie erhalten und wieder gestärkt werden müsse, wenn man sich auch von direkten diplomatischen Interventionen in die inneren Verhältnisse der verbündeten Monarchie zurückhielt.[13]

Andererseits übten die älteren kulturnationalen Denkweisen, die sich an der wesentlichen Einheit aller Menschen deutscher Zunge oder doch einer den Deutschen innerhalb und außerhalb der Reichsgrenzen gemeinsamen deutschen Nationalkultur orientierten, insbesondere auf die Bildungsschicht auch weiterhin erhebliche Anziehungskraft aus; dies fand Ausdruck auch darin, dass auf künstlerischem, literarischem und insbesondere auch auf wissenschaftlichem Gebiet die herkömmliche enge Verbundenheit zwischen Deutschland und Österreich im Wesentlichen unvermindert fortbestand.[14] Die leidenschaftliche Beteiligung der deutschen Akademikerschaft an der Protestbewegung der österreichischen Deutschen gegen die Badenischen Sprachengesetze vom Jahre 1897 bildet dafür einen herausragenden Beleg.

Ebenso waren die älteren großdeutschen Denkweisen keineswegs ganz ausgestorben. Ein gutes Beispiel dafür findet sich bei Karl Lamprecht, dessen »Deutsche Geschichte« ungeachtet der einhelligen Ablehnung der Zunft zu den meistgelesenen Werken jener Epoche gehört. Er wies die verbreitete Meinung zurück, dass das Deutsche Reich Bismarcks die volle Erfüllung der nationalen Wünsche der Deutschen gebracht habe; vielmehr sei der Bismarck'sche Nationalstaat durchaus als unvollendet anzusehen. »Für Deutschland fundamentale Forderungen eines subjektivistischen Seelenlebens« der Deutschen seien »noch keineswegs erfüllt«; für »das weite Gebiet der öffentlich-rechtlichen, kirchlichen und staatlichen Betätigung« als Ganzes könne man »von etwas Unvollendetem reden«.[15] Hier wie auch in anderen Fällen, so notorisch bei Paul de Lagarde, richteten sich die eigenen Erwartungen nicht allein auf die Erfüllung des alten großdeutschen Traums der Verwirklichung eines einheitlichen Nationalstaats für alle Menschen deutscher Zunge, sondern sogleich in Richtung auf ein deutsch geprägtes Mitteleuropa. Lamprecht wagte sich zu bemerkenswerten kontrafaktischen Spekulationen vor für den Fall, dass die Krieg-in-Sicht-Krise von 1875 zu einem erneuten deutschen militärischen Triumph über Frankreich geführt hätte:

»Was würde eingetreten sein, hätten die Deutschen des Reiches, wie Moltke glaubte gewährleisten zu können, Frankreich damals noch einmal und mit ihm vielleicht Russland besiegt? Frankreich und gegebenenfalls Russland würden an Territorium wenig verloren haben. Aber eine mitteleuropäische Staatenkombination nach Art des alten Deutschen Reiches, in modernen Formen selbstverständlich, würde sich gebildet haben: stark genug zur vollen Geltendmachung der Nationalität, friedfertig genug, um niemand anzugreifen, einig genug, um, wenn angegriffen, sich mit Nachdruck zu schützen. Und der stille Daseinsdruck dieser Kombination würde genügt haben, Österreich in ganz anderer Weise, als es nun geschieht und geschehen ist, die Pforten des Orients zu öffnen: denn jetzt dringen die Österreicher immerhin in dünnen Linien vor; im anderen Falle aber würden hinter ihnen unbedingt und stetig, in karreeartiger Tiefe, die Massen der Deutschen aus dem heutigen Reiche gestanden haben. Über die Wucht der Vorgänge, die dann möglich gewesen wäre, möge man sich keinem Zweifel hingeben. Nicht Preußen, Österreich

vielmehr ist die große kolonisatorische Macht unserer Geschichte ...;
noch harren die slawischen Gebiete des Balkans des schützenden Schat-
tens seiner Adler.«[16]
Es ist dies eine bemerkenswerte Äußerung, die zeigt, dass großdeutsch-
imperiale Ideen mitteleuropäischen Zuschnitts keineswegs nur auf das
äußerste rechte Lager im Spektrum des deutschen politischen Denkens
des Kaiserreichs beschränkt waren, obschon sie dort am schärfsten hervortraten und zugleich eine besonders aggressive Sprache an den Tag legten. Zwar stellte die kleindeutsche Sicht der Dinge unumstritten die herrschende Meinung dar; ein Blick auf die Auffassungen der übergroßen
Mehrheit der deutschen Historiker in dieser Frage würde dies zur Genüge
erweisen. Aber man darf füglich davon ausgehen, dass unterschwellig
weithin die Bereitschaft bestand und sich in den letzten Jahren vor dem
Ersten Weltkrieg noch verstärkte, gegebenenfalls über die bestehende Lösung der deutschen Frage hinauszugehen, die, wie Max Weber späterhin
urteilen zu müssen glaubte, von Bismarcks Standpunkt aus eine Veran-
staltung gewesen sei, »welche die Zugehörigkeit von 10 Millionen Deutschen zum Reich opferte, um 30 Millionen Nichtdeutsche politisch zu
neutralisieren«.[17] Max Lenz beispielsweise stellte der Zukunft der Donaumonarchie keine günstige Prognose und erwartete, dass die »Anziehungskraft, welche die kompakte Masse unseres von nationalem Hoch-
bewusstsein geschwellten Reiches auf die Millionen unserer bedrängten
Brüder in dem Nachbarstaat ausübt, wirken werde wie der Magnetberg
der Sage, der alle Nägel aus dem nahen Schiff herauszog«.[18]
Insgesamt war die Bereitschaft, neue politische Wege im Verhältnis zu
Österreich-Ungarn einzuschlagen und dieses gegebenenfalls gleichsam
ins Schlepptau zu nehmen, unterschwellig stark; die Besorgnis über die
zunehmende Schwächung der Stellung des Deutschtums, die nun auch
die amtliche Politik zu beeinflussen begann, tat ein Weiteres, um hier eine
Änderung der Einstellungen anzubahnen. Die Neigung, Österreich-Ungarn stärker in den Orbit des deutschen politischen Systems hineinzuzie-
hen und zugleich in die eigenen imperialistischen Zukunftspläne einzubeziehen, erhielt dann einen zusätzlichen Schub mit dem Übergang zu
einer aktiven deutschen Orientpolitik, die mit Hilfe der Bagdadbahn eine
systematische »pénétration pacifique« des Osmanischen Reiches betrieb
und zunehmend auch den Balkan als ein viel versprechendes Gebiet für
einen deutschen informellen Imperialismus entdeckte.
Dennoch kann von einer ernsthaften Mitteleuropapolitik des Deutschen
Reiches vor 1914 nicht die Rede sein. Ökonomisch war die deutsche
Wirtschaft in hohem Maße auf den Weltmarkt hin orientiert; weder der

Balkan noch der Orient figurierten in den Exportbilanzen des deutschen Außenhandels sonderlich hoch, und ebenso stand es mit dem Kapitalexport. Allein im Osmanischen Reich fanden sich, zufolge der Bagdadbahn, vor 1914 signifikante Investitionen mit steigender Tendenz. Österreich-Ungarn hingegen spielte einstweilen eher die Rolle eines ökonomischen »backwaters«, seine wirtschaftliche Bedeutung war nicht hoch genug, um ein besonderes Interesse der deutschen Wirtschaftskreise, wie es späterhin die Mitteleuropapläne vinkulierten, auf sich zu ziehen. Dennoch kam der erste, massive Vorstoß für eine grundlegende Änderung der deutschen Politik in Richtung auf Mitteleuropa aus wirtschaftlichen Kreisen, freilich signifikanterweise von einem Elektroindustriellen, Walther Rathenau von der AEG, die ja für ihre weltweiten Aktivitäten, die sich auf industrielle Ausrüstungen der öffentlichen Hände, insbesondere der Kommunen, spezialisierten, in besonderem Maß auf flankierende Unterstützung der staatlichen Politik angewiesen war.

Im Jahre 1913 trat Walther Rathenau mit einer Philippika an die Öffentlichkeit, in der er darlegte, dass Deutschland bei der Aufteilung der Welt zu spät gekommen und »die Zeit der großen Erwerbungen« für Deutschland »verpasst« sei. Andererseits sei der Besitz überseeischer Ressourcen und Rohstoffquellen für alle fortgeschrittenen Industriestaaten unabdingbar notwendig. Unter den obwaltenden Umständen bestehe für das Deutsche Reich jedoch keine Möglichkeit, diese Lage auf gewaltsamem Wege zu verändern oder aber durch die Abkehr von der gegenwärtigen, im Interesse der Landwirtschaft betriebenen Hochschutzzollpolitik die Chancen für die deutsche Exportwirtschaft zu verbessern. Auf längere Sicht sei Amerika der lachende Dritte angesichts der gegenwärtigen Hochschutzzollpolitik der europäischen Mächte; es sei die eigentliche Zukunftsgefahr auch für die deutsche wirtschaftliche Weltstellung, der es beizeiten zu begegnen gelte. »Es bleibt eine letzte Möglichkeit: die Erstrebung eines mitteleuropäischen Zollvereins, dem sich wohl oder übel, über lang oder kurz die westlichen Staaten anschließen würden. ... Die Aufgabe, den Ländern unserer europäischen Zone die wirtschaftliche Freizügigkeit zu schaffen, ist schwer; unlösbar ist sie nicht. Handelsgesetzgebungen sind auszugleichen, Syndikate zu entschädigen, für fiskalische Zolleinnahmen ist Aufteilung und für ihre Ausfälle Ersatz zu schaffen; aber das Ziel würde eine wirtschaftliche Einheit schaffen, die der amerikanischen ebenbürtig, vielleicht überlegen wäre, und innerhalb des Bandes würde es zurückgebliebene, stockende und unproduktive Landesteile nicht mehr geben. ... Gleichzeitig aber wäre dem nationalistischen Hass der Nationen der schärfste Stachel genommen. ... Was die

Nationen hindert, einander zu vertrauen, sich aufeinander zu stützen, ihre Besitztümer und Kräfte wechselseitig mitzuteilen und zu genießen, sind nur mittelbar Fragen der Macht, des Imperialismus und der Expansion: im Kern sind es Fragen der Wirtschaft. Verschmilzt die Wirtschaft Europas zur Gemeinschaft, und das wird früher geschehen als wir denken, so verschmilzt auch die Politik ...«[19]

Dieses bemerkenswert weitsichtige Plädoyer für eine grundlegende Änderung der Strategie und Zielsetzung der deutschen Weltpolitik betrachtete die Begründung eines mitteleuropäischen Zoll- und Wirtschaftsverbunds nicht als Selbstzweck, sondern als Mittel zu dem Zweck, einen eigenständigen europäischen Wirtschaftsraum ins Leben zu rufen, der jenem der Vereinigten Staaten vergleichbar, weit weniger abhängig von dem überseeischen Handel sein würde und vor allem die Voraussetzungen für ein stetiges wirtschaftliches Wachstum legen werde. Implizit plädierte Rathenau dafür, den Schwerpunkt der deutschen Weltpolitik hinfort auf den südosteuropäischen Raum zu verlagern und sich dabei in erster Linie der Methoden eines informellen Imperialismus zu bedienen, welcher zudem die Chance in sich berge, mittelfristig zu einer Verständigung unter den europäischen Völkern zu gelangen. Andere Zeitgenossen waren handfester und zugleich weit direkter in ihren Zielvorstellungen. Graf Albrecht zu Stolberg-Wernigerode trug dem Staatssekretär des Innern von Delbrück im Februar 1914 die Frage vor, ob es nicht jetzt an der Zeit sei, mit Österreich »und anschließend daran« mit »Rumänien, Albanien, und eventuell auch« der »Türkei einen Zollverein« zu bilden, der als Unterpfand einer Vereinigung aller Deutschen und nichtslawischen Elemente dienen könnte, »als Bollwerk gegen das Vordringen der Slawen, gegen die neue Völkerwanderung«.[20] Hier war ein anderer, aggressiver Ton angeschlagen, der sich gegen die südslawischen Völker des Balkans richtete und indirekt gegen das zaristische Russland als deren angeblichen Protektor.

Schon in diesen Vorkriegsäußerungen wird deutlich, dass die Mitteleuropaidee in jener Zeit in Deutschland einen überwiegend instrumentalen Sinn besaß, nämlich der Einbeziehung Österreich-Ungarns und der restlichen den Mittelmächten nahe stehenden Balkanvölker sowie der Türkei in eine politische Kombination, die zum Ersten gegen Russland und die slawischen Staaten des Balkans gerichtet war und zum Zweiten eine Rückendeckung für die deutsche Orientpolitik im Osmanischen Reich abgeben sollte. Noch stärker in diese letztere Richtung wiesen Ernst Jäckhs und Paul Rohrbachs Artikel in der von ihnen 1913 gegründeten Zeitschrift *Das größere Deutschland*, mit welcher sie, wie Rohrbach späterhin einräumte, das deutsche Volk für den kommenden großen Krieg mit Russland und Frankreich um die Weltstellung Deutschlands vorbereiten wollten. Vor 1914 aber war ernstlich an eine grundlegende Rückwendung der Stoßrichtung der deutschen Weltpolitik nach Südosten nicht zu denken; die Wege der deutschen Diplomatie waren zu eingefahren. Vor allem aber war die Exportorientierung der deutschen Wirtschaft nach Übersee viel zu groß und ihre Position in den Weltmärkten viel zu bedeutsam, in der Tat stärker als je zuvor, als dass sie sich auf das unsichere Experiment der Konzentration auf einen neuen mitteleuropäischen Wirtschaftsraum hätte einlassen können.

Der Ausbruch des Ersten Weltkriegs und die Erfahrung der Blockade änderten alles dies, wie schon Henry Cord Meyer gezeigt hat.[21] Es kam nun auf ganzer Linie zu einer Rückwendung der deutschen Expansionsziele auf den europäischen Kontinent, und damit gewannen auch die Mitteleuropapläne eine neue, aktuellere Qualität. Ihrer Substanz nach nahmen sie während des Ersten Weltkrieges freilich durchweg den Charakter von Planungen an, mit deren Hilfe die großen Probleme der Kriegführung der Mittelmächte gelöst werden sollten. Erst in zweiter Linie sind sie als Plädoyers für eine grundlegende Neuordnung Europas und für ein engeres Zusammenwirken der Völker Mitteleuropas auch über das Kriegsende hinaus zu werten.

Im Ersten Weltkrieg begegnen uns die Mitteleuropapläne in drei miteinander teilweise konkurrierenden Varianten:

1. als Kern eines gemäßigten, vorwiegend mit informellen Methoden operierenden Expansionsprogramms, welches der Beraterkreis Bethmann Hollwegs dem radikalen Annexionismus der Rechten und der ihnen nahe stehenden industriellen Kreise als elastische Alternative entgegenzustellen suchte,

2. als strategische Aushilfe der deutschen Kriegführung in einem sich zu einem gigantischen Abnutzungskrieg verwandelnden Völkerringen sowie

3. als Mittel, um Österreich-Ungarn auf Dauer an das Deutsche Reich zu binden und dieses in ein vornehmlich auf Ost- und Südosteuropa gerichtetes riesenhaftes Expansionsprogramm einzubeziehen, ohne seinen staatlichen Bestand als solchen formell anzutasten.

Es ist bekannt, dass im so genannten Septemberprogramm, den »Aufzeichnungen über die Richtlinien unserer Politik bei Friedensschluss« vom 9. September 1914, welches noch vor den entscheidenden Rückschlägen der deutschen Armeen an der Marne, also zu einem Zeitpunkt entstanden war, an dem die politische Leitung davon ausging, dass ein baldiger Friedens- oder doch Vorfriedensschluss mit Frankreich in erreichbare Nähe gerückt war, die Gründung eines mitteleuropäischen Wirtschaftsverbandes unter deutscher Führung ins Auge gefasst war. Der entscheidende Passus lautet: »Es ist zu erreichen die Gründung eines mitteleuropäischen Wirtschaftsverbandes durch gemeinsame Zollabmachungen, unter Einschluss von Frankreich, Belgien, Holland, Dänemark, Österreich-Ungarn, Polen und eventl. [sic!] Italien, Schweden, Norwegen. Dieser Verband, wohl ohne gemeinsame konstitutionelle Spitze, unter äußerlicher Gleichberechtigung seiner Mitglieder, aber tatsächlich unter deutscher Führung, muss die wirtschaftliche Vorherrschaft Deutschlands über Mitteleuropa stabilisieren.«[22]

Dementsprechend war vorgesehen, Frankreich gleichsam im Vorfeld solcher Planungen einen Handelsvertrag zu oktroyieren, der dieses in wirtschaftliche Abhängigkeit von Deutschland bringen und es unter Ausschaltung des englischen Handels zu einem deutschen Exportland machen würde. Die politische Zielsetzung dieses Programms, über dessen politischen Status die Forschung bis heute streitet, war es, durch die Schaffung eines europäischen Wirtschaftsblocks unter deutscher Führung weit reichende territoriale Annexionen, wie sie schon damals von Teilen der deutschen Öffentlichkeit mit Nachdruck gefordert wurden, entbehrlich zu machen und sich stattdessen im Großen und Ganzen mit indirekten Formen der Beherrschung des europäischen Kontinents zu begnügen. Eine defensive Absicht gegenüber den weit reichenden annexionistischen Tendenzen in der deutschen Öffentlichkeit – der annexionistische Denkschriftenkrieg hatte bereits eingesetzt – ist dabei nicht zu übersehen.[23] Urheber dieser Planungen dürften insbesondere Kurt Riezler, der persönliche Adjutant und Berater Bethmann Hollwegs, und der Staatssekretär des Inneren, Clemens von Delbrück, gewesen sein, die mit den Mitteleuropaplänen Rathenaus und Stolberg-Wernigerodes vertraut waren und schon zuvor ähnliche Erwägungen angestellt hatten.[24] Wenn hier die südosteuropäische Dimension gegenüber der westeuropäischen zurückstand, so war dies in der aktuellen Lage begründet, die zunächst einmal Antworten auf die Frage erheischte, wie man für den Fall eines Präliminarfriedens mit Frankreich verfahren solle. Es ist aber unübersehbar, dass in der Umgebung des Kanzlers die Mitteleuropaidee in einem durchaus weit umfassenderen Sinne verfolgt wurde, nicht zuletzt auch mit dem Ziel, Österreich-Ungarn auf diesem Wege in die deutschen Kriegszielplanungen einzubeziehen und sich dessen eigene Expansionsbestrebungen für die Verwirklichung der angestrebten informellen Herrschaft des Deutschen Reiches über den europäischen Kontinent, einschließlich Polens und der kleineren südosteuropäischen Staaten, indirekt zunutze zu machen. Es mag sein, dass der jugendliche Riezler sich von seiner eigenen Begeisterung ein wenig weiter treiben ließ, als dies den Vorstellungen Bethmann Hollwegs. Delbrücks und Helfferichs entsprach, aber seine Tagebuchnotizen geben gleichwohl die Quintessenz der Erwägungen der Reichsleitung in der Frage einer europäischen Wirtschaftsgemeinschaft und ihres Kernstücks, der deutsch-österreichischen Zollunion, treffend wieder:

»Gestern lange mit dem Kanzler zusammengesessen, um ihm mein neues Europa, d. h. die europäische Verbrämung unseres Machtwillens, auseinanderzusetzen. Das mitteleuropäische Reich deutscher Nation. Das bei Aktiengesellschaften übliche Schachtelsystem, das Deutsche Reich eine A[ktien]G[esellschaft] mit preußischer Aktienmajorität, jede Hinzunahme neuer Aktionäre würde diese Mehrheit, auf der, als auf der preußischen Hegemonie[,] das Reich steht, zerstören. Daher um das Deutsche Reich herum ein Staatenbund, in dem das Reich ebenso die Majorität hat wie Preußen im Reich ... Dann Oesterreich so behandeln, dass es von selbst hineinwächst. Das wird es und muss es.«[25] Riezler endete in der optimistischen Note: »Mitteleuropa ist wirtschaftlich und politisch die welthistorische Aufgabe.«[26]

In der Tat hat die deutsche politische Leitung in der Folgezeit die Frage einer deutsch-österreichischen Zollunion konsequent weiter verfolgt, wenn auch in erster Linie unter politischen, nicht unter wirtschaftlichen Gesichtspunkten, mit dem Ziel, einerseits Österreich-Ungarn auf diese Weise fest an die deutsche Politik zu binden und andererseits eine Basis zur Begründung eines Systems informeller Einflussnahme auf die Verhältnisse in Südosteuropa zu gewinnen.

Dies wurde der politischen Leitung umso mehr nahe gelegt, als im September 1915 der deutsche Generalstabschef von Falkenhayn, nachdem er die Aussichten, den Krieg durch eine entscheidende militärische Niederwerfung der Gegner zu einem baldigen Ende zu bringen, für nicht mehr gegeben hielt[27], die Mitteleuropaidee als ein Mittel entdeckte, um den Alliierten Mächten die Hoffnung auf eine allmähliche Aushungerung der Mittelmächte mit Hilfe der Blockade zu nehmen und diese demgemäß friedensgeneigt zu stimmen. Nachdem sich die Alliierten, wie Falkenhayn meinte, entschlossen hätten, »ihr Heil in einem planmäßig durchgeführten Erschöpfungskrieg zu suchen«, sei ein geeignetes Gegenmittel »in der Schaffung eines mitteleuropäischen Staatenbundes zu erblicken«. Falkenhayn dachte dabei »zunächst an einen Zusammenschluss des Deutschen Reichs, Österreich-Ungarns, Bulgariens und der Türkei zu einem Schutz- und Trutzbündnis«, wollte dieses aber auch auf wirtschaftliche und kulturelle Ziele ausgedehnt sehen.[28] Bethmann Hollweg reagierte auf diese Vorschläge zunächst äußerst reserviert; durch die Bildung eines mitteleuropäischen Staatenbundes werde »die militärische, politische und wirtschaftliche Kriegsmacht unserer Gegner« nicht unmittelbar geschädigt. Andererseits erklärte auch er es als Zukunftsprogramm der deutschen Politik, »die Balkanstaaten durch Loslösung vom russischen Einfluss und die germanischen Länder des Kontinents durch politische und wirtschaftliche Beziehungen uns näher zu verbinden«.[29]

Ungeachtet der Reserven der Reichsleitung, welche die enormen Schwierigkeiten eines mitteleuropäischen Wirtschaftsverbandes sah, der wesentlich über die dem Deutschen Reich ohnehin schon verbündeten Mächte Österreich-Ungarn, Bulgarien und die Türkei hinausgehen würde, blieb die Mitteleuropafrage in den kommenden Monaten weiterhin auf der Agenda der deutschen Politik. Hauptgrund dafür war das Polenproblem, dessen zumindest vorläufige Lösung nach den deutschen Waffenerfolgen im Osten nunmehr akut geworden war. Hier hatten der Reichskanzler und das Auswärtige Amt die so genannte austropolnische Lösung ins Auge gefasst, d. h. die Überlassung Kongresspolens an das verbündete Österreich-Ungarn unter einem österreichischen Erzherzog; dies wäre angesichts der weit reichenden Autonomieversprechungen des Zaren und der Rolle Josef Pilsudskis an der Spitze einer antirussischen polnischen Freischärlerarmee in Galizien eine durchaus realistische Lösung gewesen. Doch regten sich sogleich heftige Bedenken gegen eine Überlassung Kongresspolens an Österreich-Ungarn, vor allem unter dem Gesichtspunkt, dass dann die Sicherheit der deutschen Ostgrenzen nicht gewährleistet sei, zumal Österreich-Ungarn bei einem künftigen Kriege auch einmal im gegnerischen Lager stehen könnte. Dies veranlasste die deutsche Politik, das Projekt einer mitteleuropäischen Zollunion nunmehr ernstlich ins Auge zu fassen, obschon die wirtschaftlichen Argumente einstweilen überwiegend gegen eine Zollunion sprachen.[30] Denn durch eine Zoll- und Wirtschaftsunion würde Österreich-Ungarn auf lange Zeit hinaus an das Deutsche Reich gebunden sein. Die politische Leitung hoffte, auf diese Weise die Bedenken gegen eine austropolnische Lösung auszuräumen, dies nicht zuletzt unter dem Gesichtspunkt, dass diese günstige Voraussetzungen für die Rekrutierung eines polnischen Freiwilligenheers gegen das zaristische Russland geschaffen haben würde. Die Verhandlungen mit Österreich-Ungarn über ein Zollbündnis als Vorstufe einer künftigen Zollunion, die die deutsche Wirtschaft einst-

weilen für wenig erstrebenswert hielt, weil Deutschland dabei der ge-
bende, Österreich der nehmende Teil sein werde,[31] erreichten im November 1915 ihren Höhepunkt. Sie liefen sich dann aber, angesichts des
fortbestehenden Widerstands der Militärs, insbesondere des Oberbe-
fehlshabers Ost unter Hindenburg und Ludendorff, gegen die austropolnische Lösung, fest und verloren schließlich ihre Dringlichkeit.

Inzwischen waren freilich die Bestrebungen, im Zeichen der Mitteleuropaidee eine engere Verbindung der beiden Kaiserreiche herbeizuführen,
in die deutsche Öffentlichkeit gedrungen. Friedrich Naumann begründete
im Februar 1916 einen Arbeitsausschuss für Mitteleuropa, an dem namhafte Repräsentanten aus Politik, Wirtschaft und Wissenschaft, unter ihnen Matthias Erzberger, Hugo Stinnes, Albert Ballin, Ernst Jäckh, Gustav
von Schmoller und Max Weber, beteiligt waren und der Vorarbeiten für
die Regierungspolitik zu betreiben suchte, allerdings ohne dafür von Re-
gierungsseite nennenswerte Unterstützung oder auch nur Ermutigung zu
erhalten.[32] Schon zuvor hatte der »Verein für Socialpolitik« die Mitteleuropafrage zum Gegenstand seiner Arbeiten gemacht. Bereits am
24. März 1915 wurde von dem Ausschuss des Vereins für Socialpolitik,
des damals wohl einflussreichsten Gremiums der deutschsprachigen So-
zialwissenschaft, beschlossen, über die Frage eines Zoll- und Wirtschaftsbündnisses zwischen dem Deutschen Reiche und der Donaumonarchie zahlreiche Fachgutachten einzuholen. Am 23. Oktober 1915
konnte Heinrich Herkner diese zum Druck geben[33]; im April 1916 lagen
diese Expertisen, an denen auch österreichische Nationalökonomen beteiligt waren, in einem umfänglichen Band auch der breiteren Öffentlichkeit vor.[34] Der Verein für Socialpolitik machte dieses damals hoch-
aktuelle Thema dann auch zum Gegenstand der Beratungen des
Ausschusses für Sozialpolitik am 6. April 1916.[35] Hier kamen die großen
praktischen Schwierigkeiten, die einer Verwirklichung des großen Plans
eines wirtschaftlichen Zusammenschlusses beider Reiche, ganz abgesehen von der Türkei und Bulgarien, im Wege standen, in aller Form auf
den Tisch. Bei den Experten dominierte Skepsis, ja Ablehnung, inson-
derheit sofern diese Frage ausschließlich unter rein wirtschaftlichen Gesichtspunkten betrachtet wurde. Doch gab es nicht wenige, die, wie Max
Weber, aus politischen Gründen, insbesondere der polnischen Frage, ein
weit gehendes Zollbündnis dennoch für notwendig hielten. Max Weber
argumentierte: »Wie denn nun sei: die Eventualität, dass von den Regierungen aus politischen Gründen ein zollpolitisches Mitteleuropa gemacht
werden muss, muss sowohl den Interessenten wie uns stets vor Augen stehen; von der Voraussetzung, dass eine politische Situation eintreten kann,

welche zur mitteleuropäischen Einigung zwingt, muss zunächst einmal
ausgegangen werden, und da liegt die Grenze aller Bedenken.«[36]
Allein, die politische Leitung schreckte, nachdem mit der Polenprokla-
mation vom November 1916 die polnische Frage zunächst einmal provi-
sorisch vom Tisch war, davor zurück, in der Mitteleuropafrage energische
Schritte zu unternehmen. Schrittweise glitt die deutsche Diplomatie wieder auf die Linie eines konventionellen Annexionismus zurück, der die
Länderkarte Europas in großem Stil mit Hilfe direkter Annexionen zu
verändern trachtete; die Mitteleuropaidee hatte einstweilen ausgedient.
Um Österreich-Ungarn an das Deutsche Reich zu binden, schienen nun
direktere Mittel besser geeignet; und angesichts der zunehmenden Abhängigkeit des Kaiserstaates von deutscher Unterstützung auf militärischem wie auf wirtschaftlichem Gebiet schien dies alles wenig dringlich
geworden zu sein.
Einigermaßen im Gegensatz zu diesen Entwicklungen auf der Ebene der
amtlichen Politik gewann die Mitteleuropaidee in der deutschen Öffentlichkeit seit Ende 1915 zunehmend an Resonanz. Dabei kam Friedrich
Naumanns zahlreichen kleineren Publikationen zur Mitteleuropafrage
und vornehmlich seinem im Oktober 1915 erschienenen Werk »Mitteleuropa« besondere Bedeutung zu. Friedrich Naumanns ».Mitteleuropa«
war, wie Wolfgang Schieder dargelegt hat, »der größte Bucherfolg, den
ein politisches Buch im Kaiserreich nach Bismarcks ›Gedanken und Erinnerungen‹ je erreicht hat«.[37] Dieses Werk war insofern bemerkenswert,
weil die Mitteleuropafrage hier nicht bloß unter strategisch-politischen
Gesichtspunkten behandelt wurde, sondern in einem ungleich umfassenderen Kontext, der erstmals auch die Probleme des Selbstbestimmungsrechts der anderen betroffenen Völker, insbesondere der Polen, aber auch
der südslawischen Völker, ins Auge fasste. Freilich war dies ein Propa-
gandawerk, das über die großen realen Probleme gutenteils hinwegging.
Eine große Zahl von Publizisten im Umkreis Naumanns griff die Idee
eines neuen Mitteleuropa mit Begeisterung auf, so insbesondere Ernst
Jäckh, der die von ihm gemeinsam mit Paul Rohrbach herausgegebene
Zeitschrift *Deutsche Politik* zu einem Sprachrohr einer weit ausgreifenden Mitteleuropapropaganda machte.[38] Hier wurde die Gründung eines
»größeren Mitteleuropa«, d. h. der Zusammenschluss Deutschlands,
Österreich-Ungarns, Bulgariens und der Türkei, gleichermaßen als zwin-
gende Konsequenz der geopolitischen Lage der Mittelmächte und der geschichtlichen Entwicklung selbst bezeichnet: »Dieses Mitteleuropa – die
neue Einheit des alten Habsburgischen Reichs deutscher Nation und des
alten Osmanischen Reichs türkischer Nation« – man sieht, die geogra-

phischen Grenzen wurden hier weit in den Nahen Osten vorgeschoben –, »einst durch die Donau in diese beiden Reiche und Teile getrennt, dann nördlich und südlich je in einzelne Volksteile aufgelöst, jetzt endlich und innerlich als ein Weltteil zusammengefügt, in dem die Völker als verschiedene Organe zum einheitlichen Organismus einer Welt zusammenwachsen«, sei eine historische Notwendigkeit, nicht zuletzt angesichts des Drucks des britischen Weltreichs einerseits, des zaristischen Russlands andererseits auf die europäische Mitte.[39] In seiner damals viel beachteten Flugschrift »Das größere Mitteleuropa« machte Jäckh vollends deutlich, dass das künftige Mitteleuropa über den Bund zwischen dem Deutschen Reich und Österreich-Ungarn weit hinausgreifen und insbesondere Bulgarien und die Türkei als Kern eines umfassenden geopolitischen Blocks umgreifen müsse. Er glaubte, diesen mitteleuropäischen Staatenbund als eine gleichsam naturnotwendig erwachsende organische Ordnung deuten zu können, in der das Bauprinzip der deutschen Staatsordnung eine Wiederholung auf höherer Ebene finden werde.[40]

Man wird dies alles als durch die Kriegssituation bedingte Propagandaschriften bezeichnen können, zumal angesichts des Zweckoptimismus, der diese Argumentationen durchzog. Und ebenso wenig wird man heute Rudolf Kjelléns geopolitische Argumentation zugunsten eines politischen und wirtschaftlichen Zusammenschlusses der europäischen Mitte gegen die Westmächte einerseits, die slawische Welt andererseits überzeugend finden. Es ist charakteristisch, dass die territorialen Grenzziehungen dieses neuen, mit großen Fanfaren vorhergesagten »Mitteleuropa« keineswegs eindeutig und von Autor zu Autor darüber höchst unterschiedliche Meinungen zu finden waren. Für Friedrich Naumann standen Österreich-Ungarn und Polen, daneben das Baltikum im Vordergrund; bei Paul Rohrbach feierte die alte Idee eines Zusammenschlusses der nichtslawischen Nationen des Balkans gegen die slawische Flut fröhliche Urständ; für Ernst Jäckh hingegen war Mitteleuropa in erster Linie das Glacis für die künftige Vormachtstellung einer deutsch geführten Staatenföderation im Nahen Osten. Gleichviel wurde hier dann doch ernstlich nachgedacht über die Frage, ob sich die nationalstaatlichen Ideale der Vergangenheit nicht überlebt hätten und damit die Bahn für neue politische Ordnungsprinzipien frei gemacht werden müsse.

Mit einigen Vorbehalten lässt sich in der zeitgenössischen Debatte eine eher liberale Variante der Mitteleuropaidee neben verschiedenen Varianten einer ausgeprägt imperialistisch verformten Mitteleuropaidee ausmachen. Was Letztere betrifft, so war insbesondere Ernst Jäckh ein Befürworter einer weit ausgreifenden Mitteleuropapolitik, die in geopolitischen Begriffen dachte und die vor allem den Vorderen Orient im Blick hatte. Er wurde nicht müde zu argumentieren, dass es in diesem Kriege vor allem um die künftige Herrschaft über den Nahen Osten gehe: »Der Krieg kommt aus dem Orient (aus dem russischen und deutschen Zusammenstoß um Konstantinopel); der Krieg geht um den Orient (den Landweg Deutschlands in die Welt, den die Einkreisungspolitik uns sperren will); der Krieg endigt in dem Orient (durch den Sieg von Mitteleuropa).«[41] Die deutsche Beherrschung der wirtschaftlich wie strategisch gleichermaßen bedeutsamen Nahostregion war für Jäckh freilich nur der Hebel, um die deutsche Weltmachtstellung für alle Zukunft sicherzustellen und unangreifbar zu machen. Schon im Herbst 1916 hatte er geschrieben:

»Wenn Deutschland samt seinen Verbündeten siegt, d. h. wenn es in der Hauptsache seine jetzige Stellung, seine Bündnisse und die Verfügung über die eroberten Gebiete in irgendeiner Form behauptet, so bildet sich damit im Zentrum Europas eine Macht von unwiderstehlicher Stärke, die alle Kraft, die wirtschaftliche, die finanzielle und großenteils auch die militärische Leistungsfähigkeit Mitteleuropas mit derjenigen Belgiens, Polens, der eroberten Provinzen Litauen und Kurland, eines Teils von Weißrussland und von der Ukraine, Serbiens, Rumäniens, Bulgariens und des gesamten türkischen Orients vereinigt. Diesem kolossalen Block, dessen Gebiet von der Scheldemündung bis zum Rigaschen Meerbusen, von Hamburg bis Bagdad, von den Wolhynischen Sümpfen bis zum Adriatischen Meer und bis zur Grenze Ägyptens reicht, würde in Zukunft überhaupt nichts widerstehen können, denn nicht nur seine direkte militärische und ökonomische Kraft wäre über die Maßen groß, sondern auch durch die Beherrschung oder Bedrohung einiger der wichtigsten ... strategischen Punkte der Welt ...«[42]

Jäckh verband mit der Mitteleuropaidee die Erwartung, dass auf solche Weise die deutsche Weltmachtstellung auf alle erdenkliche Zukunft hinaus gesichert werden könne. Hinter diesen wahrhaft gigantischen Zielen trat die Frage, wie denn dieser Staatenverband innerlich zu organisieren und zur Hinnahme der deutschen Vorherrschaft gebracht werden könne, einigermaßen zurück. Er vertraute auf die Organisationskraft der deutschen »organischen« Staatsidee, die mit der Respektierung der jeweiligen nationalen Eigenarten der Partner des Deutschen Reiches einherzugehen vermöge.

Sehr viel realistischer und konkreter sah Friedrich Naumann, nicht zuletzt zu Teilen unter dem Einfluss Max Webers, die großen Probleme, vor die sich die deutsche Politik gestellt sah. Er erkannte, dass man die anderen Völker innerlich gewinnen müsse und dass dies nur durch den Übergang zu einer aufrichtig liberalen Politik möglich sei. Demgemäß setzte sich Naumann, und mit ihm auch seine Mitstreiter im Arbeitsausschuss Mitteleuropa, insbesondere für eine aufrichtige Verständigung mit dem polnischen Volk ein und für eine wirkliche und nicht bloß formale Autonomie des neuen polnischen Staates innerhalb des Völkerverbunds der Mittelmächte. Ebenso bemühte er sich darum, auch außerhalb der Mittelmächte, insbesondere in Bulgarien, Stimmung für einen mitteleuropäischen Zusammenschluss zu gewinnen. Vor allem aber erkannte er, dass Mitteleuropa nur dann eine Zukunft haben könne, wenn dies mit der uneingeschränkten Respektierung der Eigenrechte sowohl der Nationalitäten wie auch der verschiedenen religiösen Gemeinschaften einhergehe. Demgemäß stellte er die Maxime auf: »Mitteleuropa hat sich in Nationalitäts- und Konfessionsangelegenheiten durchaus nicht einzumischen«, um hinzuzufügen, dass umgekehrt »Mitteleuropa ... ohne Duldsamkeit der Nationalitäten und Konfessionen nicht denkbar« sei.[43] Die kleineren Nationen hätten, so argumentierte er, in der heutigen Welt nur noch die Chance, sich größeren Verbänden anzuschließen: » ... die Wirklichkeit gestattet keine besonderen kleinen Nationalstaaten mehr.«[44] Dies setze freilich voraus, dass die Deutschen als das stärkste Volk Mitteleuropas jedem Gedanken an eine Germanisierung der kleineren Völker öffentlich absagen und stattdessen den Schutz der nationalen Minderheiten im Osten zu ihrem Programm machen müssten.[45]

Eine großzügige, liberale Lösung der polnischen Frage musste Friedrich Naumann von diesen seinen politischen Prämissen her als entscheidend ansehen. Er suchte auf die amtliche Politik in der polnischen Frage mit publizistischen Mitteln einzuwirken, und lange verschloss er sich der vollen Einsicht in die Tatsache, dass von einer wirklichen inneren Änderung der deutschen Einstellung gegenüber Polen nicht die Rede sein konnte. Stattdessen suchte er die Polenpolitik des Generalgouverneurs von Beseler im liberalen Sinne zu interpretieren und damit zugleich bei den Polen Verständnis für die deutsche Politik und umgekehrt bei den Deutschen Einsicht in die schwierige Lage und die verständlicherweise misstrauische Geistesverfassung der Polen zu wecken.[46]

Kurt Riezler gehörte gleichermaßen zu jenen, die die »Mitteleuropaidee« auch dann noch enthusiastisch propagierten, als sich abzeichnete, dass die politischen Voraussetzungen für deren Durchsetzung einstweilen dahingeschmolzen waren. Die Proklamation eines der Form halber selbständigen polnischen Königreichs unter einem österreichischen Erzherzog, aber in faktisch vollständiger Abhängigkeit von den Mittelmächten, die an die Stelle der austropolnischen Lösung samt ihrer »mitteleuropäischen« Einbettung übrig geblieben war, gab Riezler am 16. November 1916 gleichwohl Anlass zu einer bemerkenswerten Zukunftsprognose: »Trotzdem spürt man bereits heute an allen Ecken und Enden, welcher Rubikon überschritten ist und welcher Schritt vorwärts dem großen Ziele zu gemacht ist. Es gibt nur eine Rettung, die liegt in den Ver[einigten] Staaten von Mitteleuropa mit Polen getragen von den Arbeitermassen und einer übernationalen Bewegung – in der Überwindung all der kleinen Nationalismen. Da liegt die Zukunft – und dahin führt der Krieg von alleine die Ideen. Überall wird eine furchtbare Dämmerung des Nationalismus kommen ...«[47] Weitsicht und Verkennung der geschichtsmächtigen Tendenzen des frühen 20. Jahrhunderts sprechen gleichermaßen aus dieser Äußerung; denn vorderhand konnte von einer Abschwächung, geschweige denn einer Brechung der nationalstaatlichen Egoismen keine Rede sein.

In den letzten Jahren des Weltkriegs wurde die Mitteleuropaidee vielmehr vollends von einer robusten deutschen Machtpolitik gigantischen Stils abgelöst, die ihre schroffste Ausprägung im Frieden von Brest-Litowsk fand. Die hier angestrebte Lösung eines Gürtels von abhängigen Satellitenstaaten im Osten, zu denen ja im Westen zumindest Belgien hinzukommen sollte, hatte mit den Mitteleuropaplänen nichts mehr gemein. Die Idee, eine neue mitteleuropäische Ordnung zu begründen, die sich nicht allein auf die Macht der Waffen und die Vorteile eines großen, einheitlichen Wirtschaftsraums, sondern auch auf die freiwillige Zustimmung der kleineren europäischen Nationen stützte, wie sie unter anderem Naumann damals propagierte, war einstweilen gescheitert; sie fand eine kurzfristige Wiederbelebung allenfalls als ein Mittel, um Österreich-Ungarn, nachdem es sich durch die Sixtus-Affäre jeglichen Kredit bei den deutschen Führungsschichten verloren hatte, nun umso fester an das Deutsche Reich zu binden und künftige politische Alleingänge des Kaiserstaats schon im Ansatz zu unterbinden.

Fortan lebte die Mitteleuropaidee allenfalls in vager Verbindung mit einer Renaissance des großdeutschen Gedankens fort. Mit dem Zusammenbruch der Donaumonarchie Ende 1918 und der Errichtung einer Mehrzahl souveräner Nationalstaaten auf dem Territorium des ehemaligen Kaiserstaates fielen die Voraussetzungen für jene weit reichenden Planungen, die sich in Deutschland und teilweise auch in Österreich-Ungarn mit dem Begriff Mitteleuropa verbunden hatten, weitgehend dahin. Friedrich Naumann erklärte damals seinen »vorläufigen Abschied« von

Mitteleuropa, dem in den kommenden Kämpfen und Auseinandersetzungen vorerst kein Raum beschieden sei. Aber er proklamierte, freilich in einer ein wenig beschönigenden Interpretation seiner eigenen Schriften der Kriegsjahre, dass der Grundgedanke von »Mitteleuropa« keineswegs überlebt sei: »Mitteleuropa war als überstaatlicher Organismus beabsichtigt zur Verminderung der Nationalitätskämpfe und zur Vermehrung des wirtschaftlichen Gedeihens. Mitteleuropa sollte aufgerichtet werden, damit wir nicht in jenen Zerbröckelungs- und Auflösungszustand hineingeraten, den wir jetzt voraussichtlich durchmachen müssen, als Halt und Garantie der Ordnung und der Leistungsfähigkeit.«[48]

Vorderhand blieben dergleichen Gedanken freilich ohne jeden Anhang. Einzig in der Euphorie, mit der 1918/19 die Aussicht eines Zusammenschlusses Deutsch-Österreichs mit dem Deutschen Reich begrüßt wurde, lebte ein Rest der Mitteleuropabegeisterung fort. Gustav Stresemann meinte im Dezember 1918 in einer Rede in Osnabrück: »Gelingt es uns, ... die Deutschösterreicher an uns zu fesseln, dann ... haben wir den großen Block der 70 Millionen Deutschen, von dem gilt, was der alte Bismarck gesagt hat: Da liegen wir denn wie ein Klotz inmitten Europas, an dem keiner vorbeigehen kann.«[49] Aber auch diese Haltung wich schon bald einer pragmatischeren Einstellung.

Die nationalsozialistische Politik führte – es soll dies hier nicht mehr näher ausgeführt werden – zur endgültigen Diskreditierung der verschiedenen deutschen Varianten der Mitteleuropapolitik und damit zugleich auch der Mitteleuropaidee als solcher, wurde diese doch missbraucht zur Rechtfertigung der Vorherrschaft der »germanischen Herrenrasse« in Europa mit den bekannten schwerwiegenden Folgen für Europa und die Welt. Heute mag es an der Zeit sein, sich wieder der älteren, universalistischen Variante der »Mitteleuropaidee« und ebenso auch ihrer liberalen Spielarten zu erinnern, nachdem offenbar geworden ist, dass der im Innern repressive und nach außen aggressive »homogene Nationalstaat« in die Katastrophe zweier Weltkriege geführt hat.[50] Vielleicht gelingt es auf dieser Grundlage, nicht nur eine neue übernationale Ordnung in Ost- und Südosteuropa, sondern ein neues Europa zu bauen, das die Respektierung der nationalen Eigenart aller europäischen Nationen im Rahmen eines demokratischen Systems zur Grundlage macht.

Anmerkungen

1 Zit. bei Theodor Schieder, Bismarck und Europa, in: Ders. Begegnungen mit der Geschichte, Göttingen 1962, S. 254.

2 Henry Cord Meyer, Mitteleuropa in German Thought and Action 1815–1945, The Hagne 1955.

3 Rudolf Jaworski, Die aktuelle Mitteleuropadiskussion in historischer Perspektive, in: HZ 247 (1988) 529–550.

4 Vgl. Roman Schnur, Mitteleuropa in preußischer Sicht: Constantin Frantz, in: Der Staat 25 (1986) 545 ff.

5 Nach Schnur, ebenda, S. 546.

6 Adam Wandruszka, Großdeutsche und Kleindeutsche Ideologie 1840–1871, in: Robert A. Kann/Friedrich Prinz (Hrsg.), Deutschland und Österreich. Ein bilaterales Geschichtsbuch, München 1980, S. 114.

7 Wilhelm Mommsen, Größe und Versagen des deutschen Bürgertums. Ein Beitrag zur Geschichte der Jahre 1848–1849, Stuttgart 1949, S. 199.

8 Ebenda, S. 203. Mommsen berichtet von einer Äußerung eines österreichischen Abgeordneten aus dem Dezember 1848: »Ich träume von zwei Bundesstaaten, einem deutschen und einem österreichischen, zwischen welchen die österreichisch-deutschen Provinzen die Verbindungsbrücke zu bilden und von Frankfurt für dieselben einige Ausnahmekonzessionen zuzugestehen wären.«

9 Ebenda, S. 203.

10 Zit. bei Wandruszka, Großdeutsche und Kleindeutsche Ideologie, S. 129.

11 Vgl. Wolfgang J. Mommsen, Österreich-Ungarn aus der Sicht des deutschen Kaiserreiches, in: Helmut Rumpler (Hrsg.), Innere Staatsbildung und gesellschaftliche Modernisierung in Österreich und Deutschland 1867/71–1914, Wien/München 1991, S. 205–220.

12 Vgl. ebenda.

13 Nachweis ebenda, S. 213 f.

14 Vgl. Roger Bauer, Österreichische Literatur oder Literatur aus Österreich?, in: Robert A. Kann – Friedrich Prinz (Hgg.), Deutschland und Österreich. Ein bilaterales Geschichtsbuch, München 1980, S. 264–287 sowie Renate Wagner-Rieger, Deutschland und Österreich. Bildende Kunst, ebenda S. 288–321; ferner Rüdiger vom Bruch, Wissenschaft, Politik und öffentliche Meinung. Gelehrtenpolitik im Wilhelminischen Deutschland 1890–1914, Husum 1980.

15 Karl Lamprecht, Deutsche Geschichte, Bd. 11/2, Berlin 1908, S. 705.

16 Ebenda, S. 703 f.

17 Max Weber, Bd. 1/16: Zur Neuordnung Deutschlands. Schriften und Reden 1918–1920, hrsg. von W. J. Mommsen, Tübingen 1988, S. 99.

18 Mommsen, Österreich-Ungarn, S. 217.

19 Walther Rathenau, Gesammelte Schriften in fünf Bänden, Bd. 1, Berlin 1918, S. 276–278.

20 Schreiben an Delbrück vom 12. 2. 1914, zit. bei Reinhard Opitz, Europastrategien des deutschen Kapitals 1900–1945, Köln 1977, S. 208 f.

21 Meyer, Mitteleuropa in German Thought and Action, S. 17 ff.

22 Das Programm ist abgedruckt bei Wolfgang J. Mommsen, Imperialismus.

Seine geistigen, politischen und wirtschaftlichen Grundlagen, Hamburg 1977, S. 233 f.

23 Vgl. Wolfgang J. Mommsen, Die Regierung Bethmann Hollweg und die öffentliche Meinung 1914–1917, in: Vierteljahrshefte für Zeitgeschichte 17 (1969), S. 117–159, hier S. 125 f. Vgl. Wilhelm Deist, Militär und Innenpolitik im Weltkrieg 1914–1918, Teil 1 (= Quellen zur Geschichte des Parlamentarismus und der politischen Parteien, 2. Reihe, Bd. I/1, Düsseldorf 1970).

24 Das Riezler-Tagebuch verzeichnet unter dem 19. 8. 1914: »Abends langes Gespräch über Polen und die Möglichkeit einer loseren Angliederung von anderen Staaten an das Reich – mitteleuropäisches System von Differentialzöllen. Groß-Deutschland mit Belgien, Holland, Polen als engen, Österreich als weiten Schutzstaaten.« Kurz Riezler, Tagebücher, Aufsätze und Dokumente, eingel. und hg. v. Karl-Dietrich Erdmann (= Deutsche Geschichtsquellen des 19. und 20. Jahrhunderts, Göttingen 1972) S. 198, Nr. 550.

25 Ebenda, S. 268, Nr. 604.

26 Ebenda, S. 269, Nr. 604.

27 Vgl. die Lageeinschätzung Falkenhayns vom 8. 9. 1915, bei André Scherer, Jacques Grunewald, L'Allemagne et les problèmes de la paix pendant la première guerre mondiale 1, Paris 1962/66, S. 172 f.

28 Brief Treutlers an Auswärtiges Amt vom 30. 8. 1915, ebenda S. 163 f.

29 Brief Bethmann Hollwegs an Falkenhayn vom 5. 9. 1915, ebenda S. 168 f.

30 Vgl. Brief Bethmann Hollwegs an Falkenhayn vom 16. 9. 1915, ebenda S. 180 f.

31 Nach Bethmann Hollwegs Formulierung, ebenda.

32 Die konstituierende Sitzung des »Arbeitsausschusses Mitteleuropa« fand am 22. 2. 1916 in Berlin statt. Vgl. Max Weber-Gesamtausgabe 1/16, S. 126.

33 Vgl. Die wirtschaftliche Annäherung zwischen dem Deutschen Reiche und seinen Verbündeten, hg. im Auftrag des Vereins für Socialpolitik von Heinrich Herkner, 1. Teil = Band Schriften des Vereins für Socialpolitik, S. 155, München 1916, V.

34 Siehe die vorhergehende Anmerkung.

35 Die wirtschaftliche Annäherung zwischen dem Deutschen Reiche und seinen Verbündeten, 3. Teil, Aussprache in der Sitzung vom 6. 4. 1916. Vgl. auch Max Weber-Gesamtausgabe Band 1/15, S. 134 ff.

36 Max Weber-Gesamtausgabe 1/15, S. 149.

37 Friedrich Naumann, Werke, hrsg. im Auftrag der Friedrich Naumann Stiftung 1964–69, Bd. 4: Schriften zum Parteiwesen und zum Mitteleuropaproblem, bearb. von Thomas Nipperdey und Wolfgang Scheder, Köln-Opladen 1964, S. 385.

38 Zur Vorgeschichte der Zeitschrift »Das Größere Deutschland«, die dann in die Zeitschrift »Deutsche Politik« überführt wurde, siehe Walter Mock, Paul Rohrbach und das »Größere Deutschland«. Ethischer Imperialismus im wilhelminischen Zeitalter, München 1972, S. 171 ff. Leider bricht die Darstellung Mogks bereits 1914 ab.

39 Deutsche Politik. Wochenschrift für Deutsche Welt- und Kulturpolitik 1, 1916, S. 16. Juni 1916. Zit. bei Opitz, Europastrategien des deutschen Kapitals S. 367.

40 Das Größere Mitteleuropa. Schriften der »Deutschen Politik«, Weimar 1916.

41 Deutsche Politik 1, 1916, S. 1605.

42 Der Krieg und die amerikanische Politik, in: Deutsche Politik 1, 1916, S. 493 f.

43 Österreich-Ungarn, der Waffengefährte Deutschlands, Berlin 1917, in: Naumann, Werke 2, S. 868.

44 Ebenda, S. 869.

45 Ebenda, S. 870.

46 Siehe insbesondere Friedrich Naumann, Was wird aus Polen, in: Ders., Werke Band 2, S. 901 ff.

47 Eintragung vom 22. 11 1916, in: Riezler, Tagebücher, S. 382, Nr. 685.

48 Vorläufiger Abschied, Artikel vom 24. 12. 1918, in: Naumann, Werke Band 2, S. 975 f.

49 Andreas Hillgruber, Das Anschlussproblem (1918–1945) aus deutscher Sicht, in: Robert A. Kann, Friedrich Prinz (Hrsg.), Deutschland und Österreich. Ein bilaterales Geschichtsbuch, München 1980, S. 161–178, hier S. 164.

50 Vgl. György Konráds Rede auf der Buchmesse, Frankfurter Allgemeine Zeitung vom 14. 10. 1991, S. 12: Sondermeinungen eines Urlaubers.

Der »polnische Grenzstreifen«.
Anfänge der »völkischen Flurbereinigung«
und der Umsiedlungspolitik

Der Erste Weltkrieg wird neuerdings vielfach an den Anfang oder gar in die Reihe der totalitären Kriege des 19. und 20. Jahrhunderts gestellt. Jedoch war er in dieser Hinsicht ein Phänomen des Übergangs. Noch galten die herkömmlichen völkerrechtlichen Vorstellungen vom Kriege als einem Kriege der Staaten und Armeen, nicht der Völker. Dennoch stand der Erste Weltkrieg auf der Schwelle zu einem die Bevölkerung in ihrer Gesamtheit direkt oder indirekt in die Kampfhandlungen einbeziehenden Volkskrieg[1], übrigens zugleich auch zu einem Krieg der Kulturen, jedenfalls aus der Perspektive der intellektuellen Eliten.[2] Hier soll nur ein Aspekt des kriegerischen Geschehens in den Blick genommen werden, nämlich die Anfänge des »ethnic cleansing« bzw. der »völkischen Flurbereinigung« in der deutschen Kriegszielpolitik des Ersten Weltkrieges. Es ist allgemein bekannt, dass der Genozid an den Armeniern im Osmanischen Reich während des Ersten Weltkrieges der erste Fall eines ungemein brutalen »ethnic cleansing« gewesen ist, dem die verbündeten Mächte, und in gewisser Hinsicht auch die westlichen Alliierten, im Wesentlichen mit verschränkten Armen zugeschaut haben. Weniger bekannt ist, dass im Zusammenhang der deutschen Politik gegenüber Osteuropa und speziell gegenüber Polen während des Ersten Weltkrieges immer wieder konkrete Pläne mit dem Ziel der zwangsweisen Aus- bzw. Umsiedlung unerwünschter Bevölkerungsgruppen geschmiedet worden sind, auch wenn es nicht zu einer konkreten Umsetzung gekommen ist: hauptsächlich wegen der Niederlage der Mittelmächte, aber auch deshalb, weil die traditionelle bürokratische Herrschaftselite einer Ausführung immer wieder administrative und rechtliche Hürden in den Weg stellte.[3]

Während der Anfangsphase des Ersten Weltkrieges kam es zu einer sich stetig steigernden Akkumulation von aggressiven Kriegszielen mit einem ersten Höhepunkt im Mai 1915, ohne Rücksicht auf die tatsächliche Kriegslage.[4] Zielsetzung war: territoriale Annexionen in West und Ost, von Anbeginn mit einem Schwerpunkt auf Belgien. Bereits Anfang

September 1914 setzte eine Flutwelle von der Form nach vertraulich versandten Kriegszieldenkschriften ein, beginnend mit einer in enger Fühlungnahme mit Thyssen entstandenen Denkschrift von Matthias Erzberger sowie einer großen Denkschrift des Vorsitzenden des Alldeutschen Verbandes Heinrich Claß vom 18. September 1914. Diese in verdeckten Formen geführte Kriegszielagitation kulminierte in der Denkschrift der fünf Wirtschaftlichen Verbände vom März 1915, denen sich später auch der Bauernverband anschloss. Die Kriegszielagitation führte zu einer Eskalation der territorialen Annexionsforderungen unter anderen mit dem Argument, dass in West und Ost gleichermaßen territoriale Annexionen erforderlich seien, um das Gleichgewicht des agrarischen und des industriellen Sektors der deutschen Volkswirtschaft nicht zu gefährden.

Bekanntlich hat der Reichskanzler Bethmann Hollweg, nachdem anfängliche Versuche fehlgeschlagen waren, die Kriegszielagitation zu unterbinden, sich darum bemüht, die Flutwelle territorialer Annexionsbegierden abzulenken auf das Ziel der indirekten Herrschaft des Deutschen Reichs auf dem europäischen Kontinent vermittels der Gründung einer mitteleuropäischen Zoll- und Wirtschaftsgemeinschaft. Bethmann Hollweg und seine Mitarbeiter gingen dabei von der Überzeugung aus, dass eine weitere Vermehrung der nichtdeutschen Bevölkerungsgruppen durch territoriale Annexionen in Ost und West, wie sie von vielen Seiten gefordert wurden, die ethnische Homogenität des Deutschen Reiches noch stärker beeinträchtigen würde und daher höchst unerwünscht sei – man habe schon in Elsass-Lothringen und Preußisch-Polen genug davon. Die Strategie, vermittels des Mitteleuropaprojekts die Annexionswut der Denkschriftenverfasser zu beschwichtigen, schlug jedoch von Anbeginn fehl; dennoch wurde das Mitteleuropaprojekt auch in der Folge mit großer Zähigkeit weiterverfolgt.[5]

Die nationalpolitischen Einwände gegen direkte Annexionen wurden mit unterschiedlichen Strategien zu entkräften versucht. Die traditionelle konservative Argumentationslinie setzte auf die machtpolitischen Instrumente des Staates in zu annektierenden Territorien mit überwiegend fremdvölkischen Einwohnern. Die Vormacht der deutschen Bevölkerung könne mit geeigneten gesetzlichen Maßnahmen erreicht werden, gegebenenfalls durch Versagung des Bürgerrechts an die betreffenden fremdethnischen Gruppen oder auch durch die Manipulation der Repräsentationsrechte der Bevölkerung zugunsten einer kollaborierenden Minderheit. Die Begründung von Vasallenstaaten unter deutscher Oberhoheit – Belgien, Polen, späterhin Kurland, Lettland, Litauen evtl. sogar die Ukraine – galten als gegebenes Mittel zur Stabilisierung der deut-

schen Vormachtstellung in Europa auf unabsehbare Zeit. Der autoritäre
Staat, nicht die Nationalität, geschweige denn die subjektive Willens-
bekundung der indigenen Bevölkerung, sollte als alleiniger Maßstab gelten.

Der radikale Flügel der annexionistischen Bewegung, allen voran die Alldeutschen, setzte hingegen auf die Strategie der Eindeutschung bzw. der
Germanisierung der betroffenen Bevölkerungsgruppen, oder doch wenigstens von Teilen derselben, namentlich der Flamen in Belgien oder der
Polen in den zu annektierenden Gebieten Polens. Dort, wo diese keinerlei Aussicht auf Erfolg versprach, wurde stattdessen die Idee einer »ethnischen Flurbereinigung« vermittels der Umsiedlung der Bevölkerung
(oder doch großer Teile derselben) ventiliert und im Laufe des Krieges
immer nachdrücklicher propagiert. Vorschläge dieser Art finden sich in
krasser Form bereits in der Denkschrift von Heinrich Claß vom 18. September 1914. Dort wurde sogar vorgeschlagen, die von Frankreich abzu-
tretenden Territorien »ohne Bewohner« zu annektieren und es diesem zur
Auflage zu machen, die betroffenen Bevölkerungsgruppen in Frankreich
anzusiedeln und für ihre materiellen Verluste angemessen zu entschädigen. Diese »Politik der Ausräumung und Verpflanzung« fremdethnischer
Bevölkerungsgruppen »an eine andere Stelle ihres Vaterlands« sei, wie
Claß mit einem beträchtlichen Maß von Zynismus argumentierte, im Unterschied zu früheren Fällen der Vertreibung von Bevölkerungsgruppen
unter den heutigen Verhältnissen »mild, mit allem denkbaren Rechts-
schutz für die Betroffenen« durchführbar und stelle insofern keinesfalls
ein »Verbrechen gegen die Kultur« dar. Im Übrigen meinte er: »Die staatlichen Dinge sind keine Beschäftigung für Nervenschwache und Ge-
fühlsmenschen – sie sind ein hartes Geschäft, das so besorgt sein will,
dass das eigene Volk am besten fährt.«[6] Die Nationalitätenstreitereien
seien am besten durch die »Bildung möglichst reiner Nationalstaaten« zu
lösen. Der gegenwärtige Krieg biete sich dazu an, »einen ganz neuen Weg
einzuschlagen, den Weg friedlichen Austausches, vereinbarungsmäßiger
Hin- und Herüberschiebung der fremden bzw. der eigenen Stammesan-
gehörigen, um so dem Übel des Nationalitätenhaders endlich einmal an
die Wurzeln zu gehen«.[7]

Dies in einer Mischung von menschenfreundlicher Rhetorik und ma-
chiavellistischer Brutalität vorgetragene Rezept »einer Art ›völkischer
Flurbereinigung‹« wollte Claß insbesondere in Osteuropa angewendet
sehen, um eine großräumige Annexionspolitik zugunsten des Deutschen
Reiches zu ermöglichen. In diesem Zusammenhang tauchte dann zugleich auch das Programm einer Rücksiedlung der Russlanddeutschen

und ihrer Ansiedlung in neu zu annektierenden Gebieten im Osten auf. Schließlich fehlte auch nicht der Vorschlag, die »Juden in einen nationalen Judenstaat in Palästina zu schaffen«[8]. Claß gab damit das Stichwort für eine weiträumige Expansionspolitik in Ost und West, welche die ansonsten zu erwartenden lästigen nationalpolitischen Folgen der Annexion fremdethnischer Gebiete durch eine groß angelegte Politik der Um- bzw. Aussiedlung auszuschalten suchte. Claß war in diesen Dingen zweifellos ein Außenseiter, aber es ist nicht zu übersehen, dass Ideen vergleichbarer Art, wenn auch keineswegs in derart radikaler Form, vielerorts vertreten und an die politische Leitung herangetragen wurden.

Die Reichsleitung war ursprünglich darum bemüht, in der Frage der Kriegsziele freie Hand zu behalten und sich in keiner Weise auf konkrete Kriegsziele festlegen zu lassen. Deshalb hatte sie anfänglich versucht, die sogleich nach Kriegsausbruch aufflammende Kriegszielagitation zu dämpfen, wenn nicht gar so weit wie möglich zu unterbinden. Bethmann Hollweg und seine Berater waren ursprünglich darauf eingestellt, die bestehenden inneren Probleme nicht durch die Annexion von fremdethnischen Territorien zu vergrößern. Vielmehr setzten der Kanzler und seine Umgebung auf eine Politik indirekter Machterweiterung des Deutschen Reiches, mit dem Ziel, eine unanfechtbare Hegemonialstellung auf dem europäischen Kontinent zu erlangen, und zwar vornehmlich mit wirtschaftlichen Mitteln. Die Vormachtstellung der Mittelmächte auf dem europäischen Kontinent sollte durch die Begründung eines engen wirtschaftlichen und politischen Bündnisses des Kaiserreichs und der Donaumonarchie, als Kern eines künftigen Mitteleuropa, sichergestellt werden, mit dem Ziel, die kleineren Staaten, namentlich auch Belgien und Polen, nicht bloß durch Zwang, sondern auch aufgrund ihrer eigenen Interessen politisch, wirtschaftlich und militärisch an die Mittelmächte zu binden. Nur in begrenztem Umfang sollte dies gegebenenfalls durch maßvoll bemessene territoriale Annexionen ergänzt werden. Dies war auch der Grundgedanke des so genannten Septemberprogramms vom 9. September 1914, das der Kanzler für den Eventualfall eines baldigen französischen Friedensersuchens bei einem Gelingen des deutschen Feldzugsplans hatte aufstellen lassen.[9]

Es war in der Tat ungleich realistischer, die Hegemonialstellung des Deutschen Reiches auf dem europäischen Kontinent mit Hilfe einer Kombination von informellen Herrschaftstechniken herbeizuführen, als mit den Methoden plumper Gewalt und weitreichenden territorialen Annexionen, mit denen man sich die betroffenen Völker auf Dauer zu Feinden machen würde. Kurt Riezler, einer der Ideengeber in der Umgebung des Kanzlers, hat diese Konzeption in seinem Tagebuch folgendermaßen umschrieben: »Es giebt nur eine Rettung, die liegt in den Ver[einigten] Staaten von Mitteleuropa mit Polen getragen von den Arbeitermassen und einer übernationalen Bewegung – in der Überwindung all der kleinen Nationalismen. Da liegt die Zukunft – und dahin führt der Krieg von alleine die Ideen. Überall wird eine furchtbare Dämmerung des Nationalismus kommen aber der Deutsche allein ist imstande ihn zu ersetzen. Zurückbiegung der bismarckschen Politik in die Paulskirche und den pol[itischen] Geist des römischen Reichs deutscher Nation.«[10] An anderer Stelle skizzierte Riezler dieses Programm noch deutlicher: »... das deutsche Reich, das nach den Methoden des preußischen Territorialstaats allein in der Mitte Europas nicht Weltmacht werden« könne, müsse »in einen Imperialismus europäischer Gebärde« hineingeführt werden, um »den Continent von der Mitte aus (Oesterreich, Polen, Belgien) um unsere stille Führung zu gruppieren«.[11]

Dies war ein schillerndes Programm, aber dahinter stand der – bis zu einem gewissen Grade aufrichtige – Glaube an die Möglichkeit einer Verständigung mit den kleineren europäischen Nationen, denen das Schutzschild der Mittelmächte gegenüber dritten Mächten angetragen wurde, auf der Linie der Gewährleistung von Schutz gegenüber dritten Mächten, namentlich Russland und in zweiter Linie Großbritannien, sowie ökonomischer Zusammenarbeit in einem zu schaffenden großen kontinentaleuropäischen Wirtschaftsraum unter Einschluss des Balkans und womöglich des Nahen Ostens. Eine liberale Variante dieser Konzeption findet sich beispielsweise bei Friedrich Naumann[12] und – abgeschwächt – auch bei Max Weber.[13]

Zwischen diesen Positionen oszillierte die Kriegszielpolitik des Deutschen Reiches namentlich während der Regierungszeit des ersten Kriegskanzlers, aber auch späterhin unter Richard von Kühlmann und Georg Graf von Hertling, und schließlich auch unter Paul von Hintze, obschon das Spektrum der deutschen Ostpolitik sich nach Brest-Litowsk immer stärker nach rechts verlagerte, angesichts des zunehmenden Einflusses von Hindenburg und Ludendorff, die mehr und mehr rein machtpolitische Lösungen präferierten, zumal sie in wachsendem Maße in das Schlepptau extremistischer Tendenzen gerieten, nicht zuletzt unter dem Einfluss des politischen Adlatus der Obersten Heeresleitung Oberst Max Bauer, der völkischen Positionen nahe stand und dem man mit einigem Recht präfaschistische Tendenzen nachsagen kann.

Dies lässt sich festmachen vor allem in der polnischen Frage. Hier schwankte die amtliche Politik beständig zwischen einer Linie, welche die Polen für die Mittelmächte gewinnen und zum Juniorpartner einer expansiven Ostpolitik erheben wollte, und dem Gegenteil, der Herabdrückung Polens zu einem Vasallenstaat des Deutschen Reiches. Überdies hatte sich die politische Leitung von Anbeginn dem Druck der annexionistischen Strömungen nicht zu widersetzen vermocht. Dies gilt auch für die Forderung, für den Fall eines Sieges über das zarische Reich territoriale Annexionen östlich der bestehenden Reichsgrenze ins Auge zu fassen, den so genannten polnischen Grenzstreifen. Dabei spielte von vornherein der Vorschlag eine Rolle, durch die Aussiedlung eines Teils der polnischen Bevölkerung Raum für deutsche Siedler zu gewinnen, namentlich für zurückkehrende Russlanddeutsche.

Die Reichsleitung griff zu der auch sonst üblichen Strategie, die einschlägigen Ressorts mit dieser Frage zu befassen, ohne sich doch selbst die Hände zu binden, umso mehr, als auch Wilhelm II. für die Idee des »polnischen Grenzstreifens«, also idealiter eines Grenzwalls gegen die »slawische Flut«, gewonnen worden war. Die Reichskanzlei forderte gutachtliche Stellungnahmen bei dem Oberpräsidenten der Provinz Ostpreußen Adolf von Batocki, dem Präsidenten der preußischen Ansiedlungskommission Ganse, dem Leiter der Presseabteilung von Oberost General von Eisenhardt-Rothe sowie dem Regierungspräsidenten in Frankfurt/Oder Friedrich Wilhelm Ludwig von Schwerin, ebenso auch bei Erich Ludendorff als der Schlüsselfigur in Oberost an mit der Bitte, zur eventuellen Annexion eines polnischen Grenzstreifens Stellung zu nehmen, unter Prüfung der Frage einer eventuellen Umsiedlung der einheimischen polnischen Bevölkerung in den künftigen polnischen Staat.

Der Unterstaatssekretär Arnold Wahnschaffe machte freilich aus seiner Abneigung gegen weit reichende Annexionen, noch dazu wenn sie mit Aussiedlungsplänen verbunden waren, kein Hehl. Er schrieb an Schwerin einigermaßen sarkastisch: Während die Polen sich zurückhielten, »rühren sich jetzt die Alldeutschen und verteilen die Welt. Petersburg scheint nach ihrer Ansicht Sitz eines preußischen Regierungspräsidenten zu werden, die Marineakademie wird nach Toulon verlegt. Außer Belgien nehmen wir nach ihren Vorschlägen von Frankreich ein Stück, das durch eine Linie von Genf nach der Somme-Mündung abgeschnitten wird, Marokko, Senegambrien, [den] französischen Kongo, Jibuti, Madagaskar wird selbstverständlich übergeschluckt. Außerdem müssen Frankreich und Russland ihr Gebiet frei von Menschen liefern. Diese Gedanken werden allen Ernstes in einer großen Denkschrift vertreten.[14] Wenn sie nicht zur Ausführung kommen, so liegt es natürlich nur an der schlappen Zivilregierung ...«[15]

Die Antworten waren unterschiedlich. Batocki begrüßte den Gedanken eines polnischen Grenzstreifens, zumal dieser einen Schutzgürtel für Ostpreußen, das gerade eben eine russische Invasion hinter sich hatte, darstellte, äußerte sich aber in der Frage einer eventuellen Aussiedlung der polnischen Bevölkerung zurückhaltend. Der Gedanke der Umsiedlung sei zu begrüßen; insbesondere auch die Förderung der Auswanderung von Juden nach Palästina. Er nannte eine Zahl von ca. 500 000 Polen, die für eine Aussiedlung in Frage kämen. Jedoch müsse die »Umsiedlung auf dem Wege völliger Freiwilligkeit unter Vermeidung jeglicher Härte« erfolgen.[16] Ganse antwortete überhaupt nicht, obschon der Kanzler im Frühjahr 1915 nochmals eine Stellungnahme zu der Frage anmahnte, ob die politische Leitung bei eventuell von Russland zu erreichenden Landabtretungen »die Überlassung dieser Landstriche ohne Menschen anstreben solle«.[17] Hingegen plädierte der Regierungspräsident von Schwerin für umfangreiche Annexionen im Osten, verbunden mit dem Vorschlag der Aussiedlung großer Teile der einheimischen Bevölkerung, gefolgt von einem umfangreichen Programm der »inneren Kolonisation« nach dem Vorbild der Preußischen Ansiedlungskommission – man möge berücksichtigen, dass Schwerin seit 1912 Vorsitzender der »Gesellschaft für innere Kolonisation« war und sich für die Abfassung seiner Denkschriften überdies des Geschäftsführers der GIK, eines Dr. Keup, bediente.[18]

Über diese Frage wurden innerhalb der Ressorts auch in der Folge umfangreiche Erhebungen angestellt, doch trat die Frage der Aussiedlung von Polen und Juden aus dem Grenzstreifen zunehmend in den Hintergrund, obschon sie in der gleichzeitig geführten Kriegszielagitation der politischen Agitationsverbände und der wirtschaftlichen Interessenverbände einen wichtigen Einzelpunkt darstellte. In einem ganzen Konvolut von Denkschriften von Verbänden und Parteien, unter anderem der Denkschrift der sechs Wirtschaftlichen Verbände und die so genannte Intellektuelleneingabe, die im Juni 1915 über den Stellvertretenden Kommandierenden General des Rheinisch-Westfälischen Korpsbezirks Freiherr von Gayl dem Königlichen Zivilkabinett zugespielt wurden in der Absicht, die angeblich schlappe und abstinente Haltung des Reichskanzlers in den Kriegszielfragen durch Einschaltung des Kaisers auszuhebeln, spielte die Frage der territorialen Annexionen im Osten eine wesentliche Rolle.

In der Denkschrift Hugenbergs wurde gefordert, das künftige Kongresspolen durch einen deutsch zu besiedelnden Schutzgürtel – eine Art von ethnischer Militärgrenze – von den polnischen Provinzen Preußens zu

trennen. »Der Ostpreußen östlich, nördlich und südöstlich vorgelagerte [...] westliche Teil [dieses Schutzgürtels, d. Vf.]« sei »hervorragend geeignet, um durch ländliche Ansiedlung ein neues Ostdeutschland mit allen guten, harten und zähen Eigenschaften unserer östlichen Landbevölkerung zu werden«.[19] Demgemäß plädierte Hugenberg für groß angelegte Umsiedlungsmaßnahmen, genauer für eine »völkische Flurbereinigung« großen Stils, um einen rein deutsch zu besiedelnden »Schutzstreifen« im Osten zu schaffen: »Es gibt nur ein Doppeltes: entweder wir dehnen unsere Rasse bei dieser Gelegenheit kraftvoll [...] gegen den slawischen Osten hin aus [...] Oder die Unterspülung des deutschen Ostens durch polnische Arbeiter [...] geht weiter und wird nach dem Kriege schlimmer denn je.« Hier also findet sich ein radikales Programm des »ethnic cleansing«, für das Hugenberg auch die Unterstützung von Thyssen beanspruchen durfte. Die sozialpolitische Pointe fehlte ebenfalls nicht: »Versäumen wir diese Gelegenheit, so werden wir ein ungesundes, einseitig industrielles Volk werden, in dem die Masseninstinkte alles beherrschen, das keine nationale Volksvermehrung mehr besitzt, das rassisch zurückgeht und dessen Wehrkraft sinkt.«[20]
In der Denkschrift Schuhmacher wurde gleichermaßen im Osten Raum für eine »großzügige Besiedelung mit deutschen Kolonisten« gefordert, um »aus unserem Bevölkerungsüberschuss ein möglichst starkes Germanenbollwerk« zu schaffen, während die einheimische Bevölkerung möglichst in den Grenzgebieten zusammengedrängt werden müsse. Die Forderung nach neuem Siedlungsland im Osten war im Übrigen ein konstantes Element der großen Mehrzahl dieser Eingaben, mit dem immer wieder variierten Argument, dass die »Gewinnung von ausreichendem landwirtschaftlichen Siedlungsland im Osten« unerlässlich sei, um »in diesem Kriege das als so notwendig erkannte glückliche Gleichgewicht unserer inneren Volkswirtschaft aufrecht zu erhalten und die aus einer starken Landwirtschaft fließenden Quellen unserer nationalen Volkskraft uns weiter zu sichern.«[21]
Auch die »Intellektueleneingabe« plädierte für einen starken, deutsch zu besiedelnden »Grenzwall« gegen die »unmerkliche, im Frieden vordringende Slavisierung wie gegen gewaltsame, kriegerische Bedrohung«.[22]
Auf die Frage der Schaffung eines »breiten, von Deutschen bewohnten Streifen Landes« östlich der Provinzen Posen und Westpreußen ging eine Denkschrift von Bernhard Wegener über »Die Ostgrenze« näher ein.[23]
Sie plädierte für einen »reinlichen Austausch der grundbesitzenden Bevölkerung« in diesem Grenzstreifen sowie die Aussiedlung der Polen in weiter östlich gelegene Gebiete, die zuvor von Weißrussen (!) frei ge-

macht werden müssten. Den Polen in Posen und Westpreußen sollte es freigestellt werden, ebenfalls nach Osten überzusiedeln; im Falle der Ablehnung müssten sie dann alle Sonderansprüche für die polnische Volksgruppe aufgeben und ihrer rückhaltlosen Eingliederung in den preußischen Staatsverband keinen Widerstand leisten. In einer Ergänzung zu dieser Denkschrift[24] durch einen uns nicht bekannten Verfasser wurde dann ein konkreter Weg skizziert, wie dies zu bewerkstelligen sei, durch die Enteignung alles privaten Grundbesitzes: »Es liegt im Sinne des Friedens und der Zusammenarbeit der beiden Völker, dass in dieser Beziehung gründliche Arbeit getan und bei der Neuordnung der Dinge die völkische Gemengelage durch Austausch von Land und Leuten beseitigt und geschlossene Sprach- und Rassengebiete geschaffen werden – also eine Art völkischer Flurbereinigung.« Dieses nur oberflächlich durch kollektive rechtliche Vereinbarungen, nämlich »eines Einverständnisses zwischen beiden Völkern«, abgesicherte und als Mittel zur Förderung des Völkerfriedens im Osten angepriesene Programm sollte zugleich die Bahn frei machen für die endgültige Assimilierung der zurückbleibenden polnischen Bevölkerung in Posen und Westpreußen mit staatlichen Zwangsmitteln.

Vor dem Hintergrund dieser von breiten Kreisen getragenen Agitation für eine deutsche Siedlungspolitik großen Stils im Osten zwecks Schaffung einer Art von deutscher »Militärgrenze« jenseits der Provinzen Posen und Westpreußen, verbunden mit der Ansiedlung deutscher Bauern und der mehr oder minder radikalen Aussiedlung der polnischen Bevölkerung, stellen sich die gleichzeitigen Planungen und Maßnahmen der Reichsleitung als vergleichsweise maßvoll dar. Dabei spielte freilich eine Rolle, dass sich die Koordinaten der deutschen Polenpolitik seit dem Sommer 1915 erheblich verändert hatten. Denn nach der Eroberung bzw. Rückeroberung großer Teile »Kongresspolens« und Galiziens stellte sich die Frage einer zukünftigen Gesamtlösung der polnischen Frage. Die politische Leitung entdeckte in der Schaffung eines der Habsburger Monarchie in Personalunion verbundenen polnischen Staates, der allerdings die polnischen Provinzen Preußens nicht einbeziehen sollte, einen Ausweg aus dem Dilemma der deutschen Polenpolitik, nämlich einerseits der Bestrebungen, Polen auf Dauer aus dem Herrschafts- und Einflussbereich des russischen Reiches herauszulösen und für eine Anlehnung an die Mittelmächte zu gewinnen, andererseits den Tendenzen, eine allmähliche Assimilierung des polnischen Volksteils in Posen und Westpreußen anzustreben. Diese so genannte austropolnische Lösung eröffnete zugleich die Aussicht, den rückläufigen Einfluss der Deutschen innerhalb des cislei-

thanischen Reichsteils der Donaumonarchie wieder zu stärken, was diese
Strategie aus der Sicht der deutschen politischen Führungselite, namentlich auch des Staatssekretärs des Äußeren Gottlieb von Jagow, zusätzlich
empfehlenswert machte.[25] Die Einbindung des bisherigen »Kongresspolen« als Juniorpartner in den Verband der Mittelmächte vertrug sich freilich nicht mit der gleichzeitigen Verfolgung weitreichender Annexionspläne im Osten und schon gar nicht mit Umsiedlungsaktionen großen
Umfangs, für die dann ja auch die Zustimmung des österreichischen
Bündnispartners erforderlich gewesen wäre. Insofern wurden die Planungen für einen mit deutschen Bauern zu besiedelnden polnischen
Grenzstreifen wieder etwas zurückgefahren, ohne indessen eingestellt zu
werden. Einstweilen einigten sich die beteiligten Ressorts darauf, vorderhand alle deutschen Siedler in den eventuell zu annektierenden Gebieten östlich der deutschen Grenze nach Möglichkeit fest zu halten.[26]
Dagegen war von einem Umsiedlungsprogramm großen Stils vorerst
nicht mehr die Rede.[27]
Letzteres wurde zwar keineswegs völlig aufgegeben, aber doch in den
Hintergrund gedrängt, wie sich auch aus einer Weisung Bethmann Hollwegs an von Schwerin vom 20. August 1915 ergibt, in der ein neuerliches
Gutachten »über die Besiedlung von bisher russischen, an Deutschland
angrenzenden Gebieten, deren Abtrennung von Russland infolge des
Krieges in Frage kommen kann«, erbeten wurde.[28] Hier figurierte die
Frage einer eventuellen »Aussiedlung« polnischer Grundbesitzer zur Beschaffung von Siedlungsland ganz am Rande. Als dann die betreffende
Denkschrift Schwerins schließlich im Januar 1916 die Reichskanzlei erreichte, fand sie bei Wahnschaffe und Riezler keine sonderlich positive
Aufnahme.
Riezler votierte, dass die »Schwerinsche Denkschrift über neues Siedlungsland im Osten« seines Erachtens »viele Übertreibungen und politische Unmöglichkeiten« enthalte. Es sei höchstens die Abtretung der drei
westlichen Kreise Sokolka, Bielsk und Bialystok erreichbar. Riezler referierte, dass Schwerin die Hauptsiedlungsfläche »in einer von Polen abzutrennenden Provinz Südpreußen westlich der Narew- und Warthelinie
erhalten« wolle: »Den größten Teil dieser Provinz will er durch Aussiedlung der Polen frei machen, die er in dem zu dem neuen polnischen Staat
zu schlagenden Gouvernement Grodno aussiedeln will. Dieses Gouvernement soll wiederum durch Verpflanzung der weißrussischen Bevölkerung, die Russland zu leisten hätte, frei gemacht werden«. Dies sei undurchführbar. Riezler legte den Finger auf den entscheidenden Punkt,
nämlich die Unvereinbarkeit eines solchen Programms mit den allge-

meinen Zielen der deutschen Polenpolitik, die auf eine Heranziehung der Polen als Juniorpartner des Kampfes gegen Russland abzielten. Dieser Plan sei undurchführbar. »Eine Aussiedlung von Polen in diesem Umfange« werde sich »mit einer Politik, die Polen von Russland lösen, also für die Westmächte [sic!: gemeint sind die Mittelmächte] gewinnen will, auf keine Weise vereinigen lassen«.[29] Vor allem müsse von »allen undurchführbaren Methoden allzu gewaltsamer Gewinnung von Land abgesehen werden«. Insgesamt komme demnach eine Zwangsaussiedlung von Polen nicht in Betracht. Als Rest dieses grandiosen Plans blieb die Abwanderung eines Teils des polnischen Groß- und Kleingrundbesitzes aus dem Gouvernement Suwalki in das neue Polen durch Austausch von Land.

Auch bei Riezler findet sich keine direkte Ablehnung der Umsiedlungspläne, aber von zwangsweiser Umsiedlung war hier nicht mehr die Rede. Der Unterstaatssekretär im Reichskanzleramt Wahnschaffe dachte ähnlich.[30] Demnach kann man nicht davon ausgehen, dass sich die politische Leitung die Vorschläge Schwerins zu Eigen gemacht und diesen als ihren Agenten in dieser Frage betrachtet habe.[31] Im Gegenteil, sie befasste zwar alle zuständigen Ressorts und sammelte Material und Stellungnahmen, aber sie wahrte sich freie Hand und vermied ihrerseits jede definitive Stellungnahme.[32] Im Übrigen signalisierte sie den Ressorts wiederholt ihre Skepsis hinsichtlich der Möglichkeit größerer Aussiedlungsmaßnahmen.

Einstweilen trat die Frage des polnischen Grenzstreifens im Zusammenhang der Verhandlungen über eine austropolnische Lösung in den Hintergrund. Das Ziel, die Polen Kongresspolens und Galiziens auf dem Umweg über eine Integration in die Donaumonarchie als selbständiger Reichsteil unter einem österreichischen Erzherzog fest an die Mittelmächte zu binden, vertrug sich nicht eben mit gleichzeitigen Bestrebungen auf Annexion eines »polnischen ›Grenzstreifens‹«. Im Übrigen hatte dieses Konzept zur Voraussetzung, dass Österreich-Ungarn auf Dauer eng mit dem Deutschen Reich verbündet sein würde. Dafür bot sich die Schaffung eines Mitteleuropäischen Zoll- und Wirtschaftsbündnisses mit der Donaumonarchie und dann auch anderen Anrainerstaaten an, die die Reichsleitung aus allgemein politischen Gründen ohnehin favorisierte. Sobald jedoch in der Öffentlichkeit und bei Oberost bekannt wurde, dass ganz Kongresspolen der verbündeten Donaumonarchie überlassen werden solle, wurden vor allem in den Kreisen der Rechten und besonders bei Oberost leidenschaftliche Proteste dagegen erhoben, dass Polen – genauer: Kongresspolen – an die angeblich politisch wie militärisch schwächliche Donaumonarchie gegeben werden solle und damit die östlichen Reichsgrenzen gegebenenfalls schutzlos einem russischen Angriff ausgesetzt sein würden. Außerdem türmten sich gegen eine baldige Realisierung der Zollunion mit Österreich-Ungarn bald unüberwindliche Widerstände auf, und so wurde zunächst nichts daraus. Im Gegenteil, mit dem weiteren Fortgang des Krieges entschloss sich die politische Leitung, vor allem auf Drängen der 3. Obersten Heeresleitung, am 5. November 1916 zur Proklamation eines der Form nach unabhängigen polnischen Staates, verbunden mit der Einsetzung einer polnischen Schattenregierung, des so genannten Staatsrats, vornehmlich mit dem Ziel, nunmehr zügig eine polnische Armee aufzubauen, welche eine Entlastung für die überstrapazierten deutschen Heeresreserven bringen sollte. Nunmehr setzte eine Phase der deutschen Polenpolitik ein, in der immerhin einige Anstrengungen unternommen wurden, um die Loyalität der Polen gegenüber Deutschland durch die Gewährung eines gewissen Maßes von Autonomie zu gewinnen. Jedoch wurden die Pläne, gleichwohl einen polnischen Grenzstreifen von beträchtlichem, freilich variierenden Umfang zu annektieren, keineswegs völlig aufgegeben, sondern weiterhin beharrlich verfolgt, obschon dies zu Konflikten nicht nur mit dem neu installierten, anfangs wohlwollend gesonnenen polnischen Staatsrat, sondern auch mit den Österreichern führte.

Die treibende Kraft waren dabei Hindenburg und Ludendorff, deren Votum, nachdem sie im April 1916 in die Oberste Heeresleitung berufen worden waren, naturgemäß erheblich an Gewicht gewonnen hatte. Von der 3. Obersten Heeresleitung wurden in erster Linie strategische Gesichtspunkte ins Feld geführt; doch waren diese von Anbeginn mit völkischen Argumenten verknüpft. Der Kerngedanke der Argumentation Ludendorffs war, und wurde immer mehr, dass man nicht allein einen breiten Streifen polnischen Landes annektieren, sondern gleichsam eine Art »völkischer Militärgrenze« im Osten schaffen müsse, durch die die preußischen Polen von ihren Nationsgenossen in Kongresspolen abgeschnürt würden. Dann würden diese langfristig endgültig der Germanisierung anheim fallen. Zu diesem Zweck sollten die in dieser Region lebenden deutschen Bauern tunlichst von jeglicher Abwanderung abgehalten werden. Außerdem sollten dafür ansiedlungswillige Bauern aus dem Reich gewonnen werden, und schließlich entdeckte man in den abwanderungswilligen Russlanddeutschen ein reiches Menschenreservoir für die Eindeutschung des künftigen »Grenzstreifens«.

Die deutsche Bürokratie tastete sich nur langsam an die Frage heran, auf welche Weise dies gegebenenfalls realisiert werden könne, und zunächst diente dabei die preußisch-deutsche Ansiedlungsgesetzgebung als Vorbild, etwa mit dem Vorschlag der Aufsiedelung polnischer bzw. russischen Krongüter. Kritischer war die umgekehrte Frage, wie man die »Aussiedlung« bzw. Vertreibung der polnischen Bevölkerung, zumindest aber ihrer Oberschicht und der oberen Mittelschicht der Bauern werde bewerkstelligen können. Gegen gewaltsame Umsiedlungsaktionen wurden zahlreiche rechtliche und politische und nicht zuletzt völkerrechtliche Bedenken erhoben. Für die zivile Reichsleitung stand im Prinzip fest, dass »an eine zwangsweise Aussiedlung von Polen, etwa im Wege der Enteignung«, bei Lage der Dinge nicht gedacht werden könne. Damit aber wurde das ganze Projekt, aus nationalpolitischer Perspektive gesehen, fragwürdig. Auf einer Besprechung in Bad Kreuznach am 21. April 1917 über die Vorbereitung eines eventuellen Friedensvertrages mit Russland war man sich innerhalb der politischen Leitung einig, dass man, »wenn möglich, gute Nachbarschaft mit Russland« anstreben müsse. Georg Graf Hertling erklärte, man dürfe »kein neues Elsass-Lothringen im Osten schaffen«.[33] Demnach wollte man allenfalls »das militärisch Notwendige« an Annexionen ins Auge fassen, wie Karl Helfferich zusammenfassend bemerkte.[34] Aber man vermied es durchweg, den Forderungen der 3. Obersten Heeresleitung frontal entgegenzutreten. General von Beseler, der Generalgouverneur von Warschau, der an und für sich eine aufrichtige Erfüllung der Zugeständnisse an den neuen polnischen Staat anstrebte, hatte anfänglich den Plan einer Begründung eines deutsch zu besiedelnden polnischen Grenzstreifens unterstützt, übrigens verbunden mit dem Vorschlag, die Polen dann durch Gebietserwerbungen in Weißrussland zu entschädigen, vielleicht um auf diese Weise der 3. Obersten Heeresleitung ein höheres Maß an Selbständigkeit für den neuen polnischen Staat schmackhafter zu machen. Späterhin aber wurde er zu einem entschiedenen Gegner des Projekts eines »polnischen Grenzstreifens«, das jegliche vertrauensvolle Zusammenarbeit mit dem polnischen Staatsrat in Frage stellen musste.[35]

Als sich im Herbst 1917 angesichts der Doppelbödigkeit der deutschen und österreichischen Polenpolitik die Erwartungen hinsichtlich einer polnischen Armee nicht erfüllten und sich überdies die inneren Verhältnisse in Österreich-Ungarn so verschlechterten, dass Maßnahmen notwendig schienen, um dieses weiterhin im Kriege zu halten und an den deutschen Bundesgenossen zu binden, wurde die austropolnische Lösung, als die beste aller schlechten Möglichkeiten zur Lösung der polnischen Frage, erneut ausgegraben. Nun verfiel die 3. Oberste Heeresleitung auf die Idee, den Österreichern als Kompensation für den Verzicht auf die Herrschaft über ganz Kongresspolen nicht nur die Zustimmung zur Annexion eines vergleichsweise großzügig bemessenen polnischen Grenzstreifens abzupressen, sondern ihnen auch den schwarzen Peter zuzuschieben, nämlich die Bevölkerung, zumindest aber die Juden, aus den fraglichen Gebieten auszusiedeln.[36]

Dieses Ziel wurde von der 3. Obersten Heeresleitung weiterhin unerbittlich verfolgt, ungeachtet einer vorsichtigen Abmahnung Wilhelms II., die Feldherrn möchten diese Angelegenheit dem Reichskanzler überlassen und sich doch auf die eigentliche Kriegführung konzentrieren. In einer Denkschrift vom 5. Juli 1918 an den Reichskanzler verlangte Ludendorff die Schaffung eines deutsch beherrschten polnischen Grenzstreifens als Teil einer mit Österreich-Ungarn zu vereinbarenden Lösung der polnischen Frage.[37] Allerdings verzichtete er nun auf weitgespannte »Umsiedlungsmaßnahmen«, offensichtlich unter dem Einfluss der seitens der Zivilbehörden vorgetragenen Bedenken. Er konzedierte jetzt, dass es dafür genüge, nur den polnischen Großgrundbesitz und einen Teil des polnischen Mittelbesitzes auszusiedeln.[38] Jedoch verlangte er die sofortige Räumung von ca. 8000 km^2 von polnischer Bevölkerung, also immerhin eines reichlichen Drittels der Gesamtfläche des in Aussicht genommenen »Grenzstreifens«, sowie die Ansiedlung von Russlanddeutschen in der Größenordnung von bis zu 300 000 Familien. Ludendorff sah, im Gegensatz zu den Vertretern der zuständigen Minister und des Reichskanzlers, in diesen Maßnahmen keine »willkürliche, unberechtigte Härte«, sondern ein selbstverständliches Recht der Staatsgewalt.[39] Doch wurden diese Pläne allein schon wegen der hinhaltenden Strategie der Zivilbehörden, aber auch der Entwicklung des Verhältnisses zwischen den Mittelmächten, weithin hinfällig. Die rapide Verschlechterung der Lage der Mittelmächte kam hinzu. Nunmehr fand Ludendorff in der Reichsleitung für seine Politik keine Gefolgschaft mehr; hier schwenkte man wieder auf die ältere Strategie um, die darauf abgezielt hatte, ein autonomes Polen in enger Anlehnung an die Mittelmächte zu schaffen, eine freilich zu diesem Zeitpunkt gleichermaßen utopische Vorstellung. Der sich abzeichnende Zusammenbruch der Mittelmächte begrub dann die diesbezüglichen Bestrebungen endgültig.

Auf kurze Frist gesehen, blieb von den umfangreichen Planungen für eine radikale Umgestaltung Osteuropas, einschließlich einer Ostverschiebung Kongresspolens, und der Abschnürung der Polen in Posen und Westpreußen von ihren Brüdern in Kongresspolen und Galizien nur wenig übrig. Es ist zwar davon auszugehen, dass die »zivile« Reichsleitung und die preußische Beamtenschaft zum überwiegenden Teil der Idee einer zwangsweisen Umsiedlung von Polen und polnischen Juden aus dem so genannten polnischen Grenzstreifen mit erheblichen Reserven gegenüberstand. Die radikaleren Varianten einer umfassenden »völkischen Flurbereinigung«, wie sie in der gleichzeitigen Kriegszielbewegung propagiert worden waren und welche sich die 3. Oberste Heeresleitung unter Hindenburg und Ludendorff, vermutlich nicht zuletzt unter dem Einfluss von Oberst Bauer, weitgehend zu Eigen gemacht hatte, lehnte sie durchweg als undurchführbar ab. Allerdings fehlte es nicht an Stimmen, die in einer »Evakuierung« zumindest eines Teils der polnischen Bevölkerung einen gangbaren Weg sahen, um für eine groß angelegte deutsche Siedlungspolitik im Osten die Bahn frei zu machen, wie der Oberregierungsrat Conze (der Onkel von Werner Conze) im preußischen Staatsministerium[40] oder der Regierungspräsident in Frankfurt/Oder von Schwerin. Eine entschiedene Ablehnung der »Aussiedlungspläne« aus humanitären oder völkerrechtlichen Gründen seitens der verantwortlichen Politiker und Beamten sucht man, von wenigen Ausnahmen abgesehen, freilich vergeblich.

Die Grundidee, nämlich die deutsche Vormachtstellung im Osten gegebenenfalls auch durch das Mittel der »ethnischen Flurbereinigung« bzw. des »ethnic cleansing« zu stabilisieren und womöglich weiter auszubauen, lebte auch in der Weimarer Zeit fort. Sie wurde zu einem Bestandteil des radikalen völkischen Programms der nun aus dem Boden schießenden nationalistischen Verbände und Parteien der extremen Rechten, die das Erbe der Ideologen des Alldeutschen Verbandes antraten. Insoweit hat die Agitation für die »Aussiedlung« der Polen und insbesondere der Juden, im letzteren Falle nicht selten unter Bezugnahme auf den Zionismus, der Politik des Nationalsozialismus die Wege bereitet. Auch die Rahmenbedingungen blieben die gleichen, nämlich die vermutete Notwendigkeit der Ansiedlung großer Zahlen von zurückkehrenden Russlanddeutschen innerhalb der Grenzen des Reiches.[41]

Wichtiger und einflussreicher war die Kontinuität der älteren staatsorientierten Nationalitätenpolitik, die auf die hoheitliche Macht eines nicht der Zustimmung einer Mehrheit der Bevölkerung bedürftigen Staates setzte, um auf diese Weise die Vormachtstellung der Deutschen in Polen und im übrigen Ostmitteleuropa zu stabilisieren und womöglich weiter auszubauen. Diese konservative Variante trat im Gegensatz zu den in den Pariser Vorortverträgen gefundenen Lösungen, die auf der Anwendung des Prinzips der nationalen Selbstbestimmung beruhten, für die Wiederherstellung einer übernationalen, obrigkeitlichen Ordnung in Ostmitteleuropa ein, welche die überkommene Vormachtstellung des preußisch-deutschen Staates und mit ihr der Deutschen in dieser Region auf Dauer sicherstellen sollte. In den Kreisen der überwiegend konservativ eingestellten Intellektuellen wurden diese Ideen weiterentwickelt, nun aber unter Aufnahme völkischer Argumente, einschließlich der Idee der teilweisen Umsiedlung der indigenen Bevölkerung, um auf diese Weise stabile Inseln deutschen »Volkstums« in Osteuropa zu schaffen, welche einer ansonsten übernationalen, aber deutsch geprägten Herrschaftsordnung als Grundlage dienen sollten.

Der Einsatz eines großen Teils der deutschen Historikerschaft in den 20er und 30er Jahren gegen die Anwendung des Prinzips des Selbstbestimmungsrechts auf Osteuropa, zu denen Albert Brackmann, Hans Rothfels, Hermann Aubin und unter der jüngeren Generation Theodor Oberländer, Theodor Schieder und Werner Conze gehörten, knüpfte in vieler Hinsicht an die Überlegungen während des Ersten Weltkrieges an.[42] Zwar stand hier die Idee der kulturellen Vorrangstellung der Deutschen in Osteuropa ganz im Vordergrund, aber spätestens seit 1933 flossen dann immer stärker auch ethnische und völkische Gesichtspunkte in ihre Überlegungen ein; insbesondere wurde die nationalsozialistische Politik der »Aussiedlung« und damit indirekt der Eliminierung der jüdischen Bevölkerung, die schon in den Planungen bezüglich des »polnischen Grenzstreifens« eine Rolle gespielt hatte, nicht nur unbedenklich als Gegebenheit hingenommen, sondern als willkommene Lösung der strukturellen Bevölkerungsprobleme in Polen betrachtet. In der so genannten Schieder-Denkschrift, genauer der »Aufzeichnung über Siedlungs- und Volkstumsfragen in den wiedergewonnenen Ostprovinzen« vom Anfang Oktober 1939 wurde nicht ganz zufällig die Rechtsfigur »einer Vereinbarung von Volk zu Volk« wieder aufgegriffen.[43]

Von »ethnic cleansing« im radikalen Sinne dieses Wortes war zwar bei diesen Historikern nirgends die Rede, aber fraglos wurden mit ihren Überlegungen und Planungen über eine Neuordnung des Ostens der nationalsozialistischen »Volkstumspolitik« die Wege gebahnt. Auch die Rahmenbedingungen waren vergleichbar, insbesondere das Problem der Aussiedlung deutsch-stämmiger Rückwanderer aus Russland, für die Siedlungsland gefunden werden sollte. Mit der jedes Maß überschreitenden Radikalisierung der deutschen Ostpolitik während der Zeit des Nationalsozialismus wurden die Chancen, die kulturelle Vormachtstellung der Deutschen in Osteuropa auch ohne hegemoniale Machtansprüche gegenüber den neuen Staaten Ostmitteleuropas zu erhalten, für immer verspielt.

Anmerkungen

1 Vgl. Manfred Boemeke (Hrsg.), Anticipating total war. The German and American experience 1871–1914, Cambridge 1999.

2 Vgl. Wolfgang J. Mommsen (Hrsg.), Kultur und Krieg. Die Rolle der Intellektuellen, Künstler und Schriftsteller im Ersten Weltkrieg, München 1996, S. 1 ff.; Ders., Bürgerliche Kultur und künstlerische Avantgarde. Kultur und Politik im deutschen Kaiserreich, Berlin 1994, S. 117 ff.

3 Die Untersuchung von Imanuel Geiß, Der polnische Grenzstreifen 1914–1918. Ein Beitrag zur deutschen Kriegszielpolitik im Ersten Weltkrieg, Lübeck 1960; ist für diese Thematik grundlegend. Jedoch verzeichnet sie den Sachverhalt, weil sie in dem Bestreben, der Reichsleitung und insbesondere dem Reichskanzler Theobald von Bethmann Hollweg die Initiierung und aktive Förderung des Projekts eines von polnischer und jüdischer Bevölkerung befreiten polnischen Grenzstreifens nachzuweisen, die Gegenstimmen herunterspielt, ja teilweise unterschlägt.

4 Einschlägig Fritz Fischer, Griff nach der Weltmacht. Die Kriegszielpolitik des kaiserlichen Deutschland, Düsseldorf 1967; Georges-Henri Soutou, L'or et le sang. Les buts de guerre économiques de la Première Guerre mondiale, Paris 1989; sowie die umfassende Dokumentation von André Scherer/Jacques Grunewald (Hrsg.), L'Allemagne et les problèmès de la Paix pendant la premiere guerre mondiale, 4 Bde., Paris 1962–1978.

5 Vgl. Andrej Mitrovic, Die Zenratralmächte, Mitteleuropa und der Balkan. Ideen und ihre Verwirklichung während des Weltkrieges 1914–1918, in: Richard G. Plaschka u. a. (Hrsg.), Mitteleuropa-Konzeptionen in der ersten Hälfte des 20. Jahrhunderts, Wien 1995, S. 39–62.

6 Heinrich Claß' Denkschrift betreffend die national-, wirtschafts- und sozialpolitischen Ziele des deutschen Volkes im gegenwärtigen Kriege, als Manuskript gedruckt, S. 30 f., hier zitiert nach dem Exemplar, in: GSTA PK, Rep. 89H, Königliches Geheimes Zivilkabinett, Militaria 11c.

7 Ebenda, S. 45.

8 Ebenda, S. 46.

9 Das Septemberprogramm bei Werner Basler, Deutschlands Annexionspolitik in Polen und im Baltikum 1914–1918, Berlin 1962, S. 381 ff.

10 Eintragung vom 22. 11. 1916, in: Kurt Riezler, Tagebücher, Aufsätze, Dokumente, eingeleitet und herausgegeben. von Karl Dietrich Erdmann, Göttingen 1972, S. 382.

11 Ebenda, S. 416.

12 Vgl. Peter Theiner, Sozialer Liberalismus und deutsche Weltpolitik. Friedrich Naumann im Wilhelminischen Deutschland (1860–1919), Baden-Baden 1983.

13 Vgl. W. J. Mommsen, Max Weber und die deutsche Politik, 1890–1920, Tübingen 1974², S. 229 ff.

14 Gemeint ist ganz offenbar die Denkschrift von Heinrich Claß vom 18. 9. 1914 (wie Anm. 6).

15 Brief Wahnschaffes an Eisenhardt-Rothe vom 28. 12. 1914, in: BA Berlin, Reichskanzlei 2442/10.

16 Denkschrift Batocki über die Ostgrenze, mit Beischreiben der Reichskanzlei mit Beischreiben vom 20. 12. 1914 übersandt, in: Ebenda.

17 Zit. bei Geiß, Der polnische Grenzstreifen, S. 88. Wieso Geiß daraus folgert, daß die Reichsleitung unter der persönlichen Verantwortung des Reichskanzlers Bethmann Hollweg der Urheber und Träger des Grenzstreifenprojektes gewesen sei, ist nicht ersichtlich. Vielmehr hat die Reichsleitung aus ihrer Skepsis hinsichtlich größerer Annexionen im Osten, insbesondere aber der Idee der Umsiedlung fremder Bevölkerungsgruppen, kein Hehl gemacht, jedoch diese vielerseits an sie herangetragene Frage vertraulich in den Behördengang gegeben, ohne sich festzulegen.

18 Ebenda, S. 81, Anmerkung 202.

19 Denkschrift vom 12. 3. 1915, in: GSTA PK, Königliches Zivilkabinett, Rep. 89 H XXVI, 11c.

20 Ebenda, Anlage 3.

21 Ebenda, Anlage 18.

22 Ebenda, Anlage 5, Bl. 69.

23 Ebenda, Anlage 15.

24 Ebenda, Anlage 16.

25 Vgl. Wolfgang J. Mommsen, Das Deutsche Reich und Österreich-Ungarn im Ersten Weltkrieg. Die Herabdrückung Österreich-Ungarns zum Vasallen der deutschen Politik, in: Helmut Rumpler (Hrsg.), Der »Zweibund« 1879. Das deutsch-österreichisch-ungarische Bündnis und die europäische Diplomatie, Wien 1996, S. 394 f.

26 Besprechung der Ressorts am 13. 7. 1915, bei Geiß, Der polnische Grenzstreifen, S. 150 f.

27 Vgl. die Denkschrift des Chefs der Zivilverwaltung im Gouvernement Warschau Wolfgang von Kries, »Über den dauernden Erwerb der jetzt in deutscher Verwaltung stehenden russisch-polnischen Gebiete links der Weichsel für Deutschland-Preußen« vom 19. 7. 1915, bei Geiß, Der polnische Grenzstreifen, S. 151 ff.

28 BA Berlin, Reichskanzlei 2447/4.

29 BA Berlin, Reichskanzlei 2447/4, Bl. 13–19.

30 Dies lässt sich aus dem Umstand erschließen, dass Wahnschaffe die Beteiligung Serings bei den weiteren Beratungen für nicht unzweckmäßig erachtete, weil dieser »in der Frage der ›Aussiedlung‹ maßvolle Ansichten« habe. Aktennotiz vom 17. 1. 1917, in: Ebenda.

31 So Geiß, unter Vernachlässigung der hier zitierten entgegenstehenden Belege, Der polnische Grenzstreifen, S. 86 f.

32 Es ist charakteristisch, dass der Kanzler über die Weitergabe der vertraulichen Denkschrift Schwerins an Oberost aufs Äußerste aufgebracht war.

33 BA Berlin, Reichskanzlei 2445, Bl. 39–41.

34 Ebenda, Bl. 41.

35 Zu Beseler vgl. Werner Conze, Polnische Nation und deutsche Politik im Ersten Weltkrieg, Köln 1958, S. 110 ff. und S. 179 ff.

36 Vgl. Scherer/Grunewald, L'Allemagne, Bd. 2, S. 495.

37 Denkschrift vom 5. 7. 1918. Abgedruckt bei Geiß, Der polnische Grenzstreifen, S. 170 ff.

38 Ebenda, S. 173.

39 Ebenda, S. 175.

40 Vgl. dessen Randbemerkung zu der Denkschrift des Präsidenten der preußischen Ansiedlungskommission von Kries vom 19. 7. 1915, in: Ebenda, S. 158.

41 Allerdings hat es darüber hinaus Bestrebungen gegeben, Rußlanddeutsche im Baltikum und in der Ukraine anzusiedeln. Vgl. Wilhelm Lenz, Deutsche Siedlungspläne im Baltikum während des Ersten Weltkrieges, in: Ortwin Pilc/Gertrud Pickhan (Hrsg.), Zwischen Lübeck und Novgorod. Wirtschaft, Politik und Kultur im Ostseeraum vom frühen Mittelalter bis ins 20. Jahrhundert. Festschrift für Norbert Angermann, Lüneburg 1996, S. 391–406; sowie Ihor Kamenetsky, German Colonization Plans in Ukraine during World Wars I and II, in: Hans-Joachim Torke/John-Paul Hinka (Hrsg.), German-Ukrainian Relations in Historical Perspective, Edmonton 1994, S. 95–109.

42 Siehe dazu Winfried Schulze/Otto Gerhard Oexle (Hrsg.), Deutsche Historiker im Nationalsozialismus, Frankfurt a. M. 2000², mit weiterführender Literatur.

43 Es heißt in der Denkschrift: »Wiedergutmachung [der Umsiedlungen nach 1918 als Folge des Friedensvertrages von Versailles, d. Vf.] von Volk zu Volk«. Siehe Wolfgang J. Mommsen, Vom »Volkstumskampf« zur nationalsozialistischen Vernichtungspolitik, in: Ebenda, S. 183–214, hier S. 200. Vgl. auch Götz Aly, Theodor Schieder, Werner Conze oder Die Vorstufen der physischen Vernichtung, der die in diesem Punkte von Brackmann modifizierte Fassung des endgültigen Textes mitteilt, in: ebenda, S. 159–182, hier S. 166.

Kriegsalltag und Kriegserlebnis im Ersten Weltkrieg

Die neuere Forschung ist sich einig, dass der Erste Weltkrieg, mehr noch als der ihm folgende Zweite Weltkrieg, ein epochales Ereignis war, weit über die unmittelbaren politischen und militärischen Folgen dieses vierjährigen Ringens, in das nach und nach eine immer größere Zahl von Nationen verwickelt wurden. Einerseits führte der Erste Weltkrieg zum Zusammenbruch der alteuropäischen Ordnung. Andererseits war er der Wurzelboden, auf dem dann sowohl der Marxismus-Leninismus, als auch – mit einiger Verzögerung – die verschiedenen Varianten des Faschismus und der Nationalsozialismus erwuchsen. Wenn frühere Generationen noch der Frage nachhingen, ob der Erste Weltkrieg in anderen Formen hätte geführt werden können, mit geringeren menschlichen Opfern und womöglich mit anderen politischen und militärischen Resultaten, steht heute die Frage nach den Auswirkungen des Ersten Weltkrieges auf die europäischen Gesellschaften im Vordergrund. Insofern ist die Untersuchung der militärischen Ereignisse, wie wichtig diese auch weiterhin ist, stärker in den Hintergrund getreten und hat gesamtgesellschaftlichen Betrachtungsweisen Platz gemacht. Kürzlich hat sich dieser Trend noch weiter zugespitzt in Richtung auf das Postulat einer »Kulturgeschichte« des Ersten Weltkrieges (Jay Winter)[1], genauer nach der Frage der subjektiven Erfahrungshorizonte der Beteiligten und den Bewusstseinslagen, welche ihr Handeln maßgeblich bestimmt haben. Gerd Krumeich hat darauf hingewiesen, dass es jüngst zu einer erneuten Aktualisierung des »Kriegserlebnisses« auf allen Ebenen, zu Hause wie im Felde, als eines neuen Forschungsparadigmas gekommen sei.[2] Daran schließt sich als weitere Thematik die Frage an, in welcher Weise die Erfahrungen des Ersten Weltkrieges an künftige Generationen weitergegeben worden sind und welche Folgen dies gehabt hat. Die Auswirkungen dieser Erfahrungen, die vielfach zu Mythen gesteigert wurden, auf die politische Mentalität der nachfolgenden Generationen sind bekanntlich groß gewesen. Nicht zufällig hat die jüngere Forschung die herkömmlichen Deutungen des »August 1914« als einer erneuten »nationalen Erhebung« – so damals

Friedrich Meinecke – radikal in Zweifel gezogen und stattdessen gleichsam die flächendeckende Analyse der mentalen Dispositionen der deutschen Gesellschaft in allen ihren Schichten und Gruppen eingefordert. Während der Streit der Meinungen bisher vor allem der Frage galt, ob nicht die Zustimmung der Sozialdemokraten zu den Kriegskrediten objektiv Verrat an den Interessen der Arbeiterklasse gewesen ist und ob und gegebenenfalls in welchem Umfang die industrielle Arbeiterschaft die deutschen Kriegsanstrengungen unterstützt hat, geht es heute um sehr viel mehr, nämlich um die Erforschung der Mentalität der breiten Schichten der deutschen Bevölkerung bei Kriegsausbruch und dann auch in den folgenden Monaten und Jahren.

Die anfängliche These lautete bekanntlich, dass der »Geist des August 1914« ein Mythos gewesen sei und bestenfalls für das städtische Bürgertum und die Bildungseliten in gewissen Grenzen Gültigkeit gehabt habe. Es ist freilich unbestreitbar, dass es im August 1914 tatsächlich eine Welle nationaler Begeisterung und punktuell auch nationaler Euphorie gegeben hat, wenn auch in aller Regel verbunden mit großer Sorge vor dem, was kommen sollte. Max Webers Ausspruch, »einerlei wie der Erfolg ist – dieser Krieg ist groß und wunderbar« war repräsentativer, als dies gemeinhin anerkannt wird, in seiner positiven, aber auch seiner skeptischen Akzentuierung dieses Geschehens. Im engeren Sinne war der »Geist des August 1914« unübersehbar eine Sache der bürgerlichen Mittelschichten und vor allem der Intellektuellen. Vor allem bei der ländlichen Bevölkerung löste die Nachricht vom Kriegsausbruch Schrecken und Irritation aus, zumal ihr mitten in der Ernte ein großer Teil der männlichen Arbeitskräfte entzogen wurde. Aber gleichwohl bestand allgemein und allerorten das Empfinden, dass man in der Stunde der Gefahr nationale Solidarität üben müsse. Nirgends kam der Gedanke an Verweigerung auf, und die wenigen entschiedenen Gegner des Krieges verstummten. In den ersten Kriegswochen bestimmte vielmehr nationale Begeisterung, in die sich freilich von vornherein Trennungsschmerz und Furcht vor den Ungewissheiten der Zukunft mischten, das Verhalten der großen Mehrheit der Soldaten. Die Abschiedsszenen auf den Bahnhöfen, von denen aus die einzelnen Truppenteile an die Front entsandt wurden, vermittelten den Eindruck nationaler Geschlossenheit und entschiedenen Siegeswillens. Die hier bekundete Solidarität mit den Soldaten war gewiss nicht überall gleich stark und so einheitlich, wie man lange angenommen hat, aber sie war unzweifelhaft echt, gerade weil sie mit Empfindungen der Sorge, Furcht und Trauer verbunden war.[3]

Es ist natürlich richtig, dass diese Eruption nationaler Empfindungen bei großen Teilen der deutschen Bevölkerung ohne die vorangegangene Manipulation der öffentlichen Meinung durch die politische Leitung nicht möglich gewesen wäre. Aber die Flut der Freiwilligenmeldungen, die dem Sog des Augenblicks entsprangen, und die spontane Selbstmobilisierung der Intellektuellen, welche die Rechtfertigung der deutschen Kriegspolitik zu ihrer eigenen Sache machten, weisen in die gleiche Richtung und schließlich auch die Akklamation der ausrückenden Truppen auf den Bahnhöfen durch die Bevölkerung, die freilich manche, wie der Dichter Richard Dehmel, sogleich nutzten, um sich zu populären Nationalhelden zu stilisieren. Ebenso wissen wir, dass zahlreiche Künstler danach drängten, so schnell wie möglich an die Front zu kommen, weil sie sich von dem Erlebnis des Kriegsgeschehens neue künstlerische Impulse erhofften. Max Beckmann sprach vom Ersten Weltkrieg als einer »wunderbaren Katastrophe«. Und Otto Dix meinte rückblickend: »Der Krieg war eine scheußliche Sache, aber trotzdem etwas Gewaltiges ... Alle Untiefen des Lebens muss ich selbst erleben; deswegen gehe ich in den Krieg, und deswegen habe ich mich auch freiwillig gemeldet.«[4]
Es sollte nicht verkannt werden, dass in den ersten Kriegswochen die jüngere Generation seitens der Medien, aber auch seitens ihrer engeren Umgebung, und nicht zuletzt seitens ihrer Lehrer und Mitschüler starkem psychischen Druck ausgesetzt war, sich freiwillig zu den Waffen zu melden. Dies ging gutenteils auf die latent militaristische Disposition der Wilhelminischen Gesellschaft zurück. Daneben spielten Abenteuerlust und unterschwellige Virilitätsriten nicht selten eine erhebliche, freilich schwer einschätzbare Rolle. Insgesamt war es nicht nur militärische Disziplin und Fügsamkeit gegenüber den militärischen und staatlichen Behörden, die sie dazu bewegte, sondern eine aufrichtige Bereitschaft, für die Nation, die man ungerecht angegriffen wähnte, notfalls auch mit dem eigenen Leben einzustehen. Dies gilt in besonderem Maße für die bürgerlichen Schichten und die Intellektuellen einschließlich der großen Mehrheit der Künstler und Schriftsteller, die ja, wenn sie schon nicht kriegstauglich waren, das Bedürfnis empfanden, die Kriegspolitik wenn nicht mit der Waffe, so doch mit der Feder beziehungsweise dem Pinsel zu unterstützen, aber durchaus auch für den so genannten gemeinen Mann. Was die Arbeiterschaft angeht, so herrschte hier eher eine nüchterne Einstellung vor. Laut einem Bericht des Berliner Polizeipräsidenten gingen die Berliner Arbeiter davon aus, dass man einen Job zu tun habe und ihn erledigen werde.
Was die Kriegsfreiwilligen angeht, so wurde deren ursprünglich spontanes Engagement freilich, wie sich an zahlreichen Beispielen belegen

ließe, bereits durch den vielfach seelenlosen Drill auf dem Kasernenhof erheblich abgeschwächt. Die überaus harte Grundausbildung zielte darauf ab, die Rekruten zu strenger militärischer Disziplin zu erziehen und ihnen gerade jegliche individuelle Spontaneität abzugewöhnen. Bei Lage der Dinge wurde ihre Bereitschaft, sich persönlich vorbehaltlos mit der deutschen Kriegführung zu identifizieren, dadurch erheblich beeinträchtigt. Immerhin bestärkte sie die Kriegsfreiwilligen zunächst in ihrem Bestreben, so bald wie möglich an die Front zu kommen.

Ein weiteres Moment waren die traditionellen krassen sozialen Gegensätze zwischen den Offizieren und den Mannschaften, welche mit der subjektiven Erfahrung eines klassenübergreifenden nationalen Aufbruchs nicht übereingingen. Der gegenüber dem Unteroffizierskorps und den Mannschaften prononciert herausgehobene soziale Status der Offiziere wurde im Stil der Zeit als notwendiges Attribut ihrer Autorität und ihrer nahezu uneingeschränkten Führungsgewalt angesehen. Beide, die Offiziere und die Mannschaften, bildeten eine unterschiedliche Mentalität aus, die allerdings während der späteren Kriegsjahre durch die zunehmende Zahl von Reserveoffizieren, die eine andere Grundeinstellung mitbrachten als die Berufsoffiziere, etwas gemildert wurde. Selbst hinter der Front kam es immer wieder zu krassen Fällen von Soldatenmisshandlungen, zumeist wegen vergleichsweise unbedeutender Verfehlungen, offensichtlich, weil die betreffenden Offiziere glaubten, nur schärfstes Durchgreifen gegen Unbotmäßigkeiten könne absolute Disziplin garantieren, wie sie bei militärischen Kampfeinsätzen unabdingbar sei.

Dies alles wurde durch die Fronterfahrung in den Schatten gestellt. Sie überschritt an Schrecklichkeit jede Vorstellung, die man sich zuvor davon gemacht hatte. »Man glaubt, nie wieder das Lachen erlernen zu können, nachdem man Derartiges durchgemacht hat. Schwermut, tiefe Schwermut«, schrieb einer der Kriegsfreiwilligen, die sich Anfang August 1914 begeistert zu den Fahnen gemeldet hatten, Ende Oktober 1914 aus Flandern nach Hause.[5] Was die Soldaten an nationaler Begeisterung aus der Heimat mitgebracht haben mochten, ging schon bald verloren; eine neue, ungleich nüchternere Einstellung gegenüber Krieg und Tod stellte sich ein, und dies umso stärker, je mehr die Kämpfe die Form des Stellungskrieges und später die der Materialschlacht annahmen, in der das Verhalten des einzelnen Soldaten gegenüber dem Schicksal der jeweiligen Gruppe in den Hintergrund trat.

Bereits in den ungewöhnlich verlustreichen Grenzschlachten im Elsass lernten die Soldaten die überlegene Feuerkraft der modernen Waffensysteme, insbesondere der Maschinengewehre und Feldgeschütze, kennen, mit deren Hilfe die Angriffe der französischen Streitkräfte wiederholt in einem Meer von Blut und Tränen erstickt wurden. Umgekehrt wurde ihnen schlagartig klar, dass man für den Fall eigener Angriffsoperationen ebenfalls mit hohen Verlusten rechnen müsse und dass der Einzelne diese mit hoher Wahrscheinlichkeit nicht überleben werde (Knoch). Entscheidender war, dass dies alles mit dem herkömmlichen Bild des Soldatendaseins nichts mehr gemein hatte. Unter den Bedingungen des Stellungskrieges waren Tapferkeit und individuelle Leistung weit weniger gefragt als Leidensfähigkeit und Durchhaltevermögen unter widrigsten Umständen. Die Ideale der persönlichen Tapferkeit und des selbstlosen Einsatzes für das Vaterland, welche den Soldaten in der Heimat gepredigt worden waren, verloren weitgehend ihren Sinn. Das herkömmliche Soldatenleben wurde reduziert auf den täglichen Kampf gegen Kälte, Schlamm und Nässe, gegen Krankheiten aller Art und auf das passive Erleiden von Schrapnell- oder Artilleriebeschuss, ohne etwas dagegen tun zu können, als sich immer tiefer einzugraben und die eigenen Stellungen möglichst beschusssicher auszubauen. Dazu kam in ruhigen Frontabschnitten oder in ruhigen Phasen des Stellungskriegs gähnende Langeweile. Man bewegte sich auf engem Raum in einer fast unwirklichen Welt, und es machte die Dinge noch makabrer, dass man im eigenen beschränkten Gefechtsfeld den Feind zumeist überhaupt nicht zu Gesicht bekam, sondern einige hundert Meter des Niemandslandes vor den eigenen Gräben. Nur bei Nacht war Bewegung zwischen den Gräben und Verbindung mit der Etappe möglich; bei Tag erstarrte alles in Schanzarbeiten und Warten.

Auch der Tod im Felde hatte nichts mehr mit dem herkömmlichen Bild des Soldatentodes gemein; angesichts des anonymen Massensterbens verlor der Tod des Einzelnen immer mehr seine individuelle Sinnhaftigkeit, und nicht nur deshalb, weil die Körper der Gefallenen in vielen Fällen bis zur Unkenntlichkeit verstümmelt und zuweilen durch Granattreffer gleichsam in nichts aufgelöst wurden. Letzteres war, wie Soldatenbriefe belegen, besonders gefürchtet. Die totale physische Zerstörung der Person im Tode war eine traumatische Perspektive. Im Übrigen wussten die Soldaten selbst am besten, dass der Übergang zur Offensive stets mit großen Blutopfern verbunden war, und nicht wenige fürchteten sich vor der Teilnahme an Angriffsoperationen wegen der dann zu erwartenden hohen Verlustquoten. Dem stand gegenüber, dass Angriffe Erlösung von der zermürbenden alltäglichen Routine brachten und gegebenenfalls sogar die Aussicht bestand, beim Feind Lebensmittel oder knappe Güter zu erbeuten. Es wird berichtet, dass höchst gefahrvolle Vorstöße ins so genannte Niemandsland zuweilen als befreiende, das eigene Lebensgefühl steigernde Erfahrungen empfunden wurden, weil man wenigstens für den Augenblick die eigene Todesfurcht überwunden hatte.

Auch wenn dies heute vielfach nicht mehr anerkannt wird, wird man festhalten müssen, dass die Kriegssituation als solche und dann insbesondere der Tod einer wachsenden Zahl von Soldaten zunächst eine solidarisierende Wirkung auf die deutsche Gesellschaft gehabt hat. Diese ließ ein besonderes Klima der Opferbereitschaft entstehen, welches sich nicht einfach nur auf die Wirkung der offiziösen Propaganda, beziehungsweise umgekehrt der amtlichen Zensurmaßnahmen, zurückführen lässt, zumal auch diese von Intellektuellen, wenn auch in Uniform, ausgeübt wurde. Max Weber schrieb 1915 in seiner berühmten »Zwischenbetrachtung« zu den Gesammelten Aufsätzen zur Religionssoziologie: »Der Krieg als die realisierte Gewaltandrohung schafft, gerade in den modernen politischen Gemeinschaften, ein Pathos und ein Gemeinschaftsgefühl und löst dabei eine Hingabe und bedingungslose Opfergemeinschaft der Kämpfenden und überdies eine Arbeit des Erbarmens und der alle Schranken der naturgegebenen Verbände sprengenden Liebe zum Bedürftigen als Massenerscheinung aus, welcher die Religionen im Allgemeinen nur in Heroengemeinschaften die Brüderlichkeitsethik zur Seite zu stellen haben. Und darüber hinaus leistet der Krieg dem Krieger selbst etwas, seiner konkreten Sinnhaftigkeit nach, Einzigartiges: in der Empfindung eines Sinnes und einer Weihe des Todes, die nur ihm eigen ist. Die Gemeinschaft des im Felde stehenden Heeres fühlt sich heute, wie in den Zeiten der Gefolgschaft, als eine Gemeinschaft bis zum Tode: die größte ihrer Art.« Der Tod im Felde zeichne sich dadurch aus, dass nur hier »der Einzelne zu wissen glauben kann: dass er ›für‹ etwas stirbt«. Weber betonte hier noch, dass sich die Legitimierung des Kriegstodes letzten Endes aus der »Eigenwürde des politischen Gewaltsamkeitsverbandes« – sprich des nationalen Machtstaates – herleite; doch sah er die Sinnhaftigkeit des Kriegstodes in der »Brüderlichkeit der kriegsverbundenen Menschengruppe«.[6]

Hier werden Probleme angesprochen, die freilich erst im weiteren Verlauf der Dinge deutlicher hervortraten. Die nationalistische Rhetorik, die den persönlichen Einsatz des einzelnen Soldaten rühmte und dessen Tapferkeit vor dem Feinde als größte Tugend einforderte, setzte ein Kriegsbild voraus, das sich bereits in den Anfangsschlachten des Krieges als nicht mehr zeitgemäß erwiesen hatte und durch die fortschreitende Intensivierung des Stellungskrieges im Westen bis zur Absurdität verzerrt wurde. Die Redeweise vom Kampf für ein größeres Deutschland und vom Opfertod für das Vaterland, die von den verantwortlichen Politikern und Militärs, von den Medien und nicht zuletzt den Kirchen in tausend Variationen vorgetragen wurde, verlor unter den konkreten Bedingungen des mechanisierten Massenkrieges schon bald jegliche Glaubwürdigkeit. Von so genannten positiven Kriegszielen wollten die Soldaten an den Fronten schon gar nichts hören, wie beispielsweise der Truppenarzt Dr. Eugen Neter berichtete.[7] Allenfalls die Parole vom Deutschland aufgezwungenen Verteidigungskrieg wurde akzeptiert, und mit dem Fortgang des Krieges wurde auch diese von den Soldaten zunehmend in Zweifel gezogen.

Der einzelne Soldat sah sich zurückgeworfen auf die Solidarität mit seinen Kameraden, auf die Loyalität gegenüber der eigenen Gruppe; für sie kämpfte er unter den widrigsten Umständen mit dem Ziel gemeinsamen Überlebens, nicht für abstrakte Ideale wie das Vaterland und schon gar nicht für wie auch immer geartete »positive« Kriegsziele. Für die große Mehrheit der Soldaten wurde die militärische Einheit, der sie angehörten, zum ersten und wichtigsten Bezugspunkt ihrer inneren Einstellung zum Kriege. »Die Kompagnie ist ja die einzig vorhandene Gemeinschaft, mit der und für die man noch lebt und stirbt«, schrieb ein Kriegsfreiwilliger im Juli 1915 von der Westfront.[8] Es war die Brüderlichkeitsethik einer zur Selbstbehauptung mit dem Mittel äußerster Gewaltsamkeit gezwungenen und in der Regel in der Situation des Kampfes auf sich selbst angewiesenen Gruppe, welche das Verhalten der Soldaten maßgeblich bestimmte, nicht abstrakte nationale Ideale oder moralische Imperative.

Dies vor allem erklärt auch, weshalb so wenige Soldaten während des Ersten Weltkriegs den Versuch gemacht haben, sich dem blutigen Ringen, dessen Sinnlosigkeit allmählich immer offensichtlicher wurde, durch Fahnenflucht zu entziehen. Fahnenflucht wurde zwar im deutschen Heer mit relativer Nachsicht verfolgt. Aber nicht deshalb blieb die Zahl der Fahnenflüchtigen beziehungsweise derjenigen, die der »unerlaubten Entfernung von der Truppe«, wie es im militärischen Sprachgebrauch hieß, für schuldig befunden wurden, vergleichsweise gering. Im deutschen Heer hat es bis zum Frühjahr 1918, nach dem Scheitern der Märzoffensive, im Vergleich zu Frankreich und Großbritannien, von Italien und Russland ganz zu schweigen, eine erstaunlich geringe Zahl von disziplinarischen Maßregelungen wegen Fahnenflucht oder »unerlaubter Entfernung von der Truppe« gegeben, und auch die Zahl der Gefangennahmen hielt sich in engen Grenzen.[9]

Es war nicht in erster Linie der Druck der militärischen Disziplin, sondern die Bindung an die eigene Einheit, die den Gedanken an Desertion

beziehungsweise ein Überlaufen zum Gegner in aller Regel von vornherein ausschloss, obschon die Perspektive, in Gefangenschaft zu geraten, als solche nicht als abschreckend empfunden wurde. Allerdings gab
es im Stellungskrieg meist nur wenig Gelegenheit, sich dem Gegner ge-
fahrlos gefangen zu geben. Dies war, wie wir heute wissen, durchaus
nicht ohne Risiko; in manchen Fällen wurden Soldaten, die sich während
der laufenden Kampfhandlungen gefangen geben wollten oder gefangen
gegeben hatten, noch auf dem Schlachtfeld erschossen.[10] Im Allgemeinen war die Solidarität der Soldaten untereinander, die in der Kampfsi-
tuation als für das eigene Überleben entscheidend empfunden wurde, seltener aber auch die Bindung an die eigenen Offiziere so stark, dass der
Gedanke an Desertion normalerweise nicht aufkam. Nicht wenige Soldaten erlitten, sei es durch Artilleriebeschuss, sei es infolge der Wahrnehmung grausiger Szenen, seelische Schocks, die eine psychiatrische
Behandlung erforderten und in schweren Fällen auf Dauer dienstunfähig
machten. Bisweilen waren die Soldaten der Versuchung ausgesetzt, dem
sie umgebenden unvorstellbaren Elend durch eine simulierte Krankmel-
dung oder gar durch Selbstverstümmelung zu entkommen, aber meist
blieb dies beim bloßen Vorsatz, zumal die Heerespsychiater ihre Haupt-
aufgabe darin sahen, so genannte Drückeberger zu entlarven.[11] Die innere
Kohäsion der Truppenverbände war gerade in extremen Situationen so
groß, dass dergleichen die Ausnahme blieb. Insgesamt erwies sich »die
Leidensfähigkeit« des Menschen als nahezu unbegrenzt.[12]
Im Übrigen war für die Soldaten die Verbindung zur Heimat, genauer gesagt zur eigenen Familie, zur Ehefrau oder Freundin, die durch Feldpostbriefe und seltener durch zumeist nur einwöchige Fronturlaube aufrechterhalten wurde, von größter Bedeutung. Die Annahme, dass sich unter
den Bedingungen des Frontalltags so etwas wie Männerbünde herausge-
bildet hätten, die gleichsam einen anderen, härteren Menschentyp züch-
teten, geht, von wenigen Ausnahmen abgesehen, fehl. Zwar entwickelten
sich bisweilen homoerotische Bindungen unter den Soldaten, gelegentlich auch zwischen den Offizieren und ihren Leuten (wie wir sie im englischen Falle durch das Zeugnis Sassoons und Owens kennen), aber diese
nahmen fast nie offene, konkrete Formen an. Von einer Verdrängung der
herkömmlichen erotischen Bindungen an die Frauen beziehungsweise
Freundinnen durch homoerotische Emotionen kann, soweit wir sehen, jedenfalls nicht die Rede sein. Vielmehr ist bemerkenswert, dass die Beziehungen zu Familie, Frau oder Freundin während der Kriegsjahre relativ stabil blieben, obschon der Truppe in der Etappe meist reichlich
Gelegenheit zu außerehelichen sexuellen Kontakten geboten wurde.

Die Vorstellung, dass namentlich in den harten Stellungskämpfen an der Westfront ein neuer, stahlharter Menschentyp hervorgebracht worden sei, der sich von bürgerlichen Lebensidealen verabschiedet und im Krieg seine eigentliche Lebenserfüllung gesucht habe, ist einigermaßen verfehlt und genau genommen das Produkt einer nachträglichen ideologischen Verklärung des Ersten Weltkrieges aus der Sicht rechtsextremer politischer Gruppierungen. Vielmehr wurden die Soldaten durchweg von dem Wunsch beseelt, baldmöglichst wieder nach Hause zu kommen und ihr bisheriges bürgerliches Leben wieder aufzunehmen; in den Feldpostbriefen steht die große Anteilnahme an dem Wohlergehen der eigenen Angehörigen, bis hinein in die Regelung finanzieller oder wirtschaftlicher Dinge, gänzlich im Vordergrund. Dies verband sich mit dem Wunsch nach einem baldigen Friedensschluss, als einem immer wiederkehrenden Thema der Soldatenbriefe.

Mit guten Gründen maßen die Militärbehörden von Kriegsbeginn an der Verbindung der Soldaten zur Heimat größte Bedeutung zu, und die Feldpost erwies sich insgesamt als bemerkenswert leistungsfähig. Gleichwohl war die Kommunikation zwischen der Front und der Heimat keineswegs spannungsfrei. Die militärische Zensur beschränkte die freie Meinungsäußerung der Soldaten allein schon durch das Wissen darum, dass die eigenen Briefe in vielen Fällen von den Vorgesetzten mitgelesen wurden. Während geheimhaltungsbedürftiger Einsätze wurde die Kommunikation der betreffenden Einheiten häufig gar auf wenige vorgedruckte schematische Aussagen begrenzt. Jedoch vermieden es die Soldaten ohnehin, rückhaltlos über die eigenen Fronterlebnisse oder ihre eigene bedrängte Situation zu berichten; sie wollten ihre Angehörigen gerade dann nicht beunruhigen, wenn sie sich in einer gefährlichen oder bedrückenden Situation befanden. Umgekehrt wurden die »Kriegerfrauen« von den Behörden und der Presse und im Zweifelsfall auch von ihren Pfarrern oder Geistlichen immer wieder ermahnt, keine »Jammerbriefe« an ihre Männer an der Front zu senden, weil diese es ohnehin schwer genug hätten.[13]

Davon abgesehen, entwickelte sich ein nicht unerhebliches Maß des Misstrauens gegenüber den Daheimgebliebenen, sei es, dass sich diese am Biertisch mit der Propagierung weitreichender Kriegsziele hervortaten, sei es, dass sie für die Lage der Soldaten an den Fronten kein Verständnis aufbrachten. Dieses Misstrauen erstreckte sich nicht zuletzt auch auf die politische Führung. Die offizielle Parole, dass man einen Verteidigungskrieg führe und allenfalls territoriale und sonstige Garantien zur künftigen Sicherung des Deutschen Reiches anstrebe, wie die zur

Verhüllung der annexionistischen Bestrebungen der Reichsleitung verwendeten Formeln lauteten, verlor immer mehr an Glaubwürdigkeit und mit ihr die Versicherung, dass das Deutsche Reich aufrichtig einen Friedensschluss zum baldmöglichsten Zeitpunkt anstrebe. Dabei spielte nicht zuletzt auch die sich stetig verschlechternde Versorgung der Angehörigen der zum Kriegsdienst Verpflichteten, die ohnehin in finanzieller Hinsicht höchst karg bemessen war, eine bedeutsame Rolle. Umgekehrt wurden die sich mehrenden Streiks und Aufstände in der Heimat überwiegend missbilligt. Man sah darin nicht selten eine schwerwiegende Beeinträchtigung der Lebensbedingungen und der Kampffähigkeit der Armeen an den Fronten. Es fehlt auch nicht an Äußerungen aus dem Kreis der Soldaten, die sich über die Stimmung in der Heimat besorgt zeigten und für ein Durchhalten plädierten, bis der erstrebte Frieden errungen sei.

Bei all dem ist zu berücksichtigen, dass der Informationshorizont der Soldaten in aller Regel äußerst begrenzt war. In militärischer Hinsicht verfügten sie über unmittelbare Informationen nur für einen sehr begrenzten Frontabschnitt, und über die größeren Zusammenhänge waren sie nicht informiert. Die konkreten Verhältnisse aber waren von Ort zu Ort und von einem Frontabschnitt zum anderen radikal verschieden. Lange Zeitabschnitte relativer Ruhe wurden von Offensiven und Gegenoffensiven abgelöst, die sich zunehmend in gigantische Materialschlachten verwandelten, welche jedenfalls dem einzelnen Soldaten jegliche Möglichkeit raubten, sich ein klares Bild der Verhältnisse zu verschaffen. Der Kampf um das schiere Überleben beherrschte alles. Davon abgesehen erreichten die Soldaten an den Fronten nur in begrenztem Umfang Zeitungen und Zeitschriften, und was sonst an Informationen aus der Heimat zu ihnen gelangte, war vielfach verfälscht oder gar manipuliert.

Unter diesen Umständen gab es kein auch nur annähernd einheitliches Kriegserlebnis. Vielmehr hatte jedermann sein eigenes Kriegserlebnis. Die jüngst wieder vielfach genährte Hoffnung, man könne durch eine sorgfältige und umfassende Auswertung der Massenquelle der Feldpostbriefe zu zuverlässigen Aussagen über das Kriegserlebnis der Soldaten an der Front gelangen, erweist sich als trügerisch. Die Soldatenbriefe halten nicht, was man sich von ihnen versprochen hat. Besser steht es schon mit den Schützengrabenzeitungen und den von den höheren Stäben in der Etappe herausgegebenen Armeezeitungen. Allerdings gerieten auch die Schützengrabenzeitungen meist unter die Kontrolle der Kommandobehörden und geben daher nur begrenzt die Stimme des gemeinen Mannes wieder.[14] Immerhin vermitteln sie einen Einblick in die uns sonst weithin nicht zugängliche Mentalität der einfachen Soldaten an oder unmittelbar hinter den Fronten.

Viel entscheidender ist, dass sich das grauenvolle Geschehen während der großen Schlachten insbesondere an der Westfront ohnehin nahezu jeder literarischen Artikulation entzog.[15] Tatsache ist, dass die Soldaten an der Front die tatsächlichen Dimensionen des grauenvollen Geschehens gar nicht zu erfassen vermochten, geschweige denn zuverlässige Berichte darüber an ihre Angehörigen zu senden vermochten. Selbst Tagebücher, die wir in einigen Fällen besitzen, sind in dieser Hinsicht weniger verlässlich, als man meinen sollte. Dies gilt auch für die aus dem Nachlass herausgegebenen Erinnerungen Dominik Richerts »Beste Gelegenheit zum Sterben«.[16]

Richert stand als Elsässer von Anfang an in gewissem Maße zwischen den Fronten; seine Loyalität galt nicht dem Deutschen Reich, aber auch nicht Frankreich, sondern dem Elsass. Als solcher besaß er eine größere Distanz zum Kriegsgeschehen als der Durchschnitt der Soldaten. Andererseits ist diese aus der Retrospektive deutlich verstärkt; im Kontrast dazu steht die Tatsache, dass Richert sich als ein ungewöhnlich aktiver Kommandeur einer Maschinengewehreinheit stärker engagierte und bewährte, als man dies von einem entschiedenen Gegner des Kriegs, als der er sich in der Rückschau darstellt, hätte erwarten sollen. Hier tritt zugleich der Gegensatz zwischen Mannschaften und Offizieren, denen die hohen Verluste bei den Angriffsaktionen gleichsam persönlich angelastet wurden, deutlich hervor. Ansprachen der Offiziere, in denen Mut und Draufgängertum beschworen wurden, wurden eigentlich eher mit Empörung aufgenommen. Richert brachte mit großer Nüchternheit zum Ausdruck, was viele dachten: »In Wirklichkeit ist von Mut überhaupt nichts zu finden. Die Todesangst übersteigt alle anderen Gefühle, und nur der fuchtbare Zwang treibt die Soldaten vorwärts.«[17] Richerts melodramatische Schilderung seiner Desertion an der Westfront im Juli 1918 gehört wohl zu den weniger zuverlässigen Passagen dieser in seiner Quellenbasis ungesicherten Darstellung.

Die jüngst erschienenen Kriegstagebücher des katholischen Feldgeistlichen Ludwig Berg sind, soweit es die Kriegserfahrungen der gewöhnlichen Soldaten an der Front angeht, eine große Enttäuschung; obschon Berg immer wieder Feldgottesdienste in Frontnähe hielt, Beichten abnahm und Bestattungen vornahm, blieb das tatsächliche Ergehen der Soldaten an den Fronten im Wesentlichen außerhalb seines Wahrnehmungshorizontes. Seine umfangreichen Tagebücher sind eher ein Beleg dafür, wie groß die mentale Distanz zwischen den einfachen Soldaten und den

Offizieren, einschließlich der katholischen (und man darf wohl interpolieren, auch der protestantischen) Feldgeistlichen tatsächlich war. Dies galt vollends für das Milieu im Großen Hauptquartier und in der Umgebung Wilhelms II., welches Berg ohne jegliche mentalen Reserven, geschweige denn Kritik, minutiös schildert. Umgekehrt belegen die Tagebücher Bergs einmal mehr, dass die Soldaten ungeachtet der Unwirklichkeit eines großen Teils der von den Kirchen verkündeten beziehungsweise verwalteten christlichen Botschaft und Heilsspenden vielfach in hohem Maße in ganz konventionellem Sinne religiös ansprechbar waren und hier ein Widerlager gegen die Unerträglichkeit des Daseins im Grabenkrieg suchten.

Paul Fussell, dem wir die wohl eindrucksvollste Darstellung der literarischen Verarbeitung der Erinnerung an den Ersten Weltkrieg verdanken, hat auf die grundsätzlichen Probleme hingewiesen, vor welchen jede Darstellung der »front line experience« steht: »The problem . . . trying to describe elements of the Great War was its utter incredibility, and thus its incommunicability in its own terms.« Es bedürfe vielmehr literarischer Vorbilder und Assoziationsmuster, um das Ausmaß und die Intensität des Grauens in Kampfsituationen wie jenen des Stellungskriegs im Westen zu vermitteln.[18] Fussell zeigt, dass in englischen Beschreibungen des Geschehens immer wieder auf »the valley of the Shadow of Death« in Bunyans »The Pilgrim's Progress« Bezug genommen wird; Dantes »Inferno« hätte es auch tun können. Er gibt anschauliche Beispiele für die schiere Unmöglichkeit, extreme Kriegserfahrungen angemessen wiederzugeben, zum Beispiel den Bericht eines Majors Pilditsch am Morgen nach bitteren Kämpfen um die Ortschaft Souchez: »The bare poles and brick heaps of Souchez looked perfectly weird and unnatural as the sun came out and threw it all up into a livid pink-hued distinctness. I knew I should never be able to describe its sinister appearance, but that I should never forget it.«[19]

Am nächsten kommen dem tatsächlichen Kriegserlebnis zeitgenössische poetische oder visuelle Gestaltungen, welche unter dem unmittelbaren Eindruck der Kriegserfahrungen entstanden sind, wie beispielsweise die Gedichte August Stramms, die Kriegszeichnungen von Otto Dix oder die eindringlichen Zeichnungen und Gemälde Max Beckmanns. In Grenzen gilt dies auch für Fritz von Unruhs »Der Opfergang« (in seiner ursprünglichen, nicht 1919 auf politische Korrektheit getrimmten Fassung) sowie für die Schriften von Walter Flex, die zwar immer noch den Opfertod des einzelnen Soldaten idealisierten, aber eine ungemein realistische Schilderung der mörderischen Wirklichkeit an den Fronten zeichneten. All dies wird übertroffen von Henri Barbusses berühmtem Roman »Le Feu«, der 1917 ungeachtet seiner kriegskritischen Tendenz den Prix Goncourt erhielt.

Diese literarischen und künstlerischen Repräsentationen des Kriegsgeschehens räumten in rückhaltloser, bisweilen fast zynischer Weise auf mit den konventionellen nationalromantischen Klischees über Soldatenleben und Heldentod und beschrieben das tatsächliche Schicksal der Soldaten in den Gräben an der Westfront, den ständigen Kampf mit Schlamm und Dreck, mit Nässe und Kälte, die tödliche Langeweile an ruhigen Frontabschnitten, das an den Nerven zerrende passive Ausgeliefertsein an beständigen Artilleriebeschuss und die Gefährdung durch Scharfschützen des Gegners, Fälle von Selbstverstümmelung oder gar Selbstmord, um der Unerträglichkeit des Grabendienstes zu entgehen, vor allen aber das Leiden und Sterben der Soldaten, zumeist unter fürchterlichen Umständen, denen jegliche Reste menschlicher Würde abging. Vielleicht am eindrucksvollsten ist das Gemälde des englischen Malers Paul Nash, das eine völlig zerschossene Landschaft – das »Niemandsland« – zeigt unter dem viel sagenden ironischen Titel: »We are making a New World.«

Eine besondere Rolle nehmen in diesem Zusammenhang Ernst Jüngers Kriegsschriften ein, insbesondere sein Frühwerk »In Stahlgewittern«, das auf seinen Kriegstagebüchern beruht, die wir leider nicht mehr besitzen und die vermutlich ein unmittelbareres Zeugnis seiner Kriegserfahrungen gewesen sind. Der Sache nach war Ernst Jüngers Bericht über das Kriegsgeschehen vornehmlich an der Westfront »In Stahlgewittern« eine hochgradig stilisierte Darstellung, und dies von Auflage zu Auflage in immer stärkerem Maße,[20] wie denn Jünger selbst gelegentlich von seiner »Manie der Überarbeitungen« gesprochen hat.[21] Wenn er vorgab, nicht schreiben zu wollen, »wie es hätte sein können, sondern wie es war«, so geschah dies aus einem Blickwinkel, der gewiss nicht jener seiner Leute gewesen war, sondern jenem eines heroischen Einzelkämpfers, der mit eisernem Willen und unerschütterlichem Draufgängertum in einer scheinbar ausweglosen Situation dem Gegner seinen Willen aufzwingen will. Er war sich durchaus im Klaren, dass die große Mehrheit der Soldaten für das von ihm propagierte Draufgängertum der »Fürsten des Grabens mit den harten, entschlossenen Gesichtern ... mit scharfen, blutdürstigen Augen« keinerlei Verständnis hatte. Seine heroische Deutung des Ersten Weltkrieges war nicht kommunizierbar – vor allem: Dies war eine ideologische Verzerrung der tatsächlichen Abläufe und mehr noch mentalen Dispositionen und der Motive, welche die große Mehrheit der Frontsoldaten bewegte.

Jünger selbst ging in eben die umgekehrte Richtung, nämlich einer Deutung des Krieges als das Feld der letztendlichen Selbstverwirklichung des Einzelnen als eines von elementaren Kampfinstinkten beseelten Helden, in der Nachfolge von Friedrich Nietzsches Botschaft der tendenziell grenzenlosen Steigerung des Menschen zu einem immer höheren Dasein, wie wir sie in dessen »Wille zur Macht« finden. Es ist dies das Thema von Jüngers zweitem Kriegsbuch »Der Kampf als inneres Erlebnis«, das in der Beschwörung eines durch den Opfergang des Weltkrieges gestählten »neuen Menschen« terminiert, der Verkörperung der elementaren Kampftugenden, der dann auch als »Landsknecht«, als ewiger Krieger, bezeichnet wird. Hier tritt uns in sublimierter Form jene Ideologie des »Frontsoldaten«, als eines neuen Menschentypus, dem die Zukunft gehöre, entgegen, der den extremen Gegenpol zu einer demokratischen Ordnung gleichberechtigter Bürger darstellt. Nur wenig später hat dann Jünger in seinem Roman *Sturm* selbst eingeräumt, dass der Versuch, solcherart zu einer gültigen Deutung des »Kriegserlebnisses« zu gelangen, ein Holzweg war.

Der Roman *Sturm* ist, nach dem Urteil von Hans-Harald Müller ein literarisches Zeugnis der Unmöglichkeit, das »Kriegserlebnis« des Ersten Weltkrieges in einem Roman zu gestalten«.[22] In diesem Zusammenhang hat Jünger selbst auf die durch unterschiedliche Erfahrungen, vor allem aber durch unterschiedliche perspektivische Sichtweisen bedingte Subjektivität des so genannten Kriegserlebnisses hingewiesen: »Im Grunde erlebt jeder seinen eigenen Krieg.«[23] Sehr viel später hat dann Jünger eine radikal unterschiedliche Deutung des Krieges vorgenommen, welche den Charakter des Ersten Weltkrieges als des ersten modernen Maschinenkrieges voll würdigte und die wesentliche Gleichartigkeit der Existenz des Soldaten und des Arbeiters herausstellte; aber dies ist ein Aspekt der Dinge, der die literarische Verarbeitung der Erfahrungen des Ersten Weltkrieges in den 20er Jahren betrifft und jenseits unserer unmittelbaren Fragestellung liegt.

Insgesamt lässt sich festhalten, dass es ein auch nur annähernd homogenes Kriegserlebnis der Soldaten während des Ersten Weltkrieges nicht gegeben hat; die Erfahrungen und die Schicksale jedes Einzelnen waren nach Zeit und Umständen so verschieden, dass eine Verallgemeinerung nicht möglich ist. Von einer besonderen Kriegsmentalität der Soldaten, die sich unter den Bedingungen des Grabenkrieges gebildet habe, kann daher nicht eigentlich die Rede sein; eher schon eine wachsende Ablehnung künftiger Kriege und ein gewisses Maß an Solidarisierung mit den Soldaten im gegnerischen Lager über die Gräben hinweg, verbunden mit tiefem Misstrauen gegen die Mächtigen zu Hause, wie dies in Barbusses »Le Feu« meisterhaft beschrieben wird. Von einem Umschmelzen ihres Charakters in der Hölle des Stellungskrieges in einen neuen stahlharten Menschentyp ist nichts feststellbar; das Klischee des »Frontsoldaten« war eine ideologische Fabrikation der Nachkriegsjahre.

Unbestritten dürfte allerdings sein, dass die Soldaten an der Front nach und nach eine immer stärkere Allergie gegen die Biertischstrategen in der Heimat entwickelten, die sich von den bedrückenden Lebensumständen der Soldaten in den Gräben keine Vorstellung machten und vom sicheren Hort aus für weit reichende Kriegsziele plädierten.[24] Aber auch für die seit 1917 häufigeren Streiks der Industriearbeiterschaft fehlte an der Front vielfach das Verständnis. Mochte anfangs bei vielen Soldaten noch so etwas wie eine fröhliche Bejahung des Krieges bestanden haben, so wich diese Einstellung bereits 1915 und dann mit den großen Schlachten an der Westfront im Jahre 1916 definitiv einer fatalistischen Grundeinstellung, in der sich durchaus vorhandene Kampfbereitschaft mit einer immer stärkeren Sehnsucht nach einem baldigen Frieden verband. Während der Frühjahrsoffensive im März 1918 stieg die Kampfmoral der Truppen nochmals auf einen Höhepunkt, gerade weil sie sich von einem durchschlagenden Erfolg dieser Offensive einen baldigen Friedensschluss erhofften. Als diese scheiterte, kam es zu einem Zusammenbruch der Kampfmoral und streckenweise zu einem »verdeckten Militärstreik«.[25]

Die verbreitete Vorstellung, dass das »Kriegserlebnis« die mentalen Einstellungen der Soldaten tief greifend verändert hat, ist abwegig. Die übergroße Mehrheit der Soldaten blieb auch während des Fronteinsatzes ihren herkömmlichen Lebensauffassungen treu und wünschte sehnlichst die Rückkehr in ihre angestammten Berufe und Lebensverhältnisse. Dies wird indirekt bestätigt durch den überraschend schnellen und konfliktlosen Ablauf der Demobilisation nach dem Ende des Krieges. Es war quantitativ gesehen nur eine kleine Gruppe, die ihr Soldatendasein verinnerlicht hatte und davon nicht mehr loskam; sie sammelte sich dann bekanntlich in den Freikorps und späterhin in den nationalistischen Kampfverbänden der extremen Rechten. Die Entstehung der Ideologie des »Frontsoldaten« als eines neuen Menschentyps, dem die Zukunft gehöre, beruhte auf einer ideologischen Instrumentalisierung der Erfahrungen des Ersten Weltkrieges, die erst der Nachkriegszeit angehört.

Eben dies ist in der Folge in vielfältiger Weise geschehen. Die Dolchstoßlegende, die von einem im Felde unbesiegten Heer redete, welches nur durch die sinistren Machenschaften der politischen Linken, insbesondere der sozialistischen Arbeiterbewegung und dann späterhin den so genannten Novemberverbrechern daran gehindert worden sei, einen glanzvollen Siegfrieden zu erringen, war der vielleicht bedeutsamste der zahlreichen Mythen, die unter Berufung auf das Kriegserlebnis in die Welt gesetzt wurden, obschon die Soldaten selbst es besser wussten und die gewaltige Überlegenheit der westlichen Gegner am eigenen Leibe erfahren hatten. Einflussreicher noch, weil unterschwellig wirksam, war die Botschaft, dass die Gefallenen des Weltkrieges ihr Leben nicht umsonst gelassen haben dürften und es daher gelte, ihr Werk fortzuführen; die suggestive Wirkung solcher Argumente wurde stellenweise durch den Mythos von der Wiederkehr der Gefallenen verstärkt. Dies alles hatte mit dem Kriegserlebnis der Soldaten, aber auch der Heimatfront, nicht unmittelbar zu tun. Vielmehr setzte sich hier indirekt die propagandistische Agitation während des Krieges fort, dass nach den ungeheuren Opfern, die man bereits gebracht habe, nur ein Friede akzeptabel sei, der die Hegemonialstellung des Deutschen Reiches in Europa auf Dauer sichere und ebenso koloniale Gewinne in Übersee und nicht zuletzt wirtschaftliche Vorteile bringe.

Logischer Zielpunkt solcher Denkmuster war es, den Versailler Vertrag zu zerreißen, das Deutsche Reich erneut aufzurüsten und bei passender Gelegenheit den Krieg noch einmal, nunmehr aber als totalen Krieg zu führen. Der Mythos von Langemarck, der späterhin von den Nationalsozialisten systematisch benutzt wurde, um die deutsche Bevölkerung und namentlich die junge Generation auf den kommenden Krieg einzustimmen, gehört in den gleichen Zusammenhang. Den realen Kern hatten die nationalromantischen Vorstellungen von Teilen der deutschen Bildungsschicht abgegeben, die geglaubt hatten, die Entscheidung im Westen im Oktober 1914 ungeachtet der strategischen und materiellen Gegebenheiten mit höchstem idealistischen Einsatz doch noch erzwingen zu können; Falkenhayn hatte den Mythos von Langemarck in die Welt gesetzt, um die eigenen krassen Fehlbeurteilungen zu decken, mit – wie man sagen muss – kurzfristig bemerkenswertem Erfolg, aber höchst bedenklichen Auswirkungen auf lange Frist.

Im Zusammenwirken mit dem sich seit Beginn der 20er Jahre ausbreitenden Kult des »Frontsoldaten«, zu dem, wie wir sagen, auch Ernst Jünger sein Teil beigetragen hatte, entwickelte sich ein Syndrom der Bejahung von Krieg und Gewalt, das sich nicht nur vergiftend auf die politische Kultur der Weimarer Republik ausgewirkt, sondern auch den Weg hin zum Zweiten Weltkrieg gebahnt hat. Dabei spielten selektiv ausgewählte Zitate aus den Erfahrungen des Ersten Weltkrieges, oder euphemistisch gesprochen, des so genannten Kriegserlebnisses nahe liegenderweise eine wesentliche Rolle, wie sich aus der nun überbordenden Zahl von Kriegsbüchern ersehen lässt. Das »Kriegserlebnis« war zu einer publizistisch wie kommerziell verwertbaren Ware geworden, jedoch mit einer bemerkenswerten Beliebigkeit der daraus abgeleiteten Botschaften.[26] Dies galt für alle Lager gleichermaßen, für die Propagandisten einer erneuten Mobilmachung der Nation ebenso wie für die pazifistische Linke, beispielsweise die nunmehr eindeutig gegen den Krieg als solchen gerichteten Bilderzyklen von Otto Dix oder die pazifistische Publizistik Kurt Tucholskys, der ungeachtet seiner linkssozialistischen Überzeugungen noch im Oktober 1918 die sich abzeichnende Niederlage des Deutschen bitter beklagt hatte.

Anmerkungen

1 Vgl. Jay Winter, The Great War in European cultural history, Cambridge 1995.
2 Gerd Krumeich, Kriegsgeschichte im Wandel, in: Gerhard Hirschfeld/Gerd Krumeich/Irina Renz (Hrsg.), »Keiner fühlt sich hier mehr als Mensch«. Erlebnis und Wirkung des Ersten Weltkriegs, Essen 1993, S. 11 – 24, hier S. 13.
3 Dieser Sachverhalt kann durch die Heranziehung von kritischen Stimmen aus den letzten Tagen und Wochen vor Kriegsausbruch nicht erschüttert werden. Vgl. dazu Wolfgang Kruse, Zur Erfahrungs- und Kulturgeschichte des Ersten Weltkrieges, in: Ders. (Hrsg.), Eine Welt von Feinden, Frankfurt a. M. 1997, S. 159 ff. Siehe ferner Bernd Ulrich/Benjamin Ziemann (Hrsg.), Frontalltag im Ersten Weltkrieg, Frankfurt a. M. 1994.
4 Zit. bei Matthias Eberle, Der Weltkrieg und die Künstler der Weimarer Republik, Stuttgart 1989, S. 31.
5 Philipp Witkop (Hrsg.), Kriegsbriefe gefallener Studenten, München 1929, S. 111.
6 Max Weber, Gesammelte Aufsätze zur Religionssoziologie, Tübingen 1972[6], S. 548 f.
7 Belege bei Anne Lipp, Friedenssehnsucht und Durchhaltebereitschaft. Wahrnehmungen und Erfahrungen deutscher Soldaten im Ersten Weltkrieg, in: AfS 36 (1996), S. 279–292, hier S. 283 f. Vgl. auch Dies., Heimatwahrnehmung und soldatisches »Kriegserlebnis«, in: Gerhard Hirschfeld/Gerd Krumeich/Dieter Langewiesche/Hans-Peter Ullmann (Hrsg.), Kriegserfahrungen, Studien zur Sozial- und Mentalitätsgeschichte des Ersten Weltkrieges, Essen 1997, S. 225–242, hier S. 226 ff.
8 Witkop, Kriegsbriefe, S. 173 f.
9 Christoph Jahr, Gewöhnliche Soldaten, Göttingen 1998.
10 Vgl. Niall Ferguson, The Pity of War, London 1998, S. 369 f. Die deutsche Ausgabe unter dem Titel »Der falsche Krieg«, Stuttgart 1999, ist stark gekürzt und nicht überall zuverlässig.
11 Dazu Paul Lerner, »Ein Sieg deutschen Willens«, in: Wolfgang U. Eckart/Christoph Grandmann (Hrsg.), Die Medizin und der Erste Weltkrieg, Pfaffenweiler 1996, S. 85–107.

12 Peter Knoch, Kriegsalltag, in: Ders. (Hrsg.), Kriegsalltag,. Die Rekonstruktion des Kriegsalltags als Aufgabe der historischen Forschung und der Friedenserziehung, Stuttgart 1989, S. 233.

13 Lipp, Friedenssehnsucht, S. 283.

14 Vgl. Lipp, Friedenssehnsucht, S. 280 ff.

15 Vgl. etwa den Tagebucheintrag Ernst Noppers vom 23. 8. 1914 nach der Schlacht bei Longwy: »Schauervolle Eindrücke, man kann diese schändlichen Greul nicht beschreiben.« Zitiert bei Peter Knoch, Erleben und Nacherleben, in: Hirschfeld/Krumeich/Renz, »Keiner fühlt sich . . .«, S. 205; ebenso Aribert Reimann, Die heile Welt im Stahlgewitter, in: Hirschfeld/Krumeich/Langewiesche, Kriegserfahrungen, S. 131 f.

16 Dominik Richert, Beste Gelegenheit zum Sterben. Meine Erlebnisse im Kriege 1914–1918, hrsg. von Angelika Tramitz, München 1989.

17 Ebenda, S. 324.

18 Paul Fussell, The Great War and Modern Memory, Oxford 1975, S. 139 f.

19 Ebenda.

20 Vgl. Eva Dempewolf, Blut und Tinte. Eine Interpretation der verschiedenen Fassungen von Ernst Jüngers Kriegstagebüchern vor dem politischen Hintergrund der Jahre 1920 bis 1980, Würzburg 1992.

21 Zit. bei Hans-Harald Müller, »Im Grunde erlebt jeder seinen eigenen Krieg.« Zur Bedeutung des Kriegserlebnisses im Frühwerk Ernst Jüngers, in: Ders./Harro Segeberg (Hrsg.), Ernst Jünger im 20. Jahrhundert, München 1995, S. 13 – 37, hier S. 20.

22 Ebenda, S. 33.

23 Zit. bei Ebenda, S. 30.

24 Ein charakteristischer Beleg unter vielen bei Ulrich/Ziemann, Frontalltag, S. 62.

25 Vgl. Wilhelm Deist, Verdeckter Militärstreik im Kriegsjahr 1918?, in: Wolfram Wette (Hrsg.), Der Krieg des kleinen Mannes, München 1992, S. 146–167, hier S. 156 f.

26 Grundlegend Fussell, Great War. Vgl. auch Jan Mizinski, Kriegserlebnis und Kriegspropaganda. Zu einigen Aspekten der deutschen Kriegsprosa nach 1918, Lublin 1992; ferner Hans-Harald Müller, Der Krieg und die Schriftsteller. Der Kriegsroman der Weimarer Republik, Stuttgart 1986; und Klaus Vondung (Hrsg.), Kriegserlebnis. Der Erste Weltkrieg in der literarischen Gestaltung und symbolischen Bedeutung der Nationen, Göttingen 1980. Für die bildenden Künste siehe Eberle, Weltkrieg und die Künstler.

Deutsche und englische Dichter im Ersten Weltkrieg

In allen kriegführenden Ländern fühlten sich die Intellektuellen, Schriftsteller und Künstler mit nur verschwindend geringen Ausnahmen dazu verpflichtet, die Kriegsanstrengungen der eigenen Nation mit ihren literarischen oder künstlerischen Mitteln zu unterstützen. Die Briten waren in dieser Hinsicht noch rascher dabei als die Deutschen. Bereits am 2. September versammelte sich eine große Zahl von Schriftstellern und Intellektuellen – unter ihnen Robert Bridges, Thomas Hardy, Rudyard Kipling, und H. G. Wells – im Wellington House in London, um über eine öffentliche Erklärung zum Kriege gegen Deutschland zu beraten und die poetische und literarische Kampagne im Lande für die Regierungspolitik zu koordinieren. In Deutschland kam es, nachdem eine ganze Reihe von individuellen Verlautbarungen von Schriftstellern und Wissenschaftlern bereits vorausgegangen war, Anfang Oktober 1914 zu dem bekannten »Aufruf an die Kulturwelt«, welcher die deutsche Kultur gegen die Kritik des alliierten Lagers in Schutz nahm und bestritt, dass das Deutsche Reich die Schuld am Ausbruch des Ersten Weltkrieges trage; zugleich aber wurde – und dies war eigentlich noch schwerwiegender – die deutsche Heerführung von allen Verfehlungen in Belgien freigesprochen, mit der Folge, dass die Glaubwürdigkeit der deutschen Intellektuellen von Anfang an beschädigt wurde. Es kam zu einem »Krieg der Geister«, bei dem auch die Dichter ihre Rolle zu spielen hatten.*

In Deutschland war es Ernst Lissauer, ein enger Freund Gerhart Hauptmanns, der mit seinem Gedicht »Hassgesang gegen England« den Ton angab. Vergebens mahnte ihn Stefan Zweig, dass die Volkstümlichkeit dieses Textes die wahren Interessen des deutschen Volkes schädige; der Text wurde in hunderttausenden von Exemplaren nachgedruckt. Hier seien nur einige Passagen zitiert:

---

* Literaturhinweise hierzu finden Sie am Kapitelende.

Was schiert uns Russe und Franzos',
Wir lieben sie nicht,
Wir haben nur einen einzigen Hass,
. . .
Wir haben nur einen einzigen Feind,
England
. . .

Und diese Thematik wurde noch vertieft und verschärft durch die zusätzliche Passage:

Dich werden wir hassen mit langem Hass

Mit anderen Worten, diese Englandfeindschaft erstreckte sich grundsätzlich über die Zeit des Friedensschlusses hinaus. Auch anderweit gab es derartige Stimmen. So heißt es in einem epischen Gedicht von Fritz von Unruh, das den Titel »Der Niedergang« trägt:

Hört das Gebot
Schlagt England tot

Und dieser Totschlag wird in den nachfolgenden Zeilen von einem Ulanen an einem Engländer, der, wie es heißt, Eduard VII. physiognomisch entspreche, symbolisch vollzogen, mit den Worten:

Dein Inselvolk, das uns den Neid gebar,
Stampft in den Ocean die deutsche Wut.
Indem ich dich erdrossle: Eduards Schatten
Fühl ich mein Herz vom Dunkelsten befreit

Die Briten standen freilich den Deutschen an nationalistischem Furor und pathetischem Überschwang nicht im Geringsten nach. Hier sei nur erinnert an Rudyard Kiplings berühmte Verse:

For all we have and are
For all our children's fate
Stand up and take the war
The Huns are at the gate.

Es blieb freilich nicht bei solchen ekstatischen Ausbrüchen eines ungehemmten Nationalismus. In der Folge wandte sich die Kriegslyrik in beiden Ländern primär innengewandten Themen zu, der Pflicht nämlich, die eigene Nation, ihre unverwechselbaren geschichtlichen Leistungen und ihre unverwechselbaren Besonderheiten in der Stunde ihrer Gefährdung zu verteidigen, dem Sinn der Aufopferung des Einzelnen für die Gemeinschaft, und, damit untrennbar verbunden, der Größe, aber auch der Tragik des Todes im Felde. In der deutschen und kontinentaleuropäischen Tradition wurden diese Themen zumal Anfang des Krieges überlagert von einem übergreifenden, gleichsam transpolitischen Thema, nämlich dem Krieg als eines apokalyptischen Ereignisses von übermenschlicher Gewalt, häufig symbolisiert in der Figur eines übermächtigen Kriegsgottes, der die Menschen, ob sie dies nun wollen oder nicht, mit Gewalt, Zerstörung und unermesslichen Leiden überzieht. So heißt es beispielsweise in Rainer Maria Rilkes »Fünf Gesängen«

> Endlich ein Gott. Da wir den friedlichen oft nicht mehr ergriffen,
> ergreift uns plötzlich der Schlacht-Gott
> Schleudert den Brand: und über dem Herzen voll Heimat
> Schreit, den er donnernd bewohnt, sein rötlicher Himmel

Auch Georg Trakl sprach in »Grodek«, einem seiner letzten Gedichte (er fiel bereits im Sommer 1915), vom »roten Gewölk, darin ein zürnender Gott wohnt«.

Vielfach verband sich mit diesen apokalyptischen Vorstellungen die Erwartung, dass der Krieg einer Reinigung, einem Purgatorium der Gesellschaft gleichkomme und das Kulturleben aus der Sterilität des Materialismus und des unverbindlichen individualistischen Ästhetizismus der spätbürgerlichen Gesellschaft herausführen werde. Insofern sei vom Kriege eine Erneuerung der Kunst zu erhoffen. In Großbritannien waren solcherart Erwartungen vergleichsweise schwächer ausgebildet; das Plädoyer der vom italienischen Futurismus stark beeindruckten Vortizisten und ihrer Zeitschrift *Blast* stellte nur eine Minderheit dar. Ansonsten aber begegnen wir in der englischen und der deutschen Kriegslyrik in vielfältigen Formen dem gleichen Grundmuster der Beschwörung der Größe des eigenen Vaterlands und seiner Traditionen, und, oft damit verbunden, seiner Schönheit und der Unverwechselbarkeit seiner historisch gewachsenen Lebensformen. In einem in der *Times* am 4. November 1914 veröffentlichten Kriegsgedicht wurde die Größe Großbritanniens und seines Empire gepriesen und daran die Verpflichtung geknüpft, diese zu erhalten und denen, die dafür starben, gerecht zu werden:

> This is the land our fathers won
> And worthy yet of their pride;
> Shall we rest content with our part ill done
> In the work for which they died?

In analoger Weise, wenngleich in weit indirekterer Anspielung auf die politischen Dinge, heißt es bei Max Halbe:

> Ein blühender Garten lag die deutsche Welt,
> daran fast ein halb Jahrhundert fleißige Hände
> Gegraben und gerodet und gepflanzt ...
> Geborgen schien das Werk, doch nicht vollendet ...
> Der bunte Spuk verflog. ...
> Ans Tor des Friedens dröhnten Eisenfäuste
> Und zitternd, ächzend, donnernd brach's in Staub ...
> Krieg, Krieg! Ihr wollt den Krieg? ... So habt denn Krieg!

Sowohl in deutschen wie in englischen Kriegsgedichten diente die Beschreibung der Schönheit und der Leuchtkraft blühender Lande und eines glücklichen Daseins in einer heilen, naturverbundenen Lebenswelt als Unterpfand für die Invokation von Vaterlandsliebe, Opferbereitschaft und Kriegsbejahung. Das Symbol der mütterlichen Erde, der man allzeit verbunden bleibe, findet sich in den Gedichten beider Seiten gleichermaßen in vielen Variationen. Am repräsentativsten sind die folgenden Verse von Rupert Brooke:

> If I should die, think only this of me:
> That there is some corner of a foreign field
> That is forever England. There shall be in that rich earth a richer dust concealed;
> A dust whom England bore, shaped, made aware,
> Gave, once, her flowers to love, her ways to roam ...

In den ersten Kriegsjahren entstanden in beiden Ländern zahllose Kriegsgedichte, welche die Größe und die Tragik des Kriegstodes in einer neuromantischen Stimmung beschrieben, oft unter Einbeziehung auch religiöser Erwartungshaltungen. Daneben standen andere Gedichte, in welchen Gewalt und Krieg als spontane, gleichsam naturgegebene Lebensäußerungen verherrlicht und die Perspektive des Sterbens als eine höhere Form der Erfüllung des menschlichen Lebens beschrieben werden. Insgesamt idealisierte die übergroße Mehrzahl all dieser Kriegsgedichte den Krieg, den Kriegseinsatz der Soldaten und den Soldatentod; patriotische und religiöse Denkmuster wurden dabei gleichermaßen herangezogen und dies auch noch dann, als die Anfangsphase des Kriegs, in der irreale Vorstellungen über den Krieg allenfalls verständlich waren, längst vorüber war. Sir Henry Newbold fand, nachdem er den Somme-Film gesehen hatte, in dem ein realistisches Bild der blutigen Ereignisse des Sommers 1916 gezeichnet wurde, starke Worte für eine idealistische Verklärung der außerordentlich hohen britischen Verluste an der Somme. Gleiches gilt übrigens auch für Fritz von Unruhs Roman »Verdun«, der ungeachtet einer eindrucksvollen, gleichsam hautnahen Schilderung des Leidens in der Hölle vor Verdun eine verklärende Deutung des Opfertods als der höchsten Form der Erfüllung des menschlichen Daseins enthielt, die er in der späteren Version, die 1919 unter dem Titel »Der Opfergang« erschienen ist, getilgt hat. Es waren dies jene literarischen Produkte, die Samuel Haynes unter dem Begriff des »imagined war«, nicht des wirklichen Krieges, zusammengefasst und analysiert hat.

Die literarischen Hervorbringungen des Vitalismus und des Expressionismus idealisierten zwar den Krieg in keinerlei Form, aber waren gleichwohl von der Unmittelbarkeit dieses ungeheuren Geschehens fasziniert und sahen darin ungeachtet des ungeheuren Leidens nicht allein der Soldaten an den Fronten gleichsam eine höhere Form menschlichen Lebens. August Stramm war, ungeachtet der außerordentlichen Expressivität seiner Gedichte[1], keineswegs ein Gegner des Krieges als solchem: »Es bäumt sich alles in mir dagegen, und dennoch fühle ich mich hingezogen«, heißt es in einem seiner Kriegsbriefe. Ganz ähnlich sprach Max Beckmann vom Ersten Weltkrieg als einer »wunderbaren Katastrophe«. August Stramms Gedichte suchen das Ungeheuerliche, alle normalen Erfahrungen Sprengende des Krieges und die stets gegebene Präsenz des Todes zum Ausdruck zu bringen, und er bediente sich dafür einer neuen, alle herkömmlichen syntaktischen Regeln hinter sich lassenden Sprache. Das Gedicht »Patrouille« lässt den Leser unmittelbar teilhaben an den Gefühlen der Soldaten, die in feindlichem Terrain jederzeit mit Verrat und übermächtiger Konfrontation zu rechnen haben:

Die Steine feinden
Fenster grinst Verrat
Äste würgen
Berge Sträucher blättern raschlig
Gellen
Tod

Die Dichter des Vitalismus und vor allem des Expressionismus waren anfänglich für eine ästhetische Überhöhung von Gewalt und Krieg überaus empfänglich und erwarteten vom Krieg eine Intensivierung des persönlichen Lebensgefühls, ohne doch notwendigerweise in die nationalistischen Zeitströmungen einzustimmen. Mit dem Fortgang des Krieges schwenkten viele von ihnen in eine zunehmend kriegskritische Richtung ein. Im deutschen Sprachraum war dies namentlich Hugo Ball, der anfangs den Krieg begeistert begrüßt hatte. Ball half 1916, die literarische Gruppe des Dada zu begründen, die dann zum Rückgrat einer radikal kriegskritischen Strömung in Mitteleuropa wurde. In seinem bekannten Gedicht »Der Totentanz« ironisierte er mit einer für die Zeitgenossen ungewohnten Schärfe den Krieg und die Sinnlosigkeit des Mordens:

> So sterben wir, so sterben wir,
> Wir sterben alle Tage,
> Weil es sich so gemütlich sterben lässt
> ...
>
> Wir danken dir, wir danken dir,
> Herr Kaiser für die Gnade,
> Weil du uns zum Sterben erkoren hast.

Diese Autoren waren freilich nur die Avantgarde einer seit 1916 in Großbritannien, und – in etwas weniger deutlichen Konturen – auch im Deutschen Reich aufkommenden literarischen Gegenbewegung, welche der den Krieg und seine brutalen Folgen verharmlosenden patriotischen Poesie der ersten Kriegsjahre ein Ende machen wollte. Diese neue Form der Kriegsdichtung richtete ihren Blick in erster Linie nach innen; ihr Ziel war die Entzauberung des Krieges und die Schilderung des unendlichen Leids, das dieser über die Menschen gebracht hatte, vor allem aber die offenbare Absurdität des Grabenkrieges im Westen, der sich immer mehr in einen schier endlosen und ausweglosen Kampf mit einem Gegner entwickelte, den man persönlich so gut wie nie zu sehen bekam, außer in den äußerst verlustreichen Offensiven, die in aller Regel ein paar hundert Meter Bodengewinn mit ungeheuren Blutopfern erkauften. Die Soldaten in den Schützengräben bekamen in den meisten Frontabschnitten ihre Gegner oft monatelang nicht zu Gesicht. Dies hat anfänglich zu einer Verhärtung der jeweiligen Feindbilder beigetragen. Der weithin imaginäre Gegner wurde als noch blutrünstiger und aggressiver angesehen, als er es tatsächlich war. Rache und Vergeltung für den Tod naher Kameraden war zuweilen ein wichtiges Motiv für aggressive Kriegshandlungen, ja für Mordlust.

Aber auf die Dauer setzte sich eine andere Denkart durch: nämlich die stille Solidarisierung mit den gegnerischen Soldaten in den Gräben gegen die »da oben«, gegen die Kriegspropagandisten und Kriegsverlängerer in der Heimat, die in idealisierendem Vokabular über die heldenhaften Taten der Soldaten an den Fronten schwadronierten und gleichzeitig hochgespannte Kriegsziele propagierten. Nunmehr setzte allgemein

Ernüchterung über den Krieg und das Kriegsgeschehen ein. Wenn es in Großbritannien in besonderem Maße zu einer radikalen Abwendung vom Typus der romantisierenden und den Kriegstod idealisierenden Dichtung kam, so ging dies zu Teilen darauf zurück, dass die britische Gesellschaft vergleichsweise spät, dann aber wesentlich abrupter und dramatischer, mit den extrem hohen Kriegsverlusten konfrontiert worden war. Die blutige Somme-Offensive von Juni 1916 beraubte gleichsam über Nacht ganze Dörfer eines Großteils ihrer männlichen Bevölkerung, mit traumatischen Wirkungen auf die übrige Bevölkerung. Aber es war mehr noch die Erfahrung der sinnlosen Aufopferung der eigenen Soldaten in immer neuen, schlecht vorbereiteten Offensiven, die schließlich einen Proteststurm in Gang setzten.

Es war eine kleine Gruppe von im Felde stehenden Dichtern, die als Offiziere im Grabenkrieg an der Westfront das unvorstellbare Leiden ihrer eigenen Truppen erlebt hatten, die unter Abkehr von ihrer eigenen früheren Kriegspoesie nun das Ruder herumwarfen und ein Kontrastprogramm zur Idealisierung des Kriegs entwickelten, wie dies in der Heimat nach wie vor herrschend war. Keiner von ihnen war Pazifist; in der Tat gingen sie nach längerem Aufenthalt in England wieder zu ihren Truppenteilen an die Front zurück; einer von ihnen, Wilfred Owen, fiel nur sechs Tage vor dem Ende des Krieges bei einem englischen Sturmangriff bei Ors in Nordfrankreich.

Siegfried Sassoon veröffentlichte im Juni 1916 im *Cambridge Magazine* eine Serie von Gedichten, die auf eine Entzauberung des bislang vorherrschenden idealistischen Kriegsbildes hinausliefen. Sie räumten in rückhaltloser, bisweilen fast zynischer Weise mit den konventionellen Klischees über Soldatenleben und Heldentod auf und beschrieben eindrucksvoll das tatsächliche Los der Soldaten in den Gräben an der Westfront, den ständigen Kampf mit Schlamm und Dreck, mit Nässe und Kälte, die tödliche Langeweile an ruhigen Frontabschnitten, das an den Nerven zerrende passive Ausgeliefertsein an das Dauerfeuer und die ständige Gefährdung durch Scharfschützen des Gegners; sie beschrieben Fälle von Selbstverstümmelung oder gar Selbstmord, um der Unerträglichkeit des Grabendienstes zu entgehen, vor allen aber das Leiden und Sterben der Soldaten, dem zumeist unter fürchterlichen Umständen jegliche menschliche Würde abging. Und dies galt im Grundsatz auch für die Gegner, – und dies waren zumeist die Deutschen. Hier sei ein nur scheinbar abseitiges Beispiel zitiert. In dem »Glory of Women« überschriebenen Gedicht, das sich an die Mütter und Frauen in England, aber indirekt auch an die deutschen Mütter richtete, heißt es:

You love us when we're heroes, home on leave,
Or wounded in a mentionable place.
You worship decorations; you believe
that chivalry redeems the war's disgrace ...
You can't believe that British troops »retire«
When hell's last horror breaks them and they run
Trampling the terrible corpses blind with blood.
O German mother dreaming by the fire,
While you are knitting socks to send your son
His face is trodden deeper in the mud

Mehr noch, Sassoon verfasste im Juni 1917 einen flammenden Protest gegen die Politik der britischen Regierung und die Haltung der führenden Schichten in Großbritannien, die wegen ihrer maßlosen Kriegsziele ohne Not an einer Fortführung des Krieges festhielten, statt diesen sinnlos gewordenen Krieg baldmöglichst zu beenden. Darin hieß es: »I believe that this war upon which I entered as a war of defence and liberation, has now become a war of aggression and conquest. I have seen and endured the sufferings of the troops, and can no longer be a party to prolonging these sufferings for ends which I believe to be evil and unjust.«

Er richtete diesen Aufruf der Form nach an seinen Bataillonskommandeur; doch wurde der Text sogleich der *Times* zugespielt und fand ungeheures Aufsehen. Diese Aktion hätte ihm ein Kriegsgerichtsverfahren wegen Hochverrats einbringen können, und seine Freunde waren tief besorgt, dass es dazu kommen werde. Stattdessen wurde er für psychisch krank erklärt und als angeblicher Neurastheniker in das Militärkrankenhaus für psychisch Kranke in Craiglockhart in Schottland eingeliefert. Dort wurde er mehrere Monate als nervenkrank behandelt.

Sassoon wurde nicht »geheilt« – im Gegenteil: Er fand Verständnis, ja Zustimmung bei seinem behandelnden Arzt, und noch in Craiglockhart gewann er Robert Graves für die gemeinsame Sache; wenig später kam auch Wilfred Owen als Gesinnungsgenosse hinzu. Owen, vielleicht mehr noch als Sassoon, wurde dank seines großen Einfühlungsvermögens zu einem publikumswirksamen Verkünder des Leidens der namenlosen Soldaten an der Front sowie der Kriegsopfer, besonders der Kriegsinvaliden. Er polemisierte mit beißender Ironie gegen die patriotischen Sprüche, mit denen man damals den Soldatentod gemeinhin zu rechtfertigen pflegte. Der Schilderung der immensen Leidenserfahrungen eines Gasangriffs ließ er die Verse folgen: wenn er das alles erlebt hätte, würde er, sein Freund,

> ... not tell with such high zest
> To children ardent for some desperate glory
> The old Lie: Dulce et decorum est
> Pro patria mori

Diese Kriegslyrik bekämpfte die Idealisierung des Kriegsgeschehens mit Unerbittlichkeit, um den Menschen zu Hause klarzumachen, wie fürchterlich es draußen an den Fronten zugehe, und um den *war mongers* und *yellow pressmen* entgegenzuwirken. Diese Lyrik war nicht pazifistisch, sie erwuchs vielmehr aus der Sorge der Autoren, die ja sämtlich Frontoffiziere waren, für das Ergehen der ihnen anvertrauten Truppen, und sie fanden diese Verpflichung schließlich unerträglich. Jedoch verblassten zugleich die bisherigen konventionellen Feindbilder. Im Tode waren, so heißt es bei Owen pointiert, die englischen und die deutschen Soldaten vereint; ihr Schicksal glich einander. In Owens Gedicht »Strange meeting« findet sich ein Soldat mitten aus dem Schlachtgetümmel heraus unvermutet in einem tiefen Tunnel, d. h. in einem Massengrab gefallener Soldaten, Deutsche wie Briten, die miteinander zu reden beginnen, unter anderem über »the pity of war«. Dort wird er schließlich von einem anderen Soldaten angesprochen:

> I am the enemy you killed, my friend
> I knew you in this dark: for so you frowned
> Yesterday through me as you jabbed and killed.
> I parried; but my hands were loath and cold.
> Let us sleep now ...

In der ursprünglichen Fassung hieß es sogar:

> I was a German conscript, and your friend,

und in einer weiteren Version:

> I am the German you killed my friend

Stephen Spender hat diese Grundstimmung späterhin eindrucksvoll eingefangen:

> Deep in the Winter plain, two armies
> Dig their machinery, to destroy each other.
> ...
> Finally they cease to hate:
> When the machines are still, a common suffering
> Whitens the air with breath and makes both one
> As though these enemies slept in each other's arms

Auch im deutschen Sprachraum findet sich das Motiv einer gemeinsamen
Erhebung der toten Soldaten aller Krieg führenden Nationen gegen die
Sinnlosigkeit des Krieges, vielleicht am radikalsten in Gerrit Engelkes
Gedicht »An die Soldaten des großen Krieges«, das im Juli 1918, nur Mo-
nate vor dem Ende des Krieges, entstanden ist:

> Heraus! aus Gräben, Lehmhöhlen. Heraus aus den Betonkellern,
> Steinbrüchen!
> Heraus aus Schlamm und Glut, Kalkstaub und Aasgerüchen!
> Herbei! Kameraden! Denn von Front zu Volk, von Feld zu Feld
> Komme euch allen der neue Feiertag der Welt!
> Stahlhelme ab, Mützen, Käppis und fort die Gewehre!
> Genug der blutbadenden Feindschaft und Mordehre!
> Euch alle beschwör ich bei Eurer Heimat Weilern und Städten,
> Den furchtbaren Samen des Hasses auszutreten, zu jäten.
> . . .
> O, dass sich Bruder wirklich Bruder wieder nenne!
> Das Ost und West den gleichen Wert erkenne
> . . .[2]

Die Botschaft ist klar. Im Angesicht extremen Leidens und außerordentlicher Geschehnisse fallen die nationalen Unterschiede unter den Kriegs-
toten, ja unter den Soldaten schlechthin, zu Boden. An deren Stelle tritt,
wie schon in Barbusses »Le Feu«, die Solidarität der Soldaten gegen die
Zuhausegebliebenen, gegen die Generäle und Staatsmänner, die solche
sinnlose Schlächtereien möglich gemacht haben, und schließlich gegen
die Pressebarone und die *yellow pressmen*, welche die hitzige nationalistische Atmosphäre geschaffen haben, ohne die dieses Hinschlachten von
Millionen von Menschen nicht möglich gewesen wäre. Robert Graves bedauerte, wie Sassoon, in seinem Gedicht »Armistice Day» die jubilie-
renden Siegesfeiern und hielt die ungeheuren Opfer an Menschenleben
dagegen, zugleich aber distanzierte er sich von dem über Wilhelm II., Tirpitz und die Deutschen lautstark thriumphierenden Chauvinismus:

> What's all this hubbub and yelling ...
> When the days of rejoicing are over,
> When the flags are stowed safely away,
> They will dream of another wild »War to End Wars«

In Deutschland gab es keine direkt vergleichbare Entwicklung, vielleicht
auch deshalb nicht, weil im deutschen intellektuellen Milieu die Kunst-
form des Gedichtes nicht ganz den gleichen öffentlichkeitswirksamen

Stellenwert besaß wie in Großbritannien. Immerhin begegnet man im späteren Werk von Fritz von Unruh, namentlich in dessen bereits erwähnten Roman »Verdun«, einer vergleichbar eindrucksvollen Schilderung der Lebensverhältnisse der Soldaten unter den Bedingungen des mechanisierten Krieges. Ähnliches findet sich auch bei Walter Flex und Wilhelm Klemm. Aber hier wurde an der Grundfigur des Opferganges als einem sinngebenden Aspekt des Krieges festgehalten, und daher die Notwendigkeit des Kampfes nicht in Frage gestellt. Besäßen wir noch die ursprüngliche Fassung von Ernst Jüngers »In Stahlgewittern«, so würde auch dieses Werk hinzugehören. Die späteren Fassungen dieses Werks jedoch, welche das Kriegsgeschehen immer stärker ästhetisch überhöhten und stilisierten, repräsentieren eine Philosophie des unerbittlichen Kampfes um jeden Preis mit dem Ziel der Schöpfung eines neuen Menschen, des stahlharten Frontkämpfers. Immerhin begegnen wir hier einer fairen Präsentation des Gegners, namentlich der Engländer, denen die Hochachtung Jüngers nicht versagt wird.

Eine unverstellte Darstellung des Kriegsgeschehens in all seiner Mächtigkeit, die die Menschen an ihre Grenzen führt, mit seinen apokalyptischen Dimensionen, zugleich aber seiner das Vorstellungsvermögen übersteigenden Grausamkeit sowie seiner Sinnlosigkeit, findet sich hingegen nur bei den Dichtern des literarischen Expressionismus. Sie sind in ihren ekstatischen Präsentationen von Krieg und Gewalt durch die Ambivalenz von Faszination und Entsetzen gekennzeichnet. Zu ihnen wird man Anton Schnack, Walter Hasenclever, Lion Feuchtwanger, Hans Vagts, Kurt Heynecke, Erich Mühsam, Ernst Toller sowie den jungen Gottfried Benn und ebenso Bert Brecht mit seinen Erstlingswerken zählen dürfen, sowie Dramatiker wie Walter Göring und Georg Kaiser. Diese Generation von Dichtern und Schriftstellern tendierte immer stärker zum Pazifismus und zu einer Politik der internationalen Verständigung. Feindbilder spielten in ihrem Werk immer weniger eine Rolle; sie konzentrierten sich, wie beispielsweise Göring in seinem 1917 entstandenen Drama »Die Seeschlacht«, auf die seelische Situation des Einzelnen in der Konfrontation mit Gewalt, auch der von ihnen selbst ausgeübten Gewalt, und Sterben und Tod. Ganz ebenso wie Sassoon, Owen und Graves beklagten sie das Leid der namenlosen Krüppel und Kriegsinvaliden.

Ein weiteres Thema war die unüberbrückbare Kluft zwischen den Soldaten an der Front und den herrschenden Eliten, den Generalen und den Feldmarschällen, daheim, und nicht zuletzt den Kriegsgewinnlern. »Die Mörder sitzen in der Oper«, so betitelte Havenclever eines seiner satirischen Gedichte. Als Gegenbild zur fortschreitenden Versäulung der europäischen Völker im Zuge eines immer totaler geführten Krieges skizzierten sie in noch vagen Konturen die Idee einer internationalen Völkergemeinschaft unter sozialistischem Vorzeichen. Der idealistische Sozialismus, dem sie sich mehr oder minder intensiv verschrieben, unterschied sich freilich grundsätzlich von der Ideologie der Sozialistischen Parteien und ihrer Propagandisten.

Diese Autoren erreichten freilich das breite Publikum nur in geringem Maße. Sie publizierten vornehmlich in links orientierten Zeitschriften wie dem *Sturm* und der *Aktion*; die bürgerlichen Blätter waren für sie zumeist nicht erreichbar. Für den Hauptstrom der deutschen Literatur der Zeit des Ersten Weltkrieges änderte sich hingegen wenig an den vorwaltenden politischen Einstellungen. Hier sei nur verwiesen auf Thomas Manns »Betrachtungen eines Unpolitischen«, die sich mit großer Schärfe gegen die angeblich gleichmacherische westliche »Zivilisation« und gegen die Einführung einer parlamentarischen Demokratie wandten – eine Position, die er noch im September 1918 im Augenblick der sich abzeichnenden Niederlage der Mittelmächte noch einmal ausdrücklich bekräftigte. Tatsächlich hatte sich der Gegensatz zwischen der deutschen und der angelsächsischen Haltung zum Krieg auf der Ebene des literarischen Diskurses während des Krieges eher noch weiter verhärtet.

Literatur

Hier sei auf die einschlägige Literatur verwiesen, ohne Anspruch auf Vollständigkeit:
Thomas Anz/Josef Vogel, Der Dichter und der Krieg. Deutsche Lyrik 1914–1918, München 1982;
Julius Bab, Der deutsche Krieg im deutschen Gedicht, 12 Bände, Berlin 1914–1919;
Patrick Bridgwater, The German Poets of the First World War, London 1985;
Kurt Flasch, Die geistige Mobilmachung. Die deutschen Intellektuellen und der Erste Weltkrieg, Berlin 2000;
Paul Fussell,The Great War and Modern Memory, Oxford 1975;
Robert Giddings, The War Poets, London 1988;
Dominic Hibbert, Owen the Poet, London 1986;
Samuel Hynes, The First World War and English Culture, London 1990;
Wolfgang J. Mommsen, Die kulturellen Eliten im Ersten Weltkrieg, in: ders. Bürgerliche Kultur und politische Ordnung. Künstler, Schriftsteller und Intellektuelle in der deutschen Geschichte, 1830–1933, Frankfurt 2000;
Ders. (Hrsg.), Kultur und Krieg. Die Rolle der Intellektuellen, Künstler und Schriftsteller im Ersten Weltkrieg, München 1996;
K. P. Philippi, Volk des Zorns. Studien zur deutschen »poetischen Mobilmachung« in der deutschen Literatur am Beginn des Ersten Weltkrieges, München 1979;
Siegfried Sassoon, Collected Poems, London 1947;

John Silkin, Hg., The Penguin Book of First World War Poetry, London 1979;

Jürgen und Wolfgang von Ungern-Sternberg, Der Aufruf »An die Kulturwelt«, Stuttgart 1996;

Erich Volkmann, Deutsche Dichtung im Weltkrieg 1914–1918, Leipzig 1934;

Jay Winter, Sites of memory, sites of mourning. The Great War in European cultural history, Cambridge, 1996;

Ders./Geoffrey Parker/Mary R. Habeck (Hrsg.), Der Erste Weltkrieg und das 20. Jahrhundert. Hamburg 2002.

Anmerkungen

1 Zitiert bei Thomas Anz, Vitalismus und Kriegsdichtung, in: Krieg und Kultur, S. 241 f.

2 Engelke fiel ebenso wie Owen nur wenige Wochen vor dem Ende des Krieges. Siehe Patrick Bridgwater, The German Poets of the First World War, London 1985, S. 141 – 152.

Die christlichen Kirchen im Ersten Weltkrieg

Die enge Verbindung, welche der deutsche Protestantismus im Zeichen von Thron und Altar mit dem halbautoritären politischen System des deutschen Kaiserreiches eingegangen war, bestimmte auch die Haltung der protestantischen Kirchen während des Ersten Weltkrieges. Wohl keine gesellschaftliche Gruppe hat die Kriegsanstrengungen des Deutschen Reiches vom August 1914 bis zum bitteren Ende im November 1918 mit größerer Entschiedenheit unterstützt als die protestantischen Landeskirchen.[1] Aber es war keineswegs nur die traditionelle national-konservative Gesinnung der Kirchenbehörden, die dabei ins Spiel kam, sondern auch die spontane Identifikation der großen Mehrheit der Pfarrer und Theologen nicht nur mit dem Staat, sondern auch mit der Nation als solcher. Vor allem die protestantische, aber auch die katholische Geistlichkeit wurde uneingeschränkt von jenem euphorischen Bewusstsein erfasst, das gemeinhin als »Geist des August 1914« bezeichnet wird. Sie sahen in der durch die Zustimmung der Sozialdemokraten zu den Kriegskrediten symbolisierten Geschlossenheit der Nation bei Kriegsausbruch ein Werk Gottes und zugleich eine Chance, die Kirche wieder zu einer Volkskirche zu machen. Mehr noch, die nationale Aufbruchstimmung, die breite Volksschichten, vor allem aber die Gebildeten erfasste, bot – so schien es – die Möglichkeit, die christliche Botschaft gleichsam auf dem Rücken der nationalen Gesinnung zu neuer Geltung zu bringen. Die Aufbruchstimmung des »August 1914«, die sich als eine Art von Selbstmobilisierung der Intellektuellen beschreiben lässt,[2] hatte in der Haltung der Theologen und Pfarrer beider Konfessionen bei Kriegsausbruch ein Pendant. Dies ist keineswegs überraschend, denn wenngleich ihnen die Verwaltung der kirchlichen Heilsgüter und die Verkündigung der christlichen Lehre oblag, gehörten sie doch als soziale Gruppe zu den Intellektuellen.
Nationales Sendungsbewusstsein und christlicher Glaube gingen gerade in der Anfangsphase des Krieges eine Symbiose ein. Ernst Barlachs Skulptur »Rächender Engel«, die wenig nach Kriegsausbruch entstand,

ist dafür ein charakteristisches Beispiel. Die Prediger zumal wurden von dem nationalistischen Furor des Augenblicks mitgerissen; sie widerstanden nicht der nahe liegenden Versuchung, ihre Botschaft durch die Bezugnahme auf den Existenzkampf der deutschen Nation zu aktualisieren und der Stimmung der Gläubigen anzupasssen. Der Hofprediger Ernst von Dryander gab in einem Gottesdienst im Berliner Dom am 4. August 1914 die Richtung vor. Er predigte unter dem Bibelwort »Ist Gott für uns, wer mag wider uns sein«, und erklärte unter anderem: »Im Aufblick zu dem [...] Vaterland, in dem die Wurzeln unserer Kraft liegen, wissen wir, wir ziehen in den Kampf für unsere Kultur gegen die Unkultur, für deutsche Gesittung wider die Barbarei, für die freie, deutsche, an Gott gebundene Persönlichkeit wider die Instinkte der ungeordneten Masse [...].«[3] Das Ideal des Nationalstaats und des Gottesreichs wurden so in eine direkte Beziehung gesetzt. Friedrich Gogarten ging im Überschwang der Augusttage 1914 sogar so weit zu behaupten, »dass die Schöpfung in unserem Volke am Werke ist«: »Die Ewigkeit will deutsch werden [...] Und Gott will sich in uns Deutschen offenbaren.«[4] Auch die lutheranischen Theologen begrüßten euphorisch die nationale Aufbruchstimmung des August 1914, welche zu einer Neubelebung echter religiöser Gesinnung geführt habe: »Es war ein heiliger, ehrfürchtiger Ernst durch die Volksseele gegangen, die aus dumpfer, schwüler Nacht vom Alpdrücken auffuhr und im Lichte eines lebenswerten Tages wieder erkennt, dass Leben Pflicht und Gott der Pflicht Meister und ein segnender König ihrer Erfüllung« sei.[5]

Auch der katholische Klerus sah im Krieg eine Offenbarung Gottes. Diese »Zeit der Schrecken« müsse zugleich als eine »Zeit der Gnade angesehen« werden, weil sie die Gläubigen zu Gott zurückführe.[6] Die Geistlichen aller religiösen Richtungen deuteten den Krieg als eine Prüfung Gottes, welche ungeachtet des damit verbundenen unendlichen Leidens die sittliche und religiöse Läuterung des Volkes zum Ziel habe. Die nationale Geschlossenheit der Nation im Kampf für ihre heiligen Güter gehe mit einer Rückbesinnung auf die christliche Botschaft einher. Der steten Zunahme materialistischer und egoistischer Lebensideale in den letzten Vorkriegsjahren sei nun mit einem Male Einhalt geboten worden. Nationale Einstellungen und religiöse Empfindungen verschmolzen zu einer Grundstimmung, in welcher der Erste Weltkrieg ungeachtet des unermesslichen Leidens, das dieser mit sich brachte, uneingeschränkt bejaht werden konnte. Der Jesuitenpater Peter Lippert brachte die Empfindungen vieler katholischer Theologen auf eine griffige Formel, wenn er von einer »politischen, sittlichen und religiösen Wiedergeburt« des deutschen Volkes sprach, welche durch das »gigantische Ringen« des Krieges hervorgebracht worden sei.[7]

Es verstand sich aus dieser Sicht von selbst, dass die Kriegsanstrengungen der Nation auch aus kirchlicher Sicht unbedingte Unterstützung verdienten. In der Tat führte der Krieg zu einer Renaissance religiösen Empfindens. Der sprunghafte Anstieg der Zahl der Kirchenbesucher in den ersten Monaten des Krieges galt als eine handgreifliche Bestätigung der theologischen Deutungen des Ersten Weltkrieges als eines Bestandteils des göttlichen Heilsplans, verbunden mit der Schlussfolgerung, dass ein Sieg der Mittelmächte gewiss sei. Die Theologen waren sich, über die Grenzen der verschiedenen christlichen Denominationen hinweg, darin einig, dass das Deutsche Reich in diesem Krieg gleichsam eine religiöse Sendung zu erfüllen berufen sei. Sie interpretierten den Krieg als göttliches Geschehen, das, möge es auch im Augenblick mit vielfachem Tod und unendlichem Leiden verknüpft sein, dennoch zu einem guten Ende führen werde. Christliche Glaubenssätze, religiöse Empfindungen, nationale Begeisterung und kulturelles Sendungsbewusstsein gingen dabei eine Symbiose ein. Der Krieg, so meinten die Theologen, sei in gewissem Sinne ein Gotteskrieg, der nicht zuletzt für die Erhaltung der christlichen Gesinnung des deutschen Volkes geführt werde. Der Einsatz »für Deutschlands Sieg und Zukunft« galt als Schritt auf dem Weg zur Verwirklichung des Reiches Gottes als einer sittlich-religiösen Gemeinschaft.[8]

Die katholische Kirche stand den protestantischen Kirchen in der Unterstützung der Kriegsanstrengungen keineswegs nach, obschon sie an und für sich dem nationalen Staate mit größerer Distanz gegenüberstand. Die obrigkeitliche Tradition der Kirche hätte freilich von vornherein einen anderen Kurs als jene der Unterstützung der Reichsleitung nicht zugelassen. Für die Katholiken galt überdies, dass der Krieg nicht zuletzt auch zur Verteidigung der katholischen Sache geführt werde, ging es doch um die Verteidigung der Donaumonarchie, die weithin als Vormacht der katholischen Welt angesehen wurde. Das Zusammengehen der beiden Kaiserreiche wurde als Wiederaufnahme der christlich-germanischen Tradition des Mittelalters allgemein begrüßt. Von großer Bedeutung aber war auch hier das Motiv, dass der katholische Volksteil durch nationale Bewährung in dem ausbrechenden Kriege den Pariahstatus im Kaiserreich, zu welchem dieser während des Kulturkampfs herabgedrückt worden war und dessen Spuren immer noch nicht voll getilgt waren, endgültig würde abschütteln können.

Die protestantischen Theologen deuteten die Aufbruchsstimmung des August 1914 in heilsgeschichtlicher Perspektive als göttliche Fügung und den Weltkrieg selbst als Teil des göttlichen Heilsplans, der den Aufstieg Deutschlands zu einer Weltmacht in Europa bringen werde. Die Siegesnachrichten der ersten Wochen und Monate des Krieges wurden als Beweis dafür angesehen, dass Gott auf der Seite des deutschen Volkes stehe. Die »göttliche Sendung« dieses Krieges wurde als Quell unbedingter Siegesgewissheit beschworen. Gleichzeitig wurde die moralische Überlegenheit des deutschen Volkes gegenüber den feindlichen Nationen als Beleg dafür angeführt, dass der Sieg der deutschen Seite gehören werde:»Krämernationen, denen das Vaterland nichts weiter ist als eine Versicherungsanstalt für persönliches Wohlbefinden, können für immer in Trümmer gehen [...] Ein Volk, ... dem das Vaterland ein ewig heiliges Gut bedeutet, kann niemals ganz zerbrechen. Die Kraft des Ewigen wird sich stärker erweisen als alle Unheilsmächte dieser irdischen Zeit.«[9]

Auch der katholische Klerus war keineswegs frei von derartigen Vorstellungen. Der katholische Feldgeistliche Ludwig Berg sprach in einer Feldpredigt im April 1915 davon, dass »das Vaterland für uns alle ein hohes Gut« sei, »im Gegensatz zur Unkultur der Russen, zum Atheismus der Franzosen, zur unersättlichen Geldgier und [zum] Krämergeist der Engländer«. In Deutschland seien die »hl. Güter ›Wahrheit, Freiheit und Gerechtigkeit‹ am besten gesichert«. Daher müsse »freudig jeder sein Bestes opfern, damit unserem Vaterland die Segnungen eines ehrenvollen Friedens auf unabsehbare Zeit gesichert« blieben.[10] Solcherart vermischten die Theologen religiöse Heilsgewissheit mit dem Glauben an die geschichtliche Bestimmung der deutschen Nation zu künftiger Größe. Der Krieg wurde eingeordnet in den Gang der jüngeren deutschen Geschichte und als die Letzte der großen nationalen Erhebungen von 1813 und 1870/71 gedeutet. Dergestalt wurde dem Ersten Weltkrieg ein fester Platz in der von Gott gewollten nationalen Heilsgeschichte des deutschen Volkes zugewiesen.[11]

Diese heilsgeschichtlichen Konstruktionen, welche die Größe der Nation, um deren Behauptung es in diesem Kriege gehe, und die christliche Botschaft miteinander verknüpften, entsprachen der Stimmungslage bei Kriegsanfang. Davon abgesehen vermochten die Pfarrer ihrerseits dem Sog eines emotionalen Nationalismus, der viele ihrer Gläubigen bewegte, nur in den seltensten Fällen zu widerstehen. Karl Barth klagte bereits im August 1914 darüber, dass in Deutschland »Vaterlandsliebe, Kriegslust und christlicher Glaube in ein hoffnungsloses Durcheinander geraten« seien.[12] Er blieb damit ein einsamer Prediger in der Wüste. Selbst der fortschrittlich eingestellte Theologe Martin Rade hielt ihm entgegen, dass es nicht anginge, bei einem solch gewaltigen Geschehen Gott aus dem Spiele zu lassen. Barth zog damals einigermaßen resigniert das Fazit: »Die absoluten Gedanken des Evangeliums werden einfach bis auf weiteres suspendiert und unterdessen wird eine germanische Kampftheologie in Kraft gesetzt, christlich verbrämt durch viel Reden von ›Opfern‹ und dergleichen.«[13] Auch Ernst Troeltsch erkannte die Gefahr, dass sich der deutsche Nationalprotestantismus angesichts der Vermengung religiöser und nationalpolitischer Ideale in eine problematische theologische Position begebe. Er verwies darauf, dass in diesem Punkt »eine Spaltung und Spannung innerhalb des Göttlichen selbst« bestehe: »ein Göttliches im Geistesgehalt der Nation, für das wir kämpfen, töten und sterben, und ein Göttliches in der aller Welt überlegenen Gottgeborgenheit der Seele und in der Zusammenschmelzung aller Seelen zum Gottesreich des Friedens und der Liebe«; an dem Zweiten finde das Erstere seine Grenze.[14]

Aber die große Mehrheit der Geistlichen und Theologen war für derart subtile Differenzierungen vorderhand nicht zu gewinnen; sie fuhren unvermindert damit fort, das Heil der Nation, dem das Völkerringen dieses Krieges gelte, und das Seelenheil der Gläubigen in eins zu setzen. Dies gab zugleich den Ansatzpunkt dafür ab, den Tod im Felde mit dem Opfertod Christi zu parallelisieren. Der Soldat habe sich für die Gemeinschaft aufgeopfert, ebenso wie Christus sein Leben für die Gemeinschaft der Gläubigen gegeben habe. »Wer im Kampf stirbt, der stirbt in dem Herrn; denn er hat sein leiblich Wohl unter das Wohl des Volkes untergeordnet und hat sein Leben für die Seinen geopfert.«[15] Ebenso trugen viele Prediger keine Bedenken, die kämpfenden und namentlich die gefallenen Soldaten als Gefolgsleute Christi zu bezeichnen. Kriegsdienst sei »Gottesdienst, geheiligt wie der barmherzigen Schwestern Samariterwerk«, so suchte Ludwig Berg die Angehörigen anlässlich einer Begräbnisfeier im Felde zu trösten: »Unser Heldentum ist Christentum.«[16]

Anfänglich erwies sich diese nationalgeschichtliche Umdeutung der christlichen Botschaft, die gleichermaßen nationalen Erwartungen Rechnung trug wie dem Bedürfnis nach religiöser Rückversicherung, als überaus erfolgreich. Der Zulauf zu kirchlichen Veranstaltungen war groß, und auch die Soldaten hinter der Front und in den Lazaretten, die freilich vielfach zur Teilnahme an den Feldgottesdiensten befohlen wurden, waren für die christliche Botschaft, die ihnen die Furcht vor dem Kommenden zu nehmen versprach, durchaus empfänglich. Gerade die Feldgottesdienste waren häufig mit Bekundungen nationaler Gesinnung, ja zuweilen regelrechter Kriegspropaganda durchsetzt. Die große Resonanz der christlichen Lehre in den ersten Monaten des Krieges gab Anlass zu der

Hoffnung, dass man am Anfang der Entstehung einer die ganze Nation umfassenden Volkskirche stehe, welche die atheistischen und materialistischen Strömungen der Vorkriegsjahre kraft des neu erwachten Sinnes für Gemeinsinn, Opferbereitschaft und Hilfsbereitschaft überwinden werde. Der Krieg sei, so meinte man, ein Gottesgericht, das sich gegen den sittlichen Niedergang der Vorkriegszeit richte und eine neue Art unmittelbarer Gotteserfahrung hervorgebracht habe. Die Grundsätze der Pflichterfüllung gegenüber dem Staat wie der kirchlichen Gemeinschaft seien im Kriege wieder zu Ehren und Wirksamkeit gekommen.

Die religiöse Erweckungsbewegung des ersten Kriegsjahres ließ jedoch bereits 1915 merklich nach. Die anfänglich mit großer Genugtuung verzeichneten und als Zeichen einer tief greifenden Neubesinnung gedeuteten hohen Zahlen der Kirchenbesucher gingen wieder auf das bisherige Niveau zurück, um dann seit 1917 auch absolut abzunehmen. Als die Kriegführung im Sommer 1916 mit den äußerst verlustreichen Kämpfen vor Verdun und an der Somme eine neue Qualität annahm, die Siegesnachrichten ausblieben und stattdessen die bange Frage auftauchte, wie denn dieser Krieg überhaupt zu einem erträglichen Ende gebracht werden könne, wurde es immer weniger überzeugend, das Kriegsgeschehen in heilsgeschichtlicher Perspektive als Teil eines göttlichen Heilsplans zu deuten, der den Menschen zwar schwere Opfer abverlange, aber am Ende eine neue, innerlich geläuterte Gesellschaft hervorbringen, zugleich aber den Deutschen eine große politische Zukunft eröffnen werde. Angesichts der stetig zunehmenden Zahlen der Gefallenen wurde es überdies immer schwieriger, den Soldatentod als ein sinnvolles, gottgewolltes Opfer für die Gemeinschaft zu deuten, das ein seliges Leben nach dem Tode garantiere. Vielmehr wurde nun die Rechtfertigung des allerorten anzutreffenden Leidens und Elends zu einem zentralen Thema auch der kirchlichen Verkündigung. Vielfach wurden nun statt der bisher üblichen Abkündigung in den sonntäglichen Gottesdiensten für die Gefallenen besondere Gedenkgottesdienste abgehalten. Die wohlmeinenden, aber völlig unkritischen Dankgottesdienste zu Ehren des Kaisers, wie sie bei den verschiedensten Anlässen üblich geworden waren, wurden freilich weiterhin durchgeführt.

Insbesondere die protestantischen Theologen und Pfarrer hielten auch in den späteren Kriegsjahren im Prinzip an ihren heilsgeschichtlichen Vorstellungen fest, welche die christliche Botschaft mit dem Schicksal der deutschen Nation verknüpften. Sie konnten sich daher nur einen ehrenvollen, wenn nicht gar einen glanzvollen Siegfrieden als Ausgang der Dinge vorstellen. Viele evangelische Pfarrer und Theologen gerade auch liberaler Orientierung traten nicht zufällig späterhin der Vaterlandspartei bei. Sie gerieten dabei freilich zunehmend in Widerspruch zu den Gefühlen einer wachsenden Gruppe der Bevölkerung, der die ursprüngliche Zuversicht in den siegreichen Ausgang dieses »Gotteskrieges« abhanden gekommen war und die um sich herum nur Leid, Entbehrung und Tod wahrzunehmen vermochte. Das galt insbesondere auch für die Frontsoldaten. Als der bekannte deutschnationale Pfarrer Traub im Frühjahr 1918 die Westfront besuchte, um dort für Durchhalten und für einen »Hindenburgfrieden« propagandistisch zu wirken, stieß er auf eine Welle der Ablehnung und Empörung.[17]

Die sich weitende Kluft zwischen den Kirchenoberen und der breiten Masse der Gläubigen wurde indirekt vergrößert durch den Umstand, dass sich die Kirchen durchweg in den Dienst der offiziellen Kriegspolitik nehmen ließen. Die Pfarrer und Geistlichen wurden angewiesen, sich bei ihren Gläubigen für die Akzeptanz und loyale Durchführung der unzähligen Verordnungen zur Lebensmittelversorgung und der immer knapper werdenden Güter einzusetzen. Die Kirchengemeinden wirkten an führender Stelle an den zahlreichen Sammlungen von Geldern oder knappen Versorgungsgütern für wohltätige Zwecke mit; sie unterstützten die Ablieferung von Gold und kriegswichtigen Edelmetallen, und die Pfarrer hielten die Gläubigen zur Zeichnung von Kriegsanleihen an. Vor allem die evangelischen Kirchen spielten in den Durchhaltekampagnen der Jahre 1917 und 1918, die von den Behörden veranlasst wurden, einen wichtigen Part. Jedoch stand die katholische Kirche ihnen darin nichts nach; auch für sie war die Verpflichtung der Geistlichkeit zur Unterstützung der amtlichen Politik unzweifelhaft. Die Durchführung von »vaterländischer Propaganda auf kirchlicher Grundlage« wurde unbedenklich als Aufgabe anerkannt[18] und ebenso das öffentliche Werben für die Zeichnung der Kriegsanleihen. Die Identifikation der Kirchen mit den Kriegsanstrengungen der Nation war ungebrochen, auch wenn es zunehmend schwieriger wurde, dafür religiöse Gründe geltend zu machen.

Allerdings begannen im Frühjahr 1917 einzelne Theologen, insbesondere Otto Baumgarten und Adolf von Harnack, die theoretischen Prämissen des herrschenden Nationalprotestantismus zu revidieren.[19] Baumgarten ging mit den Siegespredigten der ersten Kriegsmonate und den dahinter stehenden idealistischen Geschichtsspekulationen hart ins Gericht und stellte dem wieder den »verborgenen Gott« gegenüber, dessen Ratschlüsse den Menschen nicht zugänglich sind.[20] Außerdem zeichnete er nun ein realistisches Bild des Krieges, der den Menschen zu einem willenlosen Objekt in einer grandios organisierten Kriegsmaschinerie degradiert, »die nur noch ihren eigenen Gesetzmäßigkeiten gehorcht«.[21] Der Krieg war für ihn ein dämonisches, ja ein teuflisches Geschehen, und nicht einfach nur ein Werkzeug in Gottes verborgenem Weltplan.[22] Hier bahnte sich eine neue Deutung des Weltkrieges aus theologischer Sicht an, die zwar immer noch den nationalistischen Idealen der Zeit verhaftet blieb, insbesondere in der Hervorhebung der moralischen Überlegenheit der Deutschen gegenüber den Feindvölkern, aber einen Ausweg aus der Verstrickung der evangelischen Theologie in einer engstirnigen national-geschichtlichen Perspektive wies. Freilich hatte dies zunächst eine nur geringe Breitenwirkung. Baumgartens grundlegende Vorlesung über »Christentum und Weltkrieg« vom Sommer 1917 erschien erst Juli 1918 im Druck. Auch in politischer Hinsicht kündigte sich bei einer Minderheit von Theologen und Pfarrern eine Öffnung zugunsten einer maßvollen Reformpolitik an, wenn diese auch vorderhand ohne nennenswerte Resonanz blieb. Im Herbst 1917 meldete sich eine Gruppe von Berliner Pfarrern sogar öffentlich zu Wort und forderte die baldige Herbeiführung eines Verhandlungsfriedens, ein Schritt, der nicht nur von den Kirchenleitungen, sondern auch der großen Mehrheit der Pfarrer entschieden zurückgewiesen wurde.[23] Die innere Freiheit in den großen politischen Tagesfragen war ihnen längst verloren gegangen; sie waren Gefangene ihres nationalprotestantisch verformten Geschichtsbildes.

Auch im katholischen Lager wurden nun Stimmen laut, welche die uneingeschränkte Identifikation der katholischen Sache mit jener des deutschen Nationalstaates für bedenklich hielten und eine »Selbsteinkehr« der katholischen Geistlichkeit forderten. Vielmehr müsse es darum gehen, die europäische und universalistische Orientierung des Katholizismus neu zu beleben, um Auswege aus dem Dilemma dieses schier endlos fortgehenden Krieges zu finden. Der katholische Theologe Muth plädierte schon im Oktober 1916 im *Hochland* für eine »Selbstprüfung« der katholischen Intellektuellen: »Gerade im deutschen Volk muss ein Wille zu einer höheren Gemeinschaft wach werden, auf dass wir in unserem Tun und Denken das frühere europäische und christliche Gewissen wieder verkörpern. [...] Wir werden erkennen müssen, dass dieser Krieg, von dessen Furchtbarkeit alle früheren männermordenden und greuelhaften Kriege ganz verblassen, nur der Ausdruck der ganz falschen Stellung ist, in die wir alle in Europa zu dem eigentlichen Sinne unseres Lebens geraten sind [...] Wir sind der Aufgabe untreu geworden, Hüter einer großen geistigen Ordnung zu sein.«[24]
Überdies geriet die staatsloyale Haltung der katholischen Kirche im Sommer 1917 auch aus außenpolitischen Gründen unter Druck. Der

päpstliche Friedensappell an die Krieg führenden Mächte, verbunden mit der Bereitschaft zu Vermittlungsbemühungen, weckte bei den Katholiken – und nicht nur bei ihnen – große Hoffnungen. Matthias Erzberger hatte schon seit Juni 1917 insgeheim darauf hingearbeitet, die innenpolitischen Voraussetzungen für einen Verhandlungsfrieden auf der Grundlage des bevorstehenden päpstlichen Vermittlungsangebotes zu schaffen; die Friedensresolution des Reichstages vom Juli 1917 und die Einsetzung eines Siebenerausschusses der Reichstagsparteien zur Überwachung der Außenpolitik der Reichsleitung waren immerhin erste Schritte in dieser Richtung. Die kühle Aufnahme und letzten Endes machiavellistische Hintertreibung des päpstlichen Friedensangebots durch den Staatssekretär des Äußeren Richard von Kühlmann, dessen Bewegungsspielraum allerdings angesichts der unverminderten annexionistischen Einstellung der Obersten Heeresleitung begrenzt war, weckten bei dem katholischen Volksteil wachsendes Misstrauen in die Aufrichtigkeit der politischen Leitung. Es kam hinzu, dass gleichzeitig in Frankreich eine öffentliche Kampagne gegen den deutschen katholischen Klerus losbrach, der sich von den universalistischen Traditionen des Katholizismus losgesagt und sich uneingeschränkt der aggressiven Kriegspolitik des Deutschen Reiches verschrieben habe, unter Abkehr von der Autorität des Papstes als Oberhaupt der katholischen Kirche. Der deutsche Katholizismus verwahrte sich mit Entschiedenheit gegen diese Angriffe – der Sache nach führte dies freilich eher zu einer Verhärtung ihres staatsloyalen Kurses. Hinter den Kulissen hatte die katholische Kirche überdies damit zu kämpfen, dass im Großen Hauptquartier und in der Umgebung des Kaisers weiterhin erhebliche Vorbehalte gegen den Papst und seine angeblich deutschfeindliche Einstellung bestanden.[25]

Die religiöse Verklärung des Ersten Weltkrieges und die damit verbundene indirekte Rechtfertigung des ungeheuren Leidens, welches dieser über die europäischen Völker gebracht hat, durch die Kirchen aller Konfessionen hat dazu beigetragen, die seit 1916 ins Wanken geratene Stimmung im Innern immer wieder aufzurichten. Die sozialen Dienstleistungen der Kirchen, die Pflege und Betreuung der Verwundeten in den Lazaretten hinter der Front und in der Heimat, die vielfältige Hilfe, die sie Bedürftigen und Notleidenden in der Heimat zukommen ließen, dies alles hat Gutes bewirkt. Ohne den seelsorgerischen Beistand der Pfarrer und der Kirchengemeinden wäre gewiss auch der ständig steigende Blutzoll, den der Krieg der Bevölkerung abforderte, noch schwerer zu ertragen gewesen. Jedoch begann religiöse Tröstung angesichts des massenhaften Kriegstodes unter vielfach grauenvollen Umständen allmählich ebenso zu versagen wie der Appell an die Pflicht des Einzelnen, dem Vaterland als der Verkörperung der ewigen Werte der Nation erforderlichenfalls sein Leben zu geben, und an die Mütter und Väter, den Tod ihrer Söhne in christlichem Geiste als sinnvolles Opfer anzusehen. Ungeachtet der Veränderungen der Kriegslage und der ständig steigenden Not in der Heimat und an den Fronten hat die große Mehrheit der Pfarrer und Theologen beider christlichen Religionsgemeinschaften mit nur geringen Ausnahmen bis zum Ende des Krieges an ihren national eingefärbten, heilsgeschichtlichen Vorstellungen festgehalten. Die nationale Rhetorik der Pfarrer und Kirchenoberen geriet jedoch auf diese Weise immer stärker in Widerspruch zur Realität und weckte nun vielfach Unwillen in den Gemeinden. Dennoch sind beide Kirchen bis Kriegsende uneingeschränkt für einen »Siegfrieden« eingetreten und haben alles ihnen Mögliche getan, um die Gläubigen ungeachtet der sich stetig verschlechternden Lebensbedingungen und der schwindenden Aussichten auf einen, wie es hieß, »ehrenvollen Frieden« weiterhin zum »Aushalten und Durchhalten« anzuhalten. Ebenso haben die Feldgeistlichen sich – freilich mit begrenztem Erfolg – darum bemüht, den Soldaten an der Front neues Siegesbewusstsein einzuflößen.

In diesem Zusammenhang verdienen auch die zahlreichen Festgottesdienste zu Ehren des Kaisers, die bis in die letzten Tage des Kaiserreichs hinein abgehalten wurden, eine Erwähnung. Sie präsentierten durchweg ein völlig idealisiertes Bild Wilhelms II. als eines friedensliebenden »Heldenkaisers«, der allen seinen Untertanen gerade im Kriege »edles Mitgefühl und beglückende Liebe« entgegengebracht habe.[26] Der katholische Feldgeistliche am Kaiserlichen Hauptquartier in Kreuznach Ludwig Berg beschloss eine Kaisergeburtstagsfeier in der Pfarrkirche St. Nicol[lai] am 27. Januar 1918 mit den Worten: »Geläutert im Feuer des Krieges und durchdrungen von der Größe und Verantwortlichkeit der Weltmission« des Kaisers »erneuert das ganze deutsche Volk [...] das Gelöbnis unentwegter Treue bis in den Tod«.[27] Die kritiklose Akklamation der Person des Kaisers bei derartigen Veranstaltungen bis in den Spätherbst 1918 hinein dürfte die Autorität und die Glaubwürdigkeit der Kirchen zusätzlich untergraben haben.[28] Die Kirchenoberen und die Pfarrer zeigten mit solchen Äußerungen einmal mehr, wie weit sich ihre Mentalität von jener der breiten Schichten des Volkes entfernt hatte. Im Oktober und noch Anfang November 1918 haben sich sowohl die evangelische Kirchenleitung wie auch der katholische Klerus bis zur letzten Minute für den Verbleib Wilhelms II. als Kaiser und König von Preußen eingesetzt. In katholischen Kreisen erwog man sogar, einen Hirtenbrief über »Königstreue« herauszugeben, der in allen katholischen Kirchen verlesen werden und die Gemeinden auf die Verpflichtung hinweisen sollte, dem Kaiser in dieser Stunde äußerster Bedrängnis die Treue zu wahren. Immerhin erkannte eine Reihe von Amtsträgern der katholischen Kirche, namentlich Kardinal Michael von Faulhaber, dass es für solche Aktionen zu spät war;[29] die Entwicklung ging denn auch darüber hinweg. Die Kirchen hatten schon seit geraumer Zeit wegen ihrer nationalen Durchhaltepropaganda, aber auch wegen ihrer kritiklosen Haltung gegenüber den staatlichen Autoritäten einen guten Teil ihrer moralischen Autorität verloren. Das Kirchenvolk wollte schon länger »nichts mehr vom Krieg hören«, und auch nicht länger im Namen Gottes »zum Durchhalten ermutigt werden«.[30] Die Folge dieses Kurses war, dass die Kirchen ihre Rolle als Sachwalter und Pfleger der religiösen Bedürfnisse und der religiösen Empfindungen der Bevölkerung teilweise einbüßten. Christliche Gesinnung und Religiosität wanderten gleichsam aus der kirchlichen Arena aus. Tief empfundene christliche Gesinnung und Lebensführung aus christlicher Verantwortung heraus waren zunehmend bei jenen anzutreffen, die dem Kriegsgeschehen mit innerer Distanz gegenüberstanden und in wachsendem Maße Skepsis gegenüber der nationalistischen Rhetorik des Tages hegten. Dies lässt sich gut am Beispiel der künstlerischen Avantgarde zeigen, die ursprünglich durchaus auf der allgemeinen Linie einer durch die Kriegserfahrung geforderten deutsch bestimmten Kultur gelegen und die Kriegsanstrengungen mehrheitlich unterstützt hatte.[31] Hier vollzog sich seit dem Frühjahr 1916 eine Wende zugunsten einer zunehmend kritischen Sicht den Krieges, wenn auch nicht in pazifistischer Absicht. Das Kriegsgeschehen wurde immer stärker als sinnlos empfunden, und demgemäß wurden Leiden, Sterben und Trauer zu zentralen Themen künstlerischer Produktion.

In diesem Zusammenhang bot sich der Rückgriff auf christliche Symbolik und christliche Motive an, um dem unermesslichen Leiden Ausdruck zu verleihen, das jedem, der sich einen klaren Blick bewahrt hatte, allerorten entgegentrat. Die innere Neuorientierung der Avantgarde in den späteren Jahren des Krieges ist gut am Werke Ernst Barlachs abzulesen. Er, der 1914 für eine emotionale Symbiose von nationalem und religiösem Denken gestanden hatte, schuf für das Titelblatt der Dezembernummer 1916 von Paul Cassirers Kunstzeitschrift *Die Kriegszeit* eine einer mittelalterlichen Schutzmantelmadonna nachempfundene Graphik, welche die Unterschrift *Dona nobis pacem* trug; diesem Werk kam an dieser Stelle gleichsam programmatische Bedeutung zu. Auch Käthe Kollwitz benutzte nun die Formensprache der christlichen Tradition, um mit dem

Tod ihres geliebten Sohnes ins Reine zu kommen, statt die Formeln vom Opfertod für das deutsche Vaterland nachzusprechen. Sie setzte nun alles daran, das Leid, welches der Krieg über die Menschheit gebracht hatte, in ihrem graphischen und bildhauerischen Werk künstlerisch zu artikulieren. Oskar Kokoschka ging noch einen Schritt weiter, wenn er nun bewusst christliche Symbole und Motive zitierte, um die Sinnlosigkeit des Völkerringens anschaulich zu demonstrieren; auf seinen Zeichnungen der späten Kriegsjahre stößt man auf mit Kreuzen übersäte Schlachtfelder oder auf Soldaten, welche mit christlichen Kreuzen aufeinander losgehen, in der Absicht, die nationalistische Rhetorik der christlichen Kirchen *ad absurdum* zu führen. Seinen eindrucksvollsten Ausdruck fand diese neue, tief religiöse Gesinnung in den Werken Max Beckmanns, insbesondere seinem großen Gemälde »Die Auferstehung«, an dem er seit 1916 arbeitete, das er aber während des Krieges und auch späterhin nicht zu vollenden vermochte. Diese Darstellung war freilich von tiefer Desillusionierung über die konventionelle christliche Botschaft geprägt. Die auferstehenden Soldaten, die noch von ihren Verwundungen und Verstümmelungen gezeichnet sind, kommen in eine Welt, über der eine schwarze Sonne aufgeht und in welcher inmitten allgemeinen Elends protzig auftretende Kriegsgewinnler, genusssüchtige Menschen, Prostituierte den Ton angeben. Hier schien die Hoffnung auf Vergebung und auf eine künftige göttliche Weltordnung in ihr Gegenteil verkehrt.

Anmerkungen

1 Vgl. dazu Karl Hammer, Deutsche Kriegstheologie (1870–1918), München 1971; Wolfgang Huber/Johannes Schwerdtfeger (Hrsg.), Kirche zwischen Krieg und Frieden. Studien zur Geschichte des Protestantismus, Stuttgart 1976; Wilhelm Pressel, Die Kriegspredigt 1914–1918 in der evangelischen Kirche Deutschlands, Göttingen 1967; Martin Schian, Die Arbeit der evangelischen Kirche, 2 Bde., Berlin 1921/25; Richard van Dülmen, Der deutsche Katholizismus und der Erste Weltkrieg, in: Francia 2 (1974), S. 347–376; Heinrich Missalla, »Gott mit uns«. Die deutsche katholische Kriegspredigt 1914–1918, München 1968; Arlie J. Hoover, God, Germany, and Britain in the Great War. A Study in Clerical Nationalism, New York 1989; Günter Brakelmann, Protestantische Kriegstheologie im Ersten Weltkrieg; Reinhold Seeberg als Theologe des deutschen Imperialismus, Bielefeld 1974.

2 Vgl. Wolfgang J. Mommsen, Bürgerliche Kultur und künstlerische Avantgarde. Kultur und Politik im deutschen Kaiserreich, 1870–1918, Frankfurt a.M. 1994, S. 117 ff.

3 Wolfgang Huber, Kirche und Öffentlichkeit, Stuttgart 1973, S. 142.

4 Ebenda, S. 144.

5 Missalla, »Gott mit uns«, S. 52.

6 Ebenda.

7 van Dülmen, Der deutsche Katholizismus, S. 352.

8 Vgl. Ebenda, S. 145.

9 Pressel, Kriegspredigt, S. 123.

10 Ebenda, S. 203.

11 Ein Beleg unter vielen bei Ludwig Berg, »Pro Fide et Patria«. Die Kriegstage-bücher 1914/18, hrsg. von Frank Betker und Almut Kriele, Köln 1998, S. 128.

12 Zit. bei Huber, Kirche und Öffentlichkeit, S. 207.

13 Ebenda., S. 208.

14 Ebenda, S. 178.

15 Pressel, Kriegspredigt, S. 166.

16 Berg, Kriegstagebücher, S. 352.

17 Belege bei Anne Lipp, Friedenssehnsucht und Durchhaltebereitschaft. Wahrneh-mungen und Erfahrungen deutscher Soldaten im Ersten Weltkrieg, in: AfS 36 (1996), S. 279 – 292, hier S. 283 f. Vgl. auch Dies., Heimatwahrnehmung und sol-datisches »Kriegserlebnis«, in: Gerhard Hirschfeld/Gerd Krumeich/Dieter Lange-wiesche/Hans-Peter Ulmann (Hrsg.), Kriegserfahrungen, Studien zur Sozial- und Mentalitätsgeschichte des Ersten Weltkrieges, Essen 1997, S. 225–242, hier S. 226 ff.

18 Berg, Kriegstagebücher, S. 443.

19 Vgl. Günter Brakelmann, Der deutsche Protestantismus im Epochenjahr 1917, Witten 1974, S. 269 ff., nach: Kirchliche Rundschau für die evangelischen Ge-meinden Rheinlands und Westfalens, 1917, S. 433 ff.

20 Vgl. Günter Brakelmann, Krieg und Gewissen. Otto Baumgarten als Politiker und Theologe im Ersten Weltkrieg, Göttingen 1991, S. 146 ff. und S. 149.

21 Ebenda, S. 130.

22 Ebenda, S. 131 ff.

23 Vgl. Brakelmann, Der deutsche Protestantismus, S. 269 ff.

24 van Dülmen, Der deutsche Katholizismus, S. 357, Anm. 38.

25 Vgl. die nahezu frenetischen Bemühungen Ludwig Bergs, die Befürchtungen Wil-helms II. gegenüber dem römischen Klerus und speziell gegenüber dem Papst ab-zubauen. Berg, Kriegstagebücher, S. 568 ff.

26 Ein eindrucksvoller Beleg ebenda, S. 542 f.

27 Ebenda, S. 543.

28 Um den Kaiser für die Sache der katholischen Kirche günstig zu stimmen, betrieb Berg im Sommer 1918 mit beträchtlicher Energie die Gründung eines »Deutschen Kaisermuseums und Forschungsinstituts für Kaiser-Ikonographie« in Aachen und suchte dafür die Spitzen des deutschen Katholizismus als Sponsoren zu gewinnen. In: Ebenda, S. 624 ff.

29 Faulhaber meinte, daß die Stimmung im Volke schon seit geraumer Zeit umge-schlagen sei; die Bischöfe könnten nichts mehr ausrichten. Berg, Kriegstage-bücher, S. 778 f. Vgl. auch Johann Klier, Von der Kriegspredigt zum Friedensap-pell. Erzbischof Michael von Faulhaber und der Erste Weltkrieg, München 1991.

30 So heißt es in einem Bericht der Kreissynode Görlitz. Zit. bei Schian, Evangelische Kirche, Bd. 2, S. 159.

31 Nachweise bei Wolfgang J. Mommsen, Bürgerliche Kultur, S. 148 ff.

Die europäische Reaktion auf Woodrow Wilsons »New Diplomacy«[1]

Woodrow Wilsons großer Plan für eine neue Weltordnung, die einen dauerhaften Frieden durch das Bündnis der demokratischen Nationen gewährleisten sollte, ist oftmals als ein allzu utopisches, den Sinn für politische Realitäten entbehrendes Unternehmen kritisiert worden. Insbesondere in Europa wurde weithin die Auffassung vertreten, Wilson sei eine weltfremde Persönlichkeit, der es zwar nicht an guter Absicht, wohl aber an der Fähigkeit mangele, die raue Wirklichkeit der Machtpolitik zu erkennen. Dennoch war vielleicht gerade Woodrow Wilsons Programm, das den Wiederaufbau Europas nach den Prinzipien der nationalen Selbstbestimmung vorsah, realistischer als die Pläne der Alliierten Mächte, ganz zu schweigen von dem hochtrabenden Vorhaben der Mittelmächte, die Vorherrschaft Deutschlands und eines deutsch dominierten Österreich-Ungarn auf dem europäischen Kontinent zu erlangen. Woodrow Wilsons »New Diplomacy« befand sich weit mehr, als gewöhnlich anerkannt wird, im Einklang mit einer breiten Strömung der europäischen öffentlichen Meinung und Politik. Diese geht auf Giuseppe Mazzinis großartigen Entwurf eines Europa der Völker zurück, das an die Stelle der Dynastien treten und eine neue Epoche des Friedens und des friedlichen Wettbewerbs auf wirtschaftlichem Felde bringen sollte. Außerdem war bereits ein Großteil der Postulate von Woodrow Wilsons »New Diplomacy« von der europäischen, besonders der britischen Linken lange vor 1914 formuliert worden.

Es wäre unangemessen, in diesem Zusammenhang Woodrow Wilson und seinen Beratern Originalität zuzuschreiben. Seine große Leistung lag eher darin, die oben genannten Ideen aufgegriffen und dann mit beachtlicher Entschiedenheit zur Richtlinie der Außenpolitik der Vereinigten Staaten gemacht zu haben, und zwar zu einem kritischen historischen Zeitpunkt, als sie die Rolle eines Mittlers übernehmen mussten, nachdem die Beziehungen zwischen den Alliierten und den Mittelmächten in eine Sackgasse geraten waren. Damit soll freilich nicht behauptet werden, Wilsons Entscheidung für die Idee einer neuen Weltordnung, die auf demokratischen Prinzipien und einer überstaatlichen Organisation als Garant für Frieden zwischen den Nationen beruhte, habe nicht auch in der amerikanischen politischen Tradition und nicht zuletzt in Wilsons persönlichen Überzeugungen ihre Wurzeln gehabt. Schon im Jahr 1913 hatte er »the development of constitutional liberty in the world« als eine Voraussetzung für Frieden und Stabilität betrachtet.[2] Doch zumindest in Teilen war dies bereits eine von der europäischen Linken vertretene Politik. Die Auffassung, das herkömmliche System eines Gleichgewichts der Großmächte, welches auf einem Netzwerk geheimer Verträge und militärischer Übereinkommen zwischen den Staaten beruhte, sei mit seiner Aufgabe, den Weltfrieden zu gewährleisten, gescheitert und müsse durch eine internationale Organisation ersetzt werden, war schon seit einiger Zeit im Umlauf. Bereits 1913 hatte Norman Angell in seinem Buch *The Great Illusion* die Abrüstungsfrage sowie jene nach einer internationalen Organisation zur Sicherung des Friedens durch eine gemeinsame Anstrengung der demokratischen Nationen der Welt in sehr anregender Weise zur Diskussion gestellt. Nach Ausbruch des Ersten Weltkriegs gründeten E. D. Morell, Charles Philip Trevelyan und Norman Angell die *Union of Democratic Control* (UDC) mit dem ausdrücklichen Ziel, sich dem Krieg zu widersetzen und für eine neue Weltordnung zur Sicherung eines dauerhaften Friedens zwischen den Nationen der Welt zu kämpfen. So forderten sie die Abkehr von der Geheimdiplomatie und der bisherigen Gleichgewichtspolitik, eine wirksame Kontrolle der auswärtigen Politik durch die Volksvertretung beziehungsweise die Öffentlichkeit, Friedensverhandlungen auf der Grundlage des Prinzips »no enforced annexations and no contributions«, sowie die Einrichtung eines »internationalen Rats«, der als permanenter Hüter des Friedens handeln sollte. Im Programm des UDC waren bereits einige der zentralen Forderungen enthalten, die später einen wesentlichen Bestandteil von Wilsons »New Diplomacy« bilden sollten. Diese Ideen wurden stufenweise von der britischen politischen Linken, insbesondere den Gewerkschaften, Teilen der *Labour Party* und liberalen Intellektuellen, übernommen. Ungeachtet der Versuche der britischen Regierung, Erörterungen dieser Fragen zu unterbinden, wurde dieses alternative Programm in unzähligen Pamphleten und öffentlichen Erklärungen leidenschaftlich diskutiert. Schließlich war daraus die Idee eines Völkerbundes entstanden. Eine Vereinigung wurde gegründet mit dem alleinigen Zweck, diese Friedensvorstellungen in der britischen und außerbritischen Öffentlichkeit zu verbreiten. So war Großbritannien das Land, in dem die Völkerbundidee aus einem ursprünglich utopischen Entwurf allmählich in eine umsetzbare Konzeption umgestaltet wurde. Um 1917 hatte die öffentliche Unterstützung für die Idee einer internationalen Organisation zur Sicherung des Friedens beträchtlich zugenommen, so dass die britische Regierung diese Bemühungen nicht länger vollständig ignorieren konnte. Schließlich kamen die konstruktivsten Vorschläge für den Völkerbund von Lord Robert Cecil und General Smuts.

Zugegebenermaßen verhielten sich die Dinge in Frankreich ziemlich anders. Die Stellung der politischen Linken war hier vergleichsweise schwach, und das politische Klima des militärisch bedrängten Landes konnte nicht gerade günstig für die Verbreitung derartiger Ideen sein. Überdies unterdrückte die Regierung mit aller Macht jegliche pazifistischen beziehungsweise Anti-Kriegs-Aktivitäten; die rüde Behandlung, wie sie Caillaux seitens der französischen Behörden 1918 erfuhr, war ein Höhepunkt dieser Maßnahmen. Seit 1917 gewann auch in Frankreich in großen Teilen der Öffentlichkeit die Kritik am Ersten Weltkrieg an Boden, wie zum Beispiel der außerordentliche Erfolg von Henri Barbusses Roman *Le Feu* bezeugt. Dennoch konnte diese Stimmung nicht in eine aktive Bewegung für eine neue Weltordnung umgesetzt werden, wie das etwa in Großbritannien der Fall war.

Schon vor 1914 hatte es in Deutschland und in Österreich-Ungarn eine beachtliche Gruppe von Intellektuellen gegeben, die für die Ausweitung der auf den Haager Konferenzen von 1899 und 1907 verabschiedeten Prinzipien zur Aufrechterhaltung des Friedens eintrat und diese als ein wirksames Mittel zur Kriegsverhinderung instrumentalisieren wollte. Insbesondere Walter Schücking hatte verlangt, dass die Haager Vereinbarungen allmählich zu einem System rechtlicher Institutionen und Vermittlungsverfahren, wenn nicht sogar zur Verhinderung internationaler Konflikte, ausgebaut würden, als einem ersten Schritt zu einer friedlichen Weltordnung. Die deutsche Friedensbewegung und in gewissem Ausmaß die Sozialdemokraten standen diesen Ideen sehr aufgeschlossen gegenüber; sowohl die Revisionisten mit ihrem intellektuellen Führer Eduard Bernstein als auch die Gruppe der Zentristen mit ihrem Sprecher Karl Kautsky waren überzeugte Gegner der konventionellen Geheimdiplomatie, und sie befürworteten ein System einer internationalen Verständigung, das mit kollektiver Sicherheit verknüpft sei. Im August 1914 wurden die Deutschen fast ausnahmslos von einer Welle nationaler Empfindungen erfasst; das Verlangen nach einer dauerhaften Friedensordnung war jedoch nicht vollkommen verschwunden, auch wenn es zunächst in den Hintergrund gedrängt wurde. Es kam wieder deutlicher zum Vorschein, nachdem die anfängliche Begeisterung für den Krieg innerhalb der gebildeten Schichten abflaute und der Kriegsalltag spätestens seit Sommer 1916 der Bevölkerungsmehrheit seine brutale Seite gezeigt hatte.

Entsprechend lässt sich feststellen, dass Wilsons Vorschläge für einen ehrenvollen Frieden, einen Frieden ohne Sieger und Besiegte, auf beträchtliche Teile der Bevölkerung sowohl in den Ländern der Alliierten als auch in den Mittelmächten, und hier besonders Großbritannien und Deutschland, einen großen Eindruck machten, der sich im Laufe der Zeit noch weiter verstärkte. Die Parteien und politischen Gruppierungen auf der Linken reagierten, ungeachtet erheblicher Zweifel an der amtlichen amerikanischen Politik, einigermaßen positiv auf Wilsons Initiativen. Der Sozialdemokrat Gradnauer erklärte am 30. Mai 1916 im Reichstag: »Jedem ehrlichen und unparteiischen Staatsmann, der gewillt ist, auf die Herbeiführung des Friedens hinzuwirken, würde nach unserer Überzeugung nicht nur die große Mehrheit des deutschen Volkes, sondern aller am Krieg beteiligten Völker heißen Dank wissen.«[3] Das war möglicherweise etwas voreilig, doch ziemlich kennzeichnend für die Richtung, in der sich die politische Meinung der Linken bewegte.

Die offizielle Einstellung zum Krieg war eine ganz andere Sache. Die Regierungen und im Besonderen die militärischen Eliten waren in allen kriegführenden Ländern gleichermaßen entschlossen, den Krieg bis zu einem entscheidenden Sieg fortzuführen. Die vorsichtigen Sondierungen für einen mit Hilfe der Vereinigten Staaten auszuhandelnden Friedenskompromiss, die Oberst House während seiner Besuche in den europäischen Hauptstädten im August 1914 und erneut im Juni 1915 unternahm, trafen nirgendwo auf positive Resonanz. Die britische Diplomatie kam dem zwar sehr entgegen, und tatsächlich begrüßte sie schon früh die Idee der Schaffung eines Völkerbundes, aber ihre Bedingung war, dass zunächst ein entscheidender Sieg über die Mittelmächte errungen werden müsse. Die Franzosen wandten sich heftig gegen jeden auf amerikanische Vermittlung zurückgehenden Friedenskompromiss, nicht zuletzt weil sie vermuteten, dass die amerikanischen Vorschläge aufgrund einer Absprache mit den Mittelmächten gemacht würden. Die deutsche Regierung war ihrerseits nicht bereit, zu diesem Zeitpunkt in ernsthafte Friedensverhandlungen einzutreten; sie war nach wie vor von einem entscheidenden militärischen Sieg überzeugt. Außerdem misstraute Bethmann Hollweg ausdrücklich Wilsons Ideen einer internationalen Vermittlung. Dem Vorschlag nach »some sort of an association of nations wherein all shall guarantee the territorial integrity of each«[4] begegnete man mit tiefem Misstrauen, wenn nicht offener Ablehnung; nach Bethmann Hollwegs

Auffassung waren Wilsons Friedensangebote von einem »impractical delirium for peace«[5] durchdrungen.

Die offizielle Haltung der deutschen Diplomatie hatte sich seit ihrer auf den Haager Konferenzen vertretenen, schroffen Verteidigung des Prinzips nationaler Souveränität, welches die Rechtmäßigkeit der Kriegführung als Angelegenheit vitalen nationalen Interesses mit einschloss, nicht wesentlich geändert. Jedoch waren nicht nur die deutsche, sondern alle kriegführenden europäischen Regierungen zu diesem Zeitpunkt dagegen, die Aussicht auf die mögliche Erringung eines entscheidenden Sieges aufzugeben, der ja das Problem von sich aus lösen würde, wie eine dauerhafte Friedensordnung in Europa mit den Mitteln der herkömmlichen Machtpolitik zu gewährleisten sei. Auch nachdem die Vereinigten Staaten auf Seiten der Alliierten in den Krieg eingetreten waren, wurde von allen kriegführenden Parteien im Prinzip an dieser Einstellung festgehalten. Erst die russische Oktoberrevolution erschütterte die Bahnen der traditionellen Mächtediplomatie in Europa und ebnete den Weg für eine allmähliche Öffnung für die Ideen von Wilsons »New Diplomacy«, auch wenn das nur in Teilen und halbherzig geschah.

Im deutschen Fall war die Bereitschaft, die Ideen von Wilson aufzugreifen, dadurch zusätzlich ernsthaft beeinträchtigt, dass trotz Wilsons Beteuerungen des Gegenteils die amerikanische Diplomatie, insbesondere in ihrer Behandlung der U-Boot-Frage, nicht als unparteiisch gelten konnte. Wenn die Vereinigten Staaten das Deutsche Reich zwangen, keinen Gebrauch von jenen Waffen zu machen, die als einzig wirksam in der Überwindung der Blockade durch die Alliierten galten, so glaubte man, dass sie zumindest parallele Schritte in Downing Street und Quai d'Orsay unternehmen müssten, um die Blockade zu lockern. Die unnachgiebige legalistische Haltung der amerikanischen Diplomatie in der U-Boot-Frage wurde im Deutschen Reich als nicht überzeugend eingeschätzt und im Wesentlichen als ein Vorwand betrachtet, um unter dem Schutz der Neutralität die Kriegsanstrengungen der Alliierten zu unterstützen. Überdies konnte die erhebliche wirtschaftliche und finanzielle Unterstützung, die die Vereinigten Staaten den Briten und Franzosen seit Kriegsbeginn gewährten, nur als eine Option für die Sache der Alliierten gesehen werden, die zu den öffentlichen Erklärungen Woodrow Wilsons, was die amerikanische Neutralität betraf, nicht gerade passte. Tatsächlich haben Wilsons persönlicher Berater Oberst House und der amerikanische Außenminister Robert Lansing ohne Zweifel nach der Maxime gehandelt, dass ein Sieg der Mittelmächte über Frankreich und Großbritannien nicht im Interesse Amerikas liege; und entsprechend beeinflussten sie die

Entscheidungen des Präsidenten. Wie auch immer dies beurteilt werden mag, es gab Anhaltspunkte genug für die deutsche öffentliche Meinung, vorwiegend gegen Wilson eingestellt zu sein. Zugegebenermaßen taten die Konservativen und Alldeutschen alles, die öffentliche Meinung gegen Wilson aufzuhetzen, und in konservativen Kreisen wurde dieser als der ärgste Feind Deutschlands angesehen. So erklärte Graf Kuno Westarp Ende 1917: »Für einen Mann, der um des Geschäfts willen den Krieg um Monate, ja Jahre hat verlängern lassen und der das getan hat mit der heuchlerischen Maske eines Predigers für Recht und Gerechtigkeit, für einen solchen Mann hat das deutsche Volk von je Verachtung, nicht einmal Hass gehabt.«[6] Sogar ausgeprägt fortschrittliche Liberale wie zum Beispiel Theodor Wolff, welcher mit Wilsons Programm sympathisierte, meinten, die kompromisslose Einstellung der amerikanischen Regierung in der U-Boot-Frage lasse sich nur schwer mit Wilsons idealistischem Plan einer zukünftigen friedlichen Ordnung vereinbaren.[7] Die offizielle deutsche Meinung lautete, dass die amerikanische Diplomatie keinesfalls unparteiisch sei und dass man Wilson nicht trauen könne. Der deutsche Staatssekretär des Äußeren, Gottlieb von Jagow, rechtfertigte diese politische Grundlinie in einer Anweisung an den deutschen Botschafter in Washington, Graf Bernstorff, in der er das Argument verwendete, die ablehnende Einstellung der deutschen Öffentlichkeit gegen Wilson erlaube es nicht, diesen als Vermittler zwischen den Alliierten und den Mittelmächten zu akzeptieren.[8]

Die bei weiten Teilen der deutschen Öffentlichkeit vorherrschende Annahme, Wilson sei keineswegs unparteiisch, sondern stehe vielmehr auf Seiten der Alliierten, beeinflusste die Art und Weise, wie seine Botschaft in Deutschland und Österreich-Ungarn aufgenommen wurde. Dementsprechend wurden Wilsons Reden im Frühjahr 1916, in denen er seinen Entwurf für eine zukünftige Friedensordnung erörterte, anfänglich nicht allzu ernst genommen. Das trifft besonders auf seine Darlegungen auf der *Convention of the League to Enforce Peace* am 27. Mai 1916 zu, in denen er eine »universal association of the nations« vorschlug, von der eine »virtual guarantee of territorial integrity and political independence« ausgehen solle. Diese Vorschläge für eine neue internationale Ordnung wurden von den meisten deutschen Beobachtern als die verschwommene Perspektive einer fernen Zukunft betrachtet, die in dieser Phase des Krieges, der an einem kritischen Wendepunkt angekommen war, nur wenig Bedeutsamkeit besaß.

Wilsons Eintreten für eine neue Weltordnung, die Frieden zwischen den Nationen der Welt sichern sollte, wurde in Amerika und in den neutralen

Staaten durchweg positiv aufgenommen. In Großbritannien reagierte man eher uneindeutig. Die *Union of Democratic Control* begrüßte die Erklärung des amerikanischen Präsidenten, da sie hierin ihre seit Ausbruch des Krieges gestellten Forderungen bestätigt sah. Ein beträchtlicher Anteil der britischen Liberalen hieß diese Ideen ebenfalls gut. Andererseits aber behielt die regierende Elite ihre Zweifel. In Frankreich und bei den Mittelmächten machte Wilsons Botschaft keinen großen Eindruck. Doch wäre es verfehlt, daraus zu folgern, Wilsons Ideen wären in Deutschland überhaupt nicht rezipiert worden. Sowohl die Sozialdemokraten als auch die Friedensbewegung reagierten nämlich, ganz im Gegenteil, sehr positiv auf Wilson Botschaft, obwohl zu diesem Zeitpunkt nur wenig Aussicht dafür bestand, dass die amerikanische Friedensinitiative den Krieg beenden könne. Auch begannen einige liberale Journalisten damit, vorteilhaft über Wilsons Vorschläge zu berichten. Schon im April 1916 hatte Maximilian Harden in seiner einflussreichen Wochenschrift *Die Zukunft* Wilsons Ideen verbreitet, und andere liberale Zeitschriften wie etwa Theodor Wolffs *Berliner Tageblatt* folgten ihm vorsichtig. Der Anarchist Kurt Landauer schrieb Woodrow Wilson sogar persönlich, dass die deutsche Linke mit seinen Vorstellungen sympathisiere. Mittlerweile wurde die Idee, mögliche zukünftige Kriege durch die Schaffung eines Völkerbundes zu vermeiden, in Deutschland auf breiter Ebene diskutiert. Als sich Sir Edward Grey dann öffentlich für ein zukünftiges System kollektiver Sicherheit aussprach, konnten es sich auch die deutschen Staatsmänner nicht länger leisten, den Friedensvorschlägen die kalte Schulter zu zeigen. In Großbritannien wie in Deutschland gleichermaßen fingen die Regierungen an, ein Lippenbekenntnis zu Wilsons Idealen abzulegen, während sie gleichzeitig ihre Anstrengungen erhöhten, den Krieg doch noch zu einem siegreichen Ende zu führen.

Tatsächlich aber standen die Regierungen aller kriegführenden Mächte jeglichen Friedensinitiativen des amerikanischen Präsidenten grundsätzlich ablehnend gegenüber, da sie glaubten, diese würden allein zum Vorteil des Feindes ausfallen. Wegen ihrer Befürchtung, der amerikanische Präsident würde in seiner Stellung als Vermittler die Positionen der Alliierten bevorzugen, war die deutsche Regierung in ihrer Ablehnung seiner Friedensaktionen unnachgiebig. Allein in direkten Verhandlungen zwischen den Kriegsgegnern als solchen, zumal ohne irgendeines der Kriegsziele aufzugeben, glaubte man, dass es möglich wäre, die wohl nach wie vor bessere militärische Lage der Mittelmächte am Verhandlungstisch zur Geltung zu bringen. Das deutsche Friedensangebot vom 12. Dezember 1916 wurde teilweise nur deshalb gemacht, um einer als unmittelbar

bevorstehend geglaubten amerikanischen Friedensinitiative zuvorzukommen. Man hielt eine positive Reaktion der Alliierten zwar ohnehin
für unwahrscheinlich, doch für den eventuellen Fall wollte die deutsche
Regierung gewappnet sein, mit ihnen in direkte Verhandlungen ohne Vor-
bedingungen einzutreten, anstatt Wilson ausschlaggebenden Einfluss auf
diese zu ermöglichen. Weil die Alliierten Mächte angesichts der aus ihrer Sicht militärisch ungünstigen Lage jegliche Verhandlungen ablehnten
und die Deutschen nicht bereit waren, ihre Kriegsziele öffentlich zu de-
klarieren bzw. zu modifizieren und ernsthaft einen Verständigungsfrieden
zu erwägen, führten weder die deutschen noch die nachfolgenden amerikanischen Friedensinitiativen zu konkreten Ergebnissen.

Angesichts dieser Lage hatte Präsident Wilsons berühmte Vorlage für den
amerikanischen Senat vom 22. Januar 1917, in der er ja auf sehr beein-
druckende Weise sein Friedensprogramm darlegte, auf die europäische
öffentliche Meinung eine nur begrenzte Wirkung. Beide kriegführenden
Lager setzten ihre Hoffnungen erneut auf einen entscheidenden militärischen Sieg: Die Deutschen eröffneten den uneingeschränkten U-Boot-
Krieg, obwohl das sehr wahrscheinlich die Vereinigten Staaten bestimmen würde, in den Krieg einzutreten; die Alliierten Mächte bereiteten
eine aufeinander abgestimmte, umfassende Offensive an der Westfront
vor, von der man ein Ende des Stellungskrieges und einen entscheidenden Durchbruch erwartete. Der Zeitpunkt für eine öffentliche Auseinandersetzung mit Wilsons Kongressbotschaft war also äußerst ungünstig,
obwohl die kriegführenden Mächte über die üblichen diplomatischen
Kanäle zuvor davon unterrichtet worden waren.

Andererseits erschien es ratsam, sich Wilson nicht unnötig zum Gegner
zu machen und ihn so weit wie möglich zu umwerben. Das Quai d'Orsay
konnte sich für Wilsons Vorschlag eines »peace without victory« nicht
begeistern; man meinte, nur eine vollständige Niederlage des Deutschen
Reiches gebe Frankreich Elsass-Lothringen ohne eine Volksabstimmung
zurück und würde jene Gebietserweiterungen und -garantien ermöglichen, die man als zukünftige Gewähr gegen Deutschland als notwendig
betrachtete. Selbst jetzt noch fürchtete man eine Einmischung Wilsons in
die künftige Kriegführung, einige französische Beamte vertraten sogar
die Ansicht, es sei besser, wenn sich die Vereinigten Staaten überhaupt
neutral verhielten.[9]

Eine raffinierte Methode, um sich das Wohlwollen des amerikanischen
Präsidenten zu erhalten, war die Entsendung des berühmten Philosophen
Henri Bergson nach Washington, der in offizieller Mission die Stellung
Frankreichs verbessern sollte. Der Meister-Philosoph Bergson sollte per-

sönlich mit dem anderen Meister-Philosophen Woodrow Wilson diskutieren und ihn von den guten Absichten der Franzosen überzeugen. Von
Januar bis Mai 1917 reiste Bergson durch die Vereinigten Staaten; am
14. Februar traf er House, und Wilson empfing ihn am 19. Februar im
Weißen Haus. Nachdrücklich rühmte Bergson das Friedensprogramm
des Präsidenten und im Besonderen dessen Idee, einen Völkerbund zu
schaffen. Zum ersten Mal, meinte Bergson, sei es möglich geworden, die
Philosophie zur Seele bzw. zum Geist der Politik zu machen. Er fuhr fort,
Wilson persönlich zu rühmen und spielte direkt auf das historische Beispiel Platons an: »Vous êtes philosophe, prophete et roi.« Bergson erklärte dem Präsidenten, Frankreich sei bereit, auf sein Programm in po-
sitiver Weise zu reagieren;[10] die französische Diplomatie erkläre sich
ihrerseits mit der Idee eines Völkerbundes einverstanden. Allerdings war
das reiner Opportunismus, mit dem die Amerikaner bei Laune gehalten
werden sollten, da ihre wirtschaftliche Unterstützung für die Kriegführung unentbehrlich geworden war. Im Grunde wurde sogar befürchtet, dass die Vereinigten Staaten nach ihrem Kriegseintritt Frankreich und
Großbritannien daran hindern könnten, die Früchte eines entscheidenden
Sieges auch zu ernten. Der französische Ministerpräsident Ribot berichtete dem britischen Botschafter Lord Bertie: »Before Germany has been
thoroughly beaten she may propose terms which president Wilson may
consider acceptable, but which would not be at all acceptable to France
and England« und »Wilson may put pressure on the Entente countries to
accept them«.[11]
In Deutschland sah es nicht sehr viel anders aus. Die Marine, die Oberste Heeresleitung, die politische Leitung und die Öffentlichkeit hofften in-
brünstig, dass der uneingeschränkte U-Boot-Krieg Frieden spätestens innerhalb der kommenden sechs Monate bringen würde. Der Kriegseintritt
der Vereinigten Staaten würde in jedem Fall zu spät kommen. Allerdings
wurde die Presse angewiesen, auf Wilsons Erklärungen gemäßigt einzugehen, um den Präsidenten nicht zu verärgern und die Situation nicht
mehr zu verschärfen; in Regierungskreisen wurde auch jetzt noch gehofft, dass die Vereinigten Staaten trotz des unbeschränkten U-Boot-
Krieges weiterhin neutral bleiben würden.[12] Theodor Wolff berichtete im
Berliner Tageblatt recht wohlwollend über Wilsons Vorschläge, obwohl
er es missbilligte, dass der Präsident die weit reichenden Kriegsziele der
Alliierten, die sich nicht mit seinen Friedensangeboten deckten, bagatel-
lisierte. Er stellte dar, dass Wilson vornehmlich die Westmächte begün-
stige; doch bewertete er seine Politik als an und für sich aufrichtig:
»Nichts wäre falscher und ungerechter, als den Idealismus zu verkennen,

der die Triebkraft seines Wollens bleibt ... jeder verständige, einen dauernden und gesicherten Frieden ersehnende Mensch [könne] in Deutschland die meisten Grundsätze des amerikanischen Präsidenten unterschreiben.« Dennoch schränkte Wolff seine Zustimmung ein: In der gegebenen Situation könnten sich die Deutschen einen derartigen »flügelleichten Optimismus« nicht leisten.[13] Dieser Artikel verlieh dem journalistischen Umgang mit Wilsons Politik ein neues Niveau. Wolff hatte klargestellt, dass die Deutschen gut beraten waren, sich auf diese Ideen politisch einzustellen, was bei den Gemäßigten und den Sozialdemokraten nicht ohne Wirkung blieb.

Der anfänglich große Erfolg des uneingeschränkten U-Boot-Krieges seit seinem Beginn am 1. Februar schien die Prognosen der Admiralität zu bestätigen, dass Großbritannien in die Knie gezwungen werden könne, noch bevor die Amerikaner mit beträchtlichen Streitkräften in die Kämpfe im Westen eingreifen konnten. Außerdem hatte die russische Februarrevolution das Zarenreich als ernsthaften Gegner ausgeschaltet, obgleich die Alliierten alles in ihrer Macht taten, Russland weiterhin im Krieg zu halten und so zum Beispiel der Regierung Kerenskij viel weiter reichende Kriegsziele zugestanden als jemals zuvor. Zusätzlich mussten auch die Gegner eines uneingeschränkten U-Boot-Krieges eingestehen, dass es angesichts der politischen Stimmung in Deutschland geradezu unmöglich war, in Verhandlungen über einen Verständigungsfrieden einzutreten, solange nicht zunächst die angeblich tödliche Waffe eines uneingeschränkten U-Boot-Krieges zum Einsatz gebracht worden war.

Selbstverständlich kühlte die Begeisterung in Deutschland für Wilsons Ideen mit der Kriegserklärung der Vereinigten Staaten beträchtlich ab. Das war umso mehr der Fall, nachdem Wilson seinen Standpunkt geändert und erklärt hatte, die Schaffung einer neuen Friedensordnung könne nur nach einer Niederlage der autokratisch und militaristisch regierten Mittelmächte in Angriff genommen werden. Aber das sollte nicht so bleiben. Seit Juni 1917, als es offensichtlich wurde, dass der U-Boot-Krieg nicht den Frieden und erst recht nicht einen Siegfrieden bringen würde, fand die Idee in der Öffentlichkeit und in den Parteien zunehmend Resonanz, dass das Deutsche Reich, wenn immer möglich, einen Verständigungsfrieden schließen sollte. Im Juli 1917 gewann Matthias Erzberger die Liberalen, das Zentrum und die Sozialdemokraten im Reichstag dafür, für eine den Verständigungsfrieden verlangende »Friedensresolution« zu stimmen. Und es gelang ihm sogar, einen Ständigen Ausschuss aus bürgerlichen Parteien und der Sozialdemokratie zu bilden (»Siebenerausschuss«), der die künftige auswärtige Politik kontrollieren und sicherstellen sollte, dass die Regierung in außenpolitischen Fragen entsprechend dem Willen der parlamentarischen Mehrheit vorgehe.

Vor dem Hintergrund dieser politischen Lage begann die öffentliche Meinung, Wilsons Vorschläge in sehr viel günstigerem Licht zu sehen, als das bisher der Fall gewesen war. Nunmehr betrachtete es selbst die Regierung als angemessen, auf jene Aspekte von Wilsons Programm positiv zu reagieren, die nicht unmittelbar die Kriegführung als solche betrafen. So wie es Bethmann Hollweg schon im Herbst 1916 getan hatte, erklärte nun auch Graf Hertling öffentlich seine Zustimmung zur Idee eines Völkerbundes. Auf diese Weise wurde Wilsons Programm zu einem Schlachtfeld zwischen der Linken und der Rechten. Letztere fuhr damit fort, Wilson in gröbster Sprache zu beleidigen, da sein Name für einen Verständigungsfrieden und zugleich für Verfassungsreformen stand. Wie sich die öffentliche Meinung allmählich wandelte, lässt sich anhand eines Artikels des renommierten Historikers Friedrich Meinecke in der *Frankfurter Zeitung* vom 23. September 1917 nachvollziehen. Darin sprach sich Meinecke für die Annahme von Wilsons Programm aus, obwohl ihm Wilsons *democratic pacifism* weiterhin suspekt erschien; dieser stelle eine seltsame Kombination aus einem leidenschaftlichen, aus humanitärer Berufung gespeisten religiösen Glauben und *elementary power instincts* dar.[14]

Wir betreten also mit aller gebotenen Vorsicht, mit allen kritischen Vorbehalten historischer und psychologischer Erfahrung das Gebiet der Entwürfe, Hoffnungen und Träume, die von einem künftigen Friedensbunde der Völker, von internationalen Schiedsgerichten, Abrüstung, Freiheit der Meere durch neue völkerrechtliche Abmachungen usw. handeln. Aber wir können es mit festem Schritte und klarem Auge betreten, als Realisten und nicht als Träumer, als Realisten aber zugleich, die über und hinter den reinen nationalen Egoismen auch die bewegenden Kräfte universaler Ideen, unveräußerlicher Rechte und Pflichten der Menschheit ... anerkennen.[15]

Seit Mitte 1917 nahmen die Stimmen merklich zu, die sich ungeachtet fortbestehender Bedenken hinsichtlich ihres utopistischen Charakters für Wilsons Prinzipien aussprachen. Nicht nur die kleine Gruppe der Rechtsanwälte, Journalisten und Politiker, die schon bisher öffentlich eine künftige Neuordnung der internationalen Politik nach Maßgabe von Wilsons Ideen befürwortet hatten, sondern eine wachsende Zahl von Politikern, Journalisten und Akademikern bekundete ihr Interesse an den Ideen von kollektiver Sicherheit, Abrüstung und einem Völkerbund. Bernhard Dernburg beeilte sich, eine Vereinigung von Gelehrten und angesehenen

Persönlichkeiten zusammenzubringen, die sich mit dem Programm Woodrow Wilsons befassen sollte, und die deutsche Friedensgesellschaft, die *Zentralstelle für Völkerrecht* sowie andere pazifistische Organisationen verstärkten ihre publizistische Aktivität.[16] Die Sozialdemokraten machten sich nun Wilsons Friedensprogramm in aller Form zu Eigen. Allerdings waren sie in der Folge bitteren Angriffen seitens der extremen Linken ausgesetzt, weil sie in die Falle hochfliegender bürgerlicher Ideale gegangen seien, die den Klassenkampf und die Ursachen der unweigerlich mit der kapitalistischen Ordnung verknüpften Kriegspolitik nur verschleierten. Die Spartakusbriefe verhöhnten die »plumpe Täuschung«, auf die Woodrow Wilsons Vorschläge hinausliefen, und beschuldigten ihn, die Vereinigten Staaten ausschließlich im Interesse der amerikanischen Kapitalisten in den Krieg geführt zu haben.[17]

Die in Deutschland wachsende Zustimmung für Wilsons Programm wurde durch die ziemlich scharfe Sprache, mit der die amerikanische Regierung Ende August 1917 auf die Friedensinitiative von Papst Benedikt XV. reagierte, einigermaßen beeinträchtigt; auf diese hatte die gemäßigte Linke, insbesondere Erzberger, so viel Hoffnung gesetzt.[18] Bei dieser Gelegenheit erklärte Wilson zum ersten Mal in glasklarer Sprache, dass die Vereinigten Staaten nicht bereit seien, mit der gegenwärtigen deutschen Regierung in Friedensverhandlungen einzutreten, und dass sie einen durchgreifenden Wechsel des Regierungssystems sowie der Entscheidungsträger als wesentliche Voraussetzung für Friedensverhandlungen erachteten. Während dies der britischen und französischen Linken in die Hände spielte, schwächte es in gewisser Weise die Position der fortschrittlichen Gruppen innerhalb der deutschen Gesellschaft; sie wurden von der Agitation der Rechten in die Defensive gedrängt, die mit der »Vaterlandspartei« eine neue Massenorganisation gegründet hatte, mit dem Ziel, den Krieg, was auch immer kommen möge, mit einem Siegfrieden zu beenden. Überdies fühlten sich viele der Gemäßigten von der unbeugsamen Sprache Washingtons abgestoßen, wie zum Beispiel Graf Metternich, der sich stets für ein gutes Einvernehmen mit Großbritannien und den Vereinigten Staaten eingesetzt hatte.[19]

Andererseits trat nun Matthias Erzberger jener Gruppe der deutschen Politiker bei, die ihre Hoffnung auf Wilsons Modell setzten; er nahm sogar an der Berner »Studienkonferenz« vom 19. bis 22. November 1917 teil, auf der die Grundzüge einer künftigen Weltordnung von Vertretern der Mittelmächte und verschiedener neutraler Staaten diskutiert wurden. Nicht zuletzt wegen der Absage der Alliierten, sich an der Konferenz zu beteiligen, kam diese Konferenz allerdings zu keinem konkreten Ergebnis.

Aber sie brachte den erheblichen Fortschritt zum Ausdruck, der gemacht worden war, für die »New Diplomacy« öffentliche Unterstützung zu finden. Stufenweise begannen breite Bevölkerungsschichten in Deutschland, sich mit Wilsons Programm, was auch immer dessen indirekte innenpolitische Folgen seien, ernsthaft auseinander zu setzen, weil damit vor allem die Hoffnung auf einen Verständigungsfrieden verbunden war.

Für Großbritannien kann im Wesentlichen das Gleiche festgestellt werden. Anfänglich waren die Ideen einer »New Diplomacy« nur von Randgruppen, insbesondere der UDC, vertreten worden. Mittlerweile hatten sie aber nicht nur bei der Linken, sondern auch in liberalen Kreisen erheblich an Popularität gewonnen, obgleich die offizielle Politik nach wie vor darin entschlossen war, den Krieg unerbittlich bis zu einem *knock-out* der Mittelmächte (nach dem bekannten Worte von Lloyd George) weiterzuführen. Im November 1917 wurde eine *League of Nation Union* gegründet, der es gelang, eine stattliche Anzahl einflussreicher Persönlichkeiten zu Mitgliedern zu gewinnen. Balfour, Asquith, Grey und sogar Lloyd George übernahmen die Schirmherrschaft.

Allerdings erlangte die Politik Wilsons erst mit der Oktoberrevolution und der berühmten Erklärung eines Friedens ohne »annexations and contributions« durch den Petrograder Soviet größeren Anhang. Lenins neue, revolutionäre Diplomatie drohte, Wilsons »Kleider zu stehlen«, und zwang diesen zu handeln; das Ergebnis war die bekannte Erklärung der *Fourteen Points* vom 5. Januar 1918. Wie Arno Mayer überzeugend gezeigt hat, war diese in erster Linie von Überlegungen ausgelöst worden, wie Lenins Friedensoffensive begegnet werden könne.[20] Am 8. Januar folgte Lloyd George dem Beispiel Wilsons mit einer eindrucksvollen Rede vor der *Tradeunion Conference,* die zuvor mit dem Kabinett abgesprochen worden war. Diese zeigte einen bedeutenden Wandel der britischen Position: Sie vermittelte den Eindruck, Großbritannien sei nun bereit, die Verhandlungen für einen Verständigungsfrieden zu überdenken. In Deutschland und Österreich-Ungarn wurden die *Fourteen Points* trotz weiter bestehender Zweifel an ihrer Umsetzbarkeit mit großer Begeisterung aufgenommen; auch fürchtete man, sie würden vom amerikanischen Präsidenten nicht im Geist der Unparteilichkeit durchgeführt. Graf Czernin berichtete im Nachhinein über die Reaktionen der Menschen auf Seiten der Mittelmächte: »In den Augen von Millionen Menschen eröffnete dieses Programm eine Welt von Hoffnungen. Ein neuer Stern war aufgegangen jenseits des Ozeans, und alles blickte nach demselben. Ein gewaltiger Mann schien erstanden, der mit einer einzigen kraftvollen Bewegung ... das Tor des Verständigungsfriedens neuerlich öffnete.«[21]

Die verschiedenen mit dem Friedensprogramm verbundenen Vereinigungen in Deutschland verstärkten nun ihre Aktivitäten. Die führenden liberalen Zeitungen in Deutschland, die *Frankfurter Zeitung* und das *Berliner Tageblatt,* stellten diesen Themen ihre Seiten zur Verfügung, und auch in zahlreichen Zeitschriften wurde die Idee eines Völkerbundes ausführlich erörtert. Die Spannweite der sich an diesen Aktivitäten beteiligenden Personen hatte beträchtlich zugenommen. Auch aus den bürgerlichen Parteien traten Politiker dazu, und hier war es erneut Matthias Erzberger, der 1918 eine Flugschrift veröffentlichte, in der er sehr ausführlich die Vorteile eines Völkerbundes als künftigem Friedensgaranten diskutierte.[22] Schließlich wurde in Anlehnung an das britische Beispiel sogar eine *Deutsche Liga für den Völkerbund* ins Leben gerufen. Durch die Annahme von Wilsons Programm könne, so hoffte man, der bevorstehende Zusammenbruch der Mittelmächte noch verhindert werden. Auf der anderen Seite verstärkte die Rechte ihre Anstrengungen, Wilson und seine Ideen als utopisch und zugleich als trügerisch und unehrlich zu entlarven. Zu dieser Zeit waren sich nur wenige deutsche Politiker vollständig darüber im Klaren, dass sich Wilson auf eine Strategie verlegt hatte, durch die, als Voraussetzung für eine grundlegende Neuordnung Europas, die autoritären Regierungen im Deutschen Reich und in Österreich-Ungarn gestürzt werden sollten, und zwar durch einen direkten Appell an die öffentliche Meinung dieser Länder. House fasste diese Strategie folgendermaßen zusammen: »We discussed the trend of liberal opinion in the world and came to the conclusion that the wise thing to do was to lead the movement intelligently and sympathetically and not to allow the ignoble elements to run away with the situation as they had done in Russia.«[23] Es gelang der amerikanischen Politik, dieses Ziel in bemerkenswertem Umfang zu erreichen. Selbstverständlich trugen auch andere Faktoren zum schließlichen Zusammenbruch der Habsburger Monarchie im Oktober 1918 bei, nicht zuletzt völlige Erschöpfung und Niedergeschlagenheit. Doch dadurch, dass die Vereinigten Staaten dazu übergingen, die Nationalbewegungen innerhalb der Habsburger Monarchie aktiv zu ermutigen, die vollständige nationale Unabhängigkeit anzustreben, wurde der Sturz der kaiserlichen Herrschaft in Wien letztendlich entscheidend beschleunigt.

Die Einwirkung der amerikanischen Diplomatie auf die Verhältnisse in Deutschland war sogar noch wirkungsvoller. In vielfacher Weise war die deutsche Revolution von 1918/19 das Ergebnis des glühenden Verlangens der von Hunger und allen Arten der Entbehrung geplagten Bevölkerungsmassen, den Krieg ohne weiteres Aufschieben zu einem Ende zu bringen, verbunden mit einem tiefen Misstrauen hinsichtlich der Bereitschaft des Militärs sowie, wenn auch in geringerem Maße, der politischen Machthaber, entsprechend zu handeln. Allerdings spielten zwei weitere Faktoren eine wichtige Rolle hinsichtlich der Erwartung, dass auf der Grundlage von Wilsons *Fourteen Points* ein gerechter Frieden schnell erreicht werden könne, nämlich erstens, dass Wilson es zu einer Voraussetzung erhoben hatte, dass die Deutschen die Forderung nach einer Demokratisierung ihres Verfassungssystems erfüllten, und zweitens, dass Wilhelm II. abdanken würde.

Am 6. Oktober 1918 sandte die neu gebildete Regierung unter dem Kanzler Prinz Max von Baden ein formelles Ersuchen an Wilson zwecks Abschluss eines Waffenstillstands sowie der Eröffnung von Friedensverhandlungen auf der Grundlage der *Fourteen Points*. Dennoch zögerte Wilson, diesem Gesuch zu entsprechen. Wilson und seine Berater hatten erkannt, dass die Forderung nach bedingungsloser Kapitulation, wie sie im Falle Österreich-Ungarns drei Wochen zuvor das Ende der Habsburger Monarchie besiegelt hatte, nicht in Frage kam. Jedoch waren sie entschlossen, auf einigen spezifischen Bedingungen zu bestehen, die erfüllt sein müssten, bevor in ernsthafte Verhandlungen eingetreten werden könne; dazu gehörten insbesondere grundlegende Verfassungsreformen, durch die nicht nur die bisherigen Machthaber im Deutschen Reich ausgeschaltet, sondern ebenso das Verfassungssystem selbst entscheidend umgestaltet würde. Ohne Zweifel schürten diese Forderungen die revolutionäre Stimmung in Deutschland und trugen erheblich dazu bei, die Forderung nach Abdankung des Kaisers zu verstärken. Ganz offensichtlich trug die Vermutung, dass durch die Weigerung des Kaisers, in seine Abdankung einzuwilligen, eine rasche Beendigung der Kämpfe verzögert würde, zu der verbreiteten Unzufriedenheit mit der bestehenden Ordnung bei. Dies löste die revolutionäre Bewegung aus, die binnen weniger Tage die alte Ordnung hinwegfegte.

Dass Wilsons Politik auf eine vollständige Niederlage des Deutschen Reiches abgezielt hatte, war ursprünglich weder den regierenden Eliten noch der Öffentlichkeit klar gewesen. Zur großen Bestürzung der Zeitgenossen[24] machten es die Vereinigten Staaten zu einer Vorbedingung von Friedensverhandlungen, dass die deutsche Regierung dem Waffenstillstand unter Konditionen zustimmte, die nicht nur teilweise unehrenhaft waren, sondern es den Deutschen unmöglich machten, äußerstenfalls die Kampfhandlungen wieder aufzunehmen. Was man verlangte, war nichts weniger als die bedingungslose Kapitulation. Es ist kaum notwendig darauf hinzuweisen, dass die westlichen Alliierten anfänglich das genaue Gegenteil befürchtet hatten, hatten sie doch angenommen, dass die amerikanische Regierung den Deutschen allzu milde Bedingungen einräumen und die Alliierten dadurch um deren hart errungenen Sieg bringen würde.

Es ist nicht nötig, hier weiter in die Details zu gehen. Es möge genügen festzuhalten, dass die Linke, die ungeachtet der massiven, von den Konservativen und der »Vaterlandspartei« geschürten Kampagnen gegen Wilson ihre Hoffnung auf dessen idealistische »New Diplomacy« gesetzt hatte, sich unter diesen Umständen verraten fühlte. Die Auswirkungen dieses Umstands waren weitreichend. Die Bestürzung über Wilsons Strategie überschattete von Anfang an die Versuche, in Deutschland eine stabile demokratische Republik zu errichten. In Vorahnung dessen, was kommen würde, hatte Max Weber voller Bitterkeit kritisiert, dass Woodrow Wilson, indem er den Waffenstillstandsbedingungen, welche die vollständige Ausschaltung der deutschen Armee als Machtfaktor enthielten, zustimmte, seine eigene Verhandlungsposition gegenüber seinen Partnern auf der bevorstehenden Friedenskonferenz verhängnisvoll geschwächt habe; der Professor in dem mächtigsten Amt der Welt habe insofern einen verhängnisvollen Fehler begangen.[25] Weber veranlasste die Heidelberger *Vereinigung für Politik des Rechts,* gegen den Weg, der mit dem Waffenstillstand und seiner unbeugsamen Durchführung durch die Alliierten beschritten worden war, in aller Form zu protestieren:

Wir sind alle davon überzeugt, dass der von dem Präsidenten Wilson mit der Entente und Deutschland abgeschlossene Vertrag mehr bedeutet als eine bloße Bindung, die 14 Punkte durch die Friedensbedingungen notdürftig formal zu erfüllen, dass vielmehr darin in aller Feierlichkeit die gemeinsame Verpflichtung der beteiligten Staaten festgelegt war, dem Geist der Wilsonschen Grundsätze gerecht zu werden und einer weiteren Zerstörung Europas Einhalt zu tun.[26]

Er fügte hinzu, dass andernfalls die Neigung unter den Deutschen, den Völkerbund zu unterstützen, unwiederbringlich zerstört werde. Diese Erklärung beleuchtet die außerordentliche Enttäuschung, die sich im Lager der Progressiven über den strafenden Charakter des Waffenstillstands und der Bedingungen für den künftigen Friedensvertrag ausbreitete.

Nachdem die Bedingungen des Versailler Friedensvertrags bekannt geworden waren, erreichte die Empörung über Wilsons Politik in Deutschland und in den Rumpfstaaten des vormaligen Österreich-Ungarn beispiellose Ausmaße. Was man den Deutschen in Versailles anbot, schien vollkommen unvereinbar zu sein mit den Prinzipien Wilsons, die doch in den letzten Monaten so große Zustimmung gefunden hatten. Es ist bezeichnend, dass ausgerechnet jene Politiker, Journalisten und Akademiker, die früher Wilsons Ideen in der deutschen Öffentlichkeit an vorderster Stelle befürwortet hatten, nun zu seinen schärfsten Kritikern wurden und ungeachtet der möglichen Folgen die Meinung verfochten, dass man den Friedensvertrag keinesfalls unterschreiben dürfe. Von der Einfügung der Völkerbundsakte in die Pariser Friedensverträge erwartete man sich auf Seiten der westlichen Mächte ursprünglich, dass den Kriegsverlierern die Entwaffnung leichter fallen würde. Das aber stellte sich als ein weiterer schwerwiegender Fehler heraus. Infolgedessen geriet die Völkerbundsidee bei den »Verlierern« auf lange Zeit hinaus in Misskredit.[27]

Auch in den Ländern der Entente zeigte man sich nicht zufriedener. Die Italiener kämpften erbittert dafür, ihre Gebietsansprüche an der Adria, die ihnen im Londoner Vertrag von 1915 (den die Alliierten nach wie vor als gültig betrachteten) zugesprochen worden waren, gegen die heftigen Proteste der Amerikaner durchzusetzen. Überdies war zur Irritation der britischen Diplomaten, die in diesem Punkte niemals eine so weitgehende Verpflichtung Großbritanniens erwogen hatten, der Völkerbund in ein umfassendes System kollektiver Sicherheit umgeformt worden; und dies wohl in erster Linie in der Absicht, die Sicherheitsinteressen Frankreichs so weit wie möglich zu befriedigen, obschon es diesem System an dem Maß von Flexibilität fehlte, das dafür nötig gewesen wäre.

Allerdings war die Behandlung der territorialen Fragen der problematischste Aspekt der Pariser Friedensverträge; die Mehrdeutigkeit des Prinzips der nationalen Selbstbestimmung erwies sich nun für alle Arten der Manipulation verwendbar. Allzu rasch verflüchtigte sich die Hoffnung, ein neues Europa mit politisch stabilen und wirtschaftlich lebensfähigen Staaten auf der Grundlage demokratischer Verfassungen schaffen zu können. Aus der Sicht der »Verlierer« hatte sich Wilsons »New Diplomacy« als Täuschung herausgestellt. Das war insbesondere in Deutschland der Fall. Der berühmte Althistoriker Eduard Meyer, der während des Krieges erklärt hatte, er halte Wilson für »without any doubt an honest man who wished to achieve what he thinks to be right«, fasste nun die Sicht zusammen, die das deutsche Bild von Woodrow Wilson in den kommenden Jahren bestimmen sollte:

Für Deutschland bleibt Wilson der Typus eines salbungsvollen Heuchlers, in dessen Gestalt sich alles zusammenfasst, was dem deutschen Wesen entgegengesetzt und im Innersten zuwider ist. In der Weltgeschichte aber wird er fortleben als der Mann, der, indem er in doktrinärer Selbstüberhebung sich anmaßte, durch sein herrisches Eingreifen die

Weltgeschichte in neue Bahnen lenken zu können, nicht nur die Ideale vernichtet hat, die Deutschland zu verwirklichen strebte, sondern durch die Unterwerfung unter die wilde Rachsucht Frankreichs und den kaltherzigen Egoismus Englands der Henker der europäischen Kultur geworden ist ...[28]

Was die Briten betrifft, so blieben sie gegenüber dem Völkerbund misstrauisch und kamen bald zu der Überzeugung, dass es besser sei, vorsichtig an einer allmählichen Revision der Pariser Friedensverträge zu arbeiten, um ein vernünftiges Maß an Stabilität und Frieden in Europa wieder herzustellen. Die Franzosen ihrerseits kehrten sogleich zu den klassischen Methoden der Machtpolitik zurück, mit deren Hilfe sie das Deutsche Reich daran hindern wollten, jemals wieder eine größere Macht werden zu können, – am Ende mit katastrophalem Ausgang. Ohne amerikanische Unterstützung erwies sich der Völkerbund als ziemlich wirkungsloses Instrument zur Eindämmung der aggressiven Politik der neuen Nationen. Wilsons »New Diplomacy« endete – kurzfristig gesehen – mit einem beklagenswerten Misserfolg; allerdings lässt sich dem entgegenhalten, dass sie nach dem Zweiten Weltkrieg eine Wiedergeburt unter vergleichsweise weit günstigeren Bedingungen erfahren hat.

Anmerkungen

1 Aus dem Englischen übersetzt von Benedikt Stuchtey, Deutsches Historisches Institut London.

2 Lloyd E. Ambrosius, Woodrow Wilson and the American Diplomatic Tradition, Cambridge 1987, S. 16.

3 Sten. Prot., Bd. 307, S. 1525.

4 Zit. nach Kurt Winner, in: Arthur S. Link, Wilson and the Revolutionary World, 1913–1921, Chapel Hill 1982, S. 150.

3 Ebenda, S. 154.

4 Zit. nach Ernst Fraenkel, Das Deutsche Wilsonbild, in: Jahrbuch für Amerikastudien 5, 1960, S. 71, Anmerkung.

7 Berliner Tageblatt, zit. nach Theodor Wolff, Tagebücher 1914–1919, hrsg. von Bernd Sösemann, 2 Bde., Boppard 1984, S. 262.

8 Zit. nach Fraenkel, Das Deutsche Wilsonbild, S. 72.

9 David Stevenson, French War Aims and the American Challenge, in: Historical Journal 22 (1979), S. 883.

10 Philippe Soulez, Les Missions de Bergson ou des paradoxes du philosophe véridique et trompeur, in ders., Les philosophes et la Guerre 1914, Vincennes 1988, S. 67 ff.

11 Zit. nach Stevenson, French War Aims, S. 884.

12 Wolff, Tagebücher, S. 474 (Eintrag vom 23. 1. 1917, nachmittags).

13 Ebenda, S. 773 ff., das Zitat steht auf S. 776.

14 Friedrich Meinecke, Politische Schriften und Reden, Darmstadt 1957, S. 196.

15 Ebenda, S. 196 f.

16 Ursula Fortuna, Der Völkerbundsgedanke in Deutschland während des Ersten Weltkrieges, Zürich 1974, S. 82 ff.

17 Spartakusbrief vom 6. 8. 1917, in: Spartakusbriefe, Berlin 1958, S. 363.

18 Thomas J. Knock, To End All Wars. Woodrow Wilson and the Quest for a New World Order, Oxford 1992, S. 139 f.

19 Siehe Graf Paul Wolff-Metternich und Wilhelm Solf, Gegen die Unvernunft, Bremen 1964, S. 106: »Nichts ist so gefährlich in der Politik wie ein fanatisierter Professor. Denn er will unter allen Umständen Recht behalten.«

20 Arno J. Mayer, Political Origins of the New Diplomacy, 1917–1918, New Haven, Conn. 1959.

21 Ottokar Czernin, Im Weltkriege, Berlin u. a. 1919, S. 256 f.

22 Klaus Eppstein, Matthias Erzberger und das Dilemma der deutschen Demokratie, Frankfurt a. M. 1962, S. 279 ff.

23 Inga Floto, Woodrow Wilson. War Aims, Peace Strategy and the European Left, in: Link, Wilson and the Revolutionary World, S. 132.

24 Klaus Schwabe, Woodrow Wilson. Revolutionary Germany and Peacemaking 1918–1919, Chapel Hill 1985, S. 54.

25 Max Weber, Zur Neuordnung Deutschlands, Schriften und Reden 1918–1920, in: Max Weber-Gesamtausgabe Band I-16, hrsg. von Wolfgang J. Mommsen, Tübingen 1988, S. 456.

26 Ebenda, S. 524.

27 Vgl. Fraenkel, Das Deutsche Wilsonbild, S. 100 ff.

28 Die Vereinigten Staaten von Amerika, 1919, zitiert nach Fraenkel, Das Deutsche Wilsonbild, S. 100.

Der Friedensvertrag von Versailles. Eine Bilanz

Nach den bitteren Erfahrungen des Zweiten Weltkrieges, der mit dem Zusammenbruch des Großdeutschen Reiches endete und zur Flucht beziehungsweise Vertreibung von 11 Millionen Deutschen aus den ostmitteleuropäischen Staaten, zur Westverschiebung Polens und damit zum irreversiblen Verlust großer, ehemals deutscher Territorien geführt hat, urteilen wir über den Friedensvertrag, der am 28. Juni 1919 im Spiegelsaal von Versailles unterzeichnet wurde, um einiges milder als die Zeitgenossen.[1]

Für die Deutschen der Zwischenkriegszeit stellten die drückenden und demütigenden Bedingungen des Versailler Vertrags ein Trauma dar, das schwer auf der neu begründeten demokratischen Republik von Weimar lastete. Während des Ersten Weltkrieges waren die Deutschen unter dem Einfluss einer sich immer stärker aufschaukelnden Propaganda systematisch darauf eingestimmt worden, dass dieser Krieg nur mit einem großen Sieg enden könne, welcher die Hegemonie des Deutschen Reiches auf dem europäischen Kontinent endgültig sichern und zugleich den Durchbruch zur Weltmachtstellung bringen werde. Umgekehrt hatte die Linke – von den Sozialdemokraten bis hin zu den fortschrittlichen Liberalen und dem linken Flügel der Zentrumspartei – seit 1917, als sich abzeichnete, dass der Krieg nicht mehr gewonnen werden könne, alle ihre Hoffnungen auf die »Neue Diplomatie« des amerikanischen Präsidenten Woodrow Wilson gesetzt, der einen fairen Frieden ohne Annexionen und Kontributionen und eine friedliche Neuordnung Europas im Rahmen eines zu gründenden Völkerbunds in Aussicht gestellt hatte. Die vergleichsweise harten Bedingungen des Versailler Friedensvertrages stießen vor diesem Hintergrund in allen politischen Lagern gleichermaßen auf schärfste Ablehnung, selbst bei jenen, die grundsätzlich einräumten, dass das Deutsche Reich ein hohes Maß von Verantwortung für die Auslösung des Ersten Weltkrieges besaß. Die Anhänger einer Neuordnung der internationalen Politik im Sinne Woodrow Wilsons in Deutschland sahen in den Friedensbedingungen eine Art Wortbruch, eine Einstellung, die eine nüchterne Einschätzung der Lage erschwerte.[2] Der erste sozialdemokratische Reichskanzler Scheidemann sprach aus, was alle Deutschen dachten, als er im Reichstag erklärte, dass die Hand, welche sich dazu hergeben sollte, diesen Vertrag zu unterzeichnen, verdorren werde. Am Ende siegte dann doch die Einsicht, dass die Unterzeichnung dieses in allen wesentlichen Punkten oktroyierten Friedensvertrages immer noch besser sein würde als eine militärische Okkupation durch die Alliierten Mächte, der am Ende doch die Hinnahme der drückenden Bestimmungen folgen würde. Aber die Warnung Max Webers, dass die Unterzeichnung des Versailler Vertrags zu einer schweren Hypothek für die junge deutsche Demokratie werden würde, erwies sich als nur zu richtig: Am Ende, so hatte er geschrieben, werde es heißen, dass die Alliierten den Deutschen die Demokratie aufgezwungen hätten. So kam es denn auch. Die Gleichsetzung der Weimarer Republik mit dem System von Versailles und die Polemik gegen die dafür angeblich verantwortlichen »Novemberverbrecher«, die zu einem bevorzugten Thema der Reden Adolf Hitlers werden sollten, haben wesentlich zur Untergrabung der parlamentarischen Demokratie von Weimar und deren Zusammenbruch beigetragen.

Von allen Vertragsbestimmungen empfanden die Deutschen den Vorwurf der Alleinschuld des Deutschen Reiches am Kriege, der in dem berühmten § 231 festgeschrieben war, besonders demütigend; obschon dieser, wie wir heute wissen, von der Wahrheit nicht weit entfernt gewesen ist. Dies unter anderem hinderte sie daran, zur Tagesordnung überzugehen und das Beste aus den widrigen Bedingungen zu machen, die nach dem Ende des Krieges bestanden, während die Deutschen nach 1945 die Niederlage innerlich akzeptiert haben. Vielmehr konzentrierten sich die Bemühungen nicht nur der Politiker, sondern auch der Wissenschaftler und nicht zuletzt der Unternehmer und Bankiers nach 1919 darauf, den Friedensvertrag von Versailles mit allen verfügbaren Mitteln auszuhebeln, selbst auf die Gefahr hin, der deutschen Nation neuerlich einen schweren Schaden zuzufügen, statt auf der Grundlage der durch ihn gegebenen Verhältnisse konstruktive Wiederaufbauarbeit zu leisten. Die Bestrebungen, die Reparationsverpflichtungen so gut es ging zu unterlaufen und schließlich abzuschütteln, führten zur Hyperinflation des Jahres 1921, zu Störungen des Welthandels und zur Verschärfung der ohnehin bestehenden Ungleichgewichte im internationalen Finanzsystem. Der Reichskanzler Brüning war während der Weltwirtschaftskrise bereit, eine weitere Verschlechterung der katastrophalen wirtschaftlichen Lage in Kauf zu nehmen, um die ehemaligen Feindmächte zum Verzicht auf die Reparationen zu zwingen. Ohne die verheerenden Auswirkungen der

Wirtschaftskrise von 1930/32 wären die Nationalsozialisten wohl kaum zur Macht gelangt.

Dies hat dazu geführt, dass es zu einer Entwicklung kam, welche das düstere Szenario der Befürworter eines harten Friedens 1918/19 noch bei weitem in den Schatten stellen sollte. Denn die Nationalsozialisten haben nach 1933 nicht nur die Bestimmungen des Versailler Vertrages schrittweise unterlaufen und schließlich endgültig annulliert, sondern zielbewusst auf einen erneuten Krieg hingearbeitet, der die Ergebnisse des Ersten Weltkrieges wieder rückgängig machen und die von den Nachbarn Deutschlands mit einigem Recht gefürchtete Hegemonie des Deutschen Reiches über ganz Europa verwirklichen sollte.

Vor diesem Hintergrund werden die Argumente jener, die im Frieden von Versailles eine Halbheit sahen, welche die Deutschen nicht von einer erneuten gewaltsamen Revision der europäischen Länderkarte abhalten würde, in gewisser Weise bestätigt. Aus der Sicht vor allem der Franzosen war der Friedensvertrag von Versailles im Gegenteil viel zu milde, weil er ihnen unzureichende Sicherheit gegen eine mögliche Wiedererstarkung des Deutschen Reiches gewährte, insbesondere nachdem der ursprünglich mit Großbritannien und den USA ausgehandelte zusätzliche Bündnisvertrag für den Fall eines erneuten deutschen Angriffs wegen des Einspruchs des amerikanischen Senats entfallen war.

Auch die französischen Juristen sahen dies so; sie maßen den vertraglichen Sicherungen des Vertrages nur wenig Gewicht zu und sahen in ihrer kurzsichtigen Betrachtungsweise über einen bedeutsamen Schönheitsfehler des Vertrages hinweg, der eine erhebliche Minderung seiner moralischen Bindungskraft deswegen mit sich brachte, weil dieser nicht als ein echter Vertrag *de contrahendo* zwischen Partnern zustande gekommen, sondern dem Deutschen Reich und seinen Verbündeten auferlegt worden war, ohne dass ernsthafte Verhandlungen geführt worden waren.[3] Zwar verzichteten die Franzosen auf ihr anfängliches Ziel, die Zerschlagung des Deutschen Reiches in eine Mehrzahl von Staaten durchzusetzen[4], aber sie betrieben die faktische, wenn auch nicht völkerrechtliche Abtrennung der linksrheinischen Gebiete in der Hoffnung, dadurch dem Ziel der langfristigen Schwächung des Deutschen Reiches um einiges näher zu kommen. Aus den gleichen Gründen wirkten sie massiv darauf hin, dass dem Deutschen Reich im Versailler Vertrag drückende wirtschaftliche Bedingungen auferlegt wurden, um dessen militärische und wirtschaftliche Wiedererstarkung zu erschweren.

Vor allem unterstützten die französischen Diplomaten die weit reichenden Ziele der Sprecher der ost- und südosteuropäischen Völker uneingeschränkt, auch dort, wo dies die Einbeziehung großer Gruppen der deutschen Bevölkerung in die neuen Nationalstaaten zur Folge hatte. Im Grunde wurde die französische Diplomatie nach 1919/20 von der Furcht vor, ja unterbewusst gar von der Obsession eines erneuten Krieges mit dem Deutschen Reich geleitet, wie so oft in der Geschichte, am Ende zu einer self-fulfilling prophecy wurde. Auch in den alles entscheidenden territorialen Fragen war die französische Diplomatie in erster Linie von der Erwägung geleitet, wie man die Sicherung Frankreichs gegen einen künftigen Angriffskrieg des Deutschen Reiches durch die Errichtung eines Schutzwalls von möglichst starken Staaten in Ostmittel- und Südosteuropa erhöhen könnte.

Die französischen Soldaten maßen der Unterzeichnung des Friedensvertrags durch die Deutschen nur geringe Bedeutung zu, obschon die Unterzeichnung des Vertrages ihnen die endgültige Demobilisierung und die Rückkehr zu ihren Familien in Aussicht stellte. Sie sahen darin nur eine Etappe in dem weiter gehenden Konflikt mit den Deutschen, nicht aber einen wirklichen Friedensschluss.[5] Dies entsprach der Einstellung der Führungselite der Reichswehr in der Anfangsphase der Weimarer Republik, die alles daransetzte, den Versailler Vertrag wieder zu Fall zu bringen, während die übergroße Mehrheit der Soldaten 1918 ein Ende des Krieges gefordert hatte und für eine »levée en masse« keinesfalls zu haben war, wie sie damals von verschiedenen Seiten, u. a. von Walther Rathenau, gefordert worden war, .

Gravierender noch als die moralischen und wirtschaftlichen Bestimmungen, namentlich die Schuldfrage und die von den deutschen Eliten als ehrenrührig empfundene Forderung, die verantwortlichen Politiker und Militärs vor einem internationalen Gericht zur Verantwortung zu ziehen, waren die territorialen Bestimmungen des Versailler Vertrages und der damit verzahnten Pariser Vorortverträge. Auch in heutiger Sicht erscheint die damals, in Anwendung einerseits des Prinzips der nationalen Selbstbestimmung, andererseits aber verwickelter machtpolitischer Erwägungen, durchgeführte Neuordnung Ostmitteleuropas, unter Errichtung einer Reihe von neuen Nationalstaaten auf dem Territorium der zusammengebrochenen Donaumonarchie als der umstrittenste Aspekt der Pariser Vorortverträge. Die Anwendung des Wilson'schen Prinzips der nationalen Selbstbestimmung auf diesen – von ethnisch wie kulturell unterschiedlichen Bevölkerungsgruppen in Gemengelage besiedelten – Raum, die wesentlich am Maßstab der sprachlichen Zugehörigkeit zu bestimmten Völkern bzw. Volksgruppen orientiert war, erwies sich bereits als problematisch.[6] Seine Kombination mit machtpolitischen Gesichtspunkten, wie sie die europäischen Alliierten einbrachten, vermehrte die Schwierigkeiten noch zusätzlich.

Namentlich die französische Diplomatie unterstützte die weitreichenden Forderungen der ost- und südosteuropäischen Nationalbewegungen uneingeschränkt, auch dort, wo dies die Einbeziehung großer Gruppen der deutschen Bevölkerung in die neuen Nationalstaaten zur Folge hatte. Die Idee, man müsse einen *cordon sanitaire* gegen das Deutsche Reich etablieren, führte zu problematischen Lösungen, wie der Aufrechterhaltung der »historischen Grenzen« in Böhmen unter Verletzung des ansonsten hochgehaltenen Selbstbestimmungsrechts der Nationen. Bei der Gründung eines einheitlichen südslawischen Staates wurde geflissentlich übersehen, dass in diesem Raum ethnische, kulturelle und religiöse Komponenten nationaler Identität miteinander konkurrierten; daraus resultiert die problematische Gründung des neuen Staates Jugolawien als eines integralen Nationalstaats der Serben, Kroaten und Slowenen. Die Stabilität der neuen Staaten in Ost- und Ostmitteleuropa wurde von Anfang an durch die nationalrevolutionären Bestrebungen der nationalen Minderheiten bedroht, obschon die Friedensmacher in Paris durch ein Gesetz zum Schutz der jeweiligen nationalen Minderheiten, das in die jeweiligen Vorortverträge integriert war, Abhilfe zu schaffen gesucht hatten.[7]

Auch in den neuen Staaten war die Zufriedenheit mit den Bestimmungen des Versailler Vertrages und der Pariser Vorortverträge begrenzt. Hier breitete sich nun ein integraler, an der vorherrschenden Nationalität ausgerichteter Nationalismus aus, der einem Ausgleich zwischen den verschiedenen Nationalitäten innerhalb wie außerhalb der eigenen Staatsgrenzen wenig günstig gesonnen war. Zwar sicherten die neuen Verfassungen nationalen Minoritäten die bürgerliche Gleichberechtigung, und auch im Schulwesen kam es zu mancherlei Konzessionen, während alle Bemühungen von vornherein scheiterten, durch eine Dezentralisierung der Staatsfunktionen oder die Einführung eines nationalen Katasters, den nationalen Minderheiten einen rechtlich gesicherten Status zu verschaffen. Allerdings wird man aus heutiger Sicht bezweifeln können, ob unter den obwaltenden Umständen die Sprengkraft der Nationalitätenkonflikte durch derartige alternative Modelle dauerhaft hätte entschärft werden können.[8] Die westeuropäische Idee der Staatsnation, welche über die formalrechtliche Sicherstellung des Bürgers nicht hinausging und die nationalen Fragen gleichsam nur indirekt zur Kenntnis nahm, gewann die Oberhand. Dies gilt übrigens auch für die Rückgliederung des Elsass und Lothringens in den französischen Staatsverband. Auch hier hatten die immerhin vorhandenen Bestrebungen, für die Elsass-Lothringer einen autonomen Status innerhalb des französischen Staates zu erlangen, keinerlei Chancen. Vielmehr wurde die Rückkehr Elsass-Lothringens in das rechtliche und administrative System der französischen Republik vom Tage der Unterzeichnung des Waffenstillstands an mit großer Energie betrieben. Die Repräsentanten und Gefolgsleute der bisherigen deutschen Verwaltung ebenso wie die deutschen Leiter der lokalen Industrieunternehmungen wurden unverzüglich ausgewiesen.[9] Die anfänglichen Proteste auf deutscher Seite gegen die rigide französische Renationalisierungspolitik in Elsass-Lothringen verhallten wirkungslos.

Unter diesen Umständen waren die Aussichten nicht eben gut, dass Europa nach dem Abschluss der territorialen Neuordnung, die sich wegen der in einigen Regionen noch durchzuführenden Plebiszite noch um einiges hinauszog, zur Ruhe kommen werde. Es kam hinzu, dass das Vertrauen darauf, dass sich mit Hilfe des Instruments des Völkerbundes künftige militärische Konflikte in Europa verhindern oder begrenzen lassen würden, allseits gering war, zumal die Verlierer des Krieges in dessen Institutionen zunächst nicht vertreten waren. Namentlich die Deutschen sahen im Völkerbund weithin nur ein Instrument zur Knebelung der deutschen Politik.

Die Deutschen empfanden die erzwungene Abtretung großer Territorien im Osten, einschließlich der Abschneidung Ostpreußens vom Deutschen Reiche und der Schaffung einer Freien Stadt Danzig, als schwere Demütigung. Sie waren damals nicht dazu bereit, die Anwendung der Grundsätze des Selbstbestimmungsrechts der Völker auf den ostmitteleuropäischen Raum zu akzeptieren, geschweige denn als gerecht anzusehen. Im Gegenteil, sie forderten die Wiederherstellung der Vorrangstellung der Deutschen im ostmitteleuropäischen Raum mit dem Argument, dass sie hier, und zwar auch in jenen Gebieten, in denen sie nur eine Minderheit waren, seit Jahrhunderten die kulturelle und wirtschaftliche Führung innegehabt hätten und dazu berufen seien, diese auch weiterhin auszuüben. Der Versailler Vertrag habe den historisch gewachsenen deutschen »Volks- und Kulturboden« in leichtfertiger Weise den Polen bzw. Tschechen zugeschlagen und die kulturtragenden deutschen Minderheiten der gewaltsamen Polonisierung bzw. Slawisierung ausgeliefert.[10] Selbst ein so angesehener Historiker wie Hans Rothfels argumentierte 1932, dass der Nationalstaat im westeuropäischen Sinne in Osteuropa zu einer »wirklichkeitsfremden und lebensfeindlichen Theorie« geworden sei: »Nicht die Verewigung einer Siegerkonjunktur [gemeint sind die territorialen Regelungen des Versailler Vertrages, A. d. Vf.] mit dem Schwund kulturell besonders ›wertvoller‹ Minderheiten, sondern nur die organische Neuordnung nach der Reife der Volkskräfte und dem Grad der Leistung« könne »den östlichen Raum vor dem Chaos bewahren, das in ihm selbst lauert ...«[11] Eine solche Einstellung, wie sie in weiten Teilen der deutschen Intelligenz und namentlich der Akademikerschaft Anhang gewann, gab den Anstoß für einen erbittert geführten »Volkstumskampf« vor allem gegen die Polen, welcher der nationalsozialistischen Herrschaft in vieler Hinsicht die Wege gebahnt hat. Die jüngsten Auseinandersetzungen über die Unterstützung der nationalsozialistischen Ostpolitik durch namhafte deutsche Historiker werfen ein Schlaglicht auf diese Probleme.

In mancher Hinsicht vergleichbar war auch die Reaktion Italiens auf die Pariser Vorortverträge. Die Italiener sahen in diesen Verträgen weniger eine Sicherung des europäischen Friedens, sondern ganz im Gegenteil eine Verletzung des Londoner Vertrages und eine ungerechtfertigte Beschneidung der italienischen territorialen Ansprüche an der Adria, einer Region, in der sie schon vor dem Ersten Weltkrieg eine italienische Hegemonialstellung angestrebt und ein gewisses Maß von kultureller Hegemonie ausgeübt hatten. Nicht allein die italienische Rechte sprach deshalb bitter von einem »verlorenen Frieden«.[12] Dies diente als günstige Ausgangsposition für die Machtergreifung des Faschismus in Italien, der gleichsam in die Schuhe des rechten Nationalismus der Kriegsjahre und der unmittelbaren Nachkriegszeit trat.

In der Tat wurde die Politik der Zwischenkriegszeit maßgeblich von dem Umstand bestimmt, dass »der Krieg in den Köpfen« (Gerd Krumeich)[13] auch nach der Unterzeichnung der Pariser Vorortverträge unvermindert anhielt. Zum Teil war dies durch die Art, in der die Friedensverhandlungen auf allen Seiten geführt worden waren, vorprogrammiert worden. Der Leiter der deutschen Delegation in Versailles, Ulrich Graf Brockdorff-Rantzau, hatte seine Verhandlungsstrategie von vornherein darauf angelegt, das Friedenswerk als solches moralisch zu diskreditieren, und deshalb – übrigens entgegen den Weisungen des Reichskabinetts – die Frage der Kriegsschuld in den Vordergrund seiner Verhandlungsstrategie gestellt mit dem Ziel, die Weltöffentlichkeit gegen den Vertrag zu mobilisieren. Bei Lage der Dinge war dies wenig aussichtsreich, obschon nicht wenige neutrale Länder über die Härte des Versailler Vertrages wenig glücklich waren.[14]

Es steht dahin, ob eine nüchternere Strategie, welche die deutsche Öffentlichkeit nicht noch zusätzlich gegen das Vertragswerk eingenommen hätte, viel an der Lage geändert hätte.[15] Auch die Alliierten, und namentlich die französische Regierung betrieben eine Emotionalisierung der ohnehin äußerst gespannten Verhandlungen in Versailles. Wenn die französische Regierung es so arrangierte, dass die deutsche Delegation auf ihrem Weg in die Verhandlungsräume mit einer Reihe von auf grässlichste Weise verunstalteten Kriegsbeschädigten, den »gueules cassées«, konfrontiert wurde, um den Deutschen ihre moralische Schuld handgreiflich vor Augen zu führen, so lässt sich ein massiverer Einsatz suggestiver, den Gegner moralisch diskreditierender Mittel wohl schwer vorstellen.[16] Insofern kann es nicht überraschen, dass die hitzigen Auseinandersetzungen über den Frieden von Versailles sowie, in geringerem Maße, die anderen Pariser Vorortverträge auch nach deren Zustandekommen weiterhin anhielten, ja noch erheblich an Schärfe und emotionaler Tonlage zunahmen.

Es waren nicht nur die wilhelminischen Machteliten, die den Kampf gegen Versailles zu einem Kernbestandteil ihrer politischen Zielsetzungen erhoben, sondern in gewissem Sinne war es auch die Linke, von der Sozialdemokratie bis hin zu den vielbeschworenen »Linken Leuten von Rechts«, allen voran Karl Radek. Sie stand dabei teilweise unter dem Einfluss der Politik der UdSSR und der Komintern, ihres propagandistischen Arms im Ausland, welche sich ebenfalls dem Kampf gegen das System von Versailles verschrieben hatte und um Kooperation mit den Verlierermächten warb. Jedoch wurde die Kampagne gegen Versailles in der Folge vor allem von den rechtsradikalen Verbänden und Parteien geführt, während die wilhelminischen Eliten in den Fragen der Friedensordnung Europas weit eher zu politischen Kompromissen mit den ehemaligen Siegermächten bereit waren, was sich beispielsweise an der nüchternen Realpolitik Gustav Stresemanns seit 1924 ablesen lässt. Die wilhelminischen Eliten, welche in den Institutionen der Gesellschaft, vor allem aber auf den öffentlichen Foren, nach wie vor den Ton angaben, verfolgten freilich weiterhin das Ziel des Wiederaufstiegs Deutschlands zu einer europäischen Großmacht unter Abschüttelung der Restriktionen des Versailler Vertrages. Sie wurden allerdings nunmehr ihrerseits von rechts her überholt; die Agitation gegen den angeblichen »Schmachfrieden« von Versailles, die sie ursprünglich initiiert und maßgeblich getragen hatten, kehrte sich jetzt gegen sie selbst.

Es war die sich ob des Vertrags von Versailles abzeichnende politische Destabilisierung in Deutschland, die vor allem in Großbritannien eine Politik der schrittweisen Revision des Vertrages und schließlich des »appeasement« zum Zuge brachte. Diese setzte freilich zu zaghaft und viel zu spät ein, um den Zusammenbruch der Weimarer Republik noch abwenden zu können. Ihre Erfolge kamen dann gänzlich unverdienterweise

Adolf Hitler zugute.[17] Denn die Machtstellung der Staatsmänner, die, wenn auch unter großen Reserven und Widerständen, ihre Unterschrift unter das Vertragswerk von Versailles gesetzt hatten, gerieten nun unter den Druck der extrem rechtsgerichteten Parteien, welche sich mit zunehmendem Erfolg der Agitation gegen Versailles als der angeblichen Ursache allen Übels bedienten, um die demokratische Ordnung von Weimar auszuhebeln. Es hing mit der Schwächung der innenpolitischen Position der wilhelminischen Eliten zusammen, dass sie sich schließlich dazu bereit fanden, wenn es denn nicht anders ging, zum Zwecke ihrer Machterhaltung einen Pakt mit der nationalsozialistischen Bewegung zu schließen, nachdem es dieser gelungen war, in den breiten Massen der Bevölkerung wachsenden Anhang zu mobilisieren. Der Kampf gegen Versailles war das Kernstück der außenpolitischen Zielsetzungen der wilhelminischen Eliten; darin trafen sie sich mit Adolf Hitler; dieser aber verstand es, diese Bestrebungen zum Vehikel zu machen, um die Macht in Deutschland zu erlangen, obgleich seine eigenen, damals freilich nur teilweise offen deklarierten Zielsetzungen über die Beseitigung des »Diktats von Versailles« weit hinausgingen.

Man sollte dabei freilich nicht den Tatbestand aus dem Auge verlieren, dass dies erst zu einem Zeitpunkt geschah, an dem die mit den Pariser Vorortverträgen geschaffene politische Ordnung bereits an vielen Stellen Europas eingebrochen war. In Italien und Ungarn waren faschistische Regime zur Macht gelangt, in Spanien und Portugal waren autoritäre Herrschaftsordnungen entstanden, und auch die präsidialen Regierungen in Österreich und Polen hatten zunehmend diktatorische Züge angenommen. Das Werk der »Friedensmacher« von Paris lag weithin in Trümmern; Europa war weiter denn je zuvor von der Devise Woodrow Wilsons entfernt »to make the world safe for democracy«. Selbst in den Vereinigten Staaten führte die negative Bilanz der Politik Woodrow Wilsons zu einer schweren Erschütterung des *progressive liberalism*.[18]

Dieses düstere Bild der Auswirkungen der Versuche einer Neuordnung Europas nach dem Ersten Weltkriege hellt sich ein wenig auf, wenn der Vertrag von Versailles in die Reihe der Friedensschlüsse des 19. und 20. Jahrhunderts gestellt wird.[19] Dann wird deutlicher, dass der Versailler Vertrag in seinen inhaltlichen Bestimmungen nicht eben sonderlich radikaler gewesen ist als viele andere Friedensverträge. Es war die überhitzte nationalistische Atmosphäre am Ausgang des Krieges, die infolge des Aufstiegs der Massendemokratie, der schon während des Weltkrieges eingesetzt hatte und sich nach Kriegsende mit großer Beschleunigung fortsetzte, wie ein Buschbrand immer weitere Kreise in ihren Bann zog.

Nüchterne machtpolitische Arrangements traditionellen Stils wurden dadurch zu einer Unmöglichkeit gemacht. Es war dieser neue Nationalismus, der den Pariser Verträgen ihre politisch überwiegend destruktive Sprengkraft verlieh.

Man könnte sich auch einer kontrafaktischen Argumentation bedienen und fragen, welche Regelungen denn anstelle der explosiven Mischung der »Neuen Diplomatie« Woodrow Wilsons einerseits und der traditionellen Machtpolitik herkömmlichen Stils andererseits, untermischt mit Elementen eines integralistischen Nationalismus, denn hätten Platz greifen sollen? Es ist ersichtlich, dass eine einfache Antwort darauf nicht zu finden ist. Tatsache ist, dass die Diplomaten und Staatsmänner im Detail zwar vieles hätten anders machen können und machen müssen, aber grundsätzliche Alternativen waren damals nicht zur Hand und sind auch heute nicht erkennbar.

Ein nüchterner Blick auf den Vertrag von Versailles ergibt überdies, dass dieser auf völkerrechtlichem Felde bedeutsame Innovationen gebracht hat, die heute allgemein akzeptiert sind, wie die Ächtung des Angriffskrieges und die Idee der Vereinten Nationen als Instrument der Friedenswahrung.[20] Auch die direkten und indirekten Auswirkungen der Pariser Vorortverträge auf die imperialistische Politik der europäischen Mächte sollte nicht aus dem Auge verloren werden. Die Idee der *trusteeship,* die hinfort als einzige Legitimation kolonialer Herrschaft anerkannt wurde, hat zwar dem Kolonialismus, der in den 20er Jahren nahezu unverändert fortbestand, keinesfalls ein Ende gemacht, aber doch den Emanzipationsbewegungen in der Dritten Welt, die nach dem Zweiten Weltkrieg zu Trägern des Dekolonisierungsprozesses wurden[21], bedeutenden moralischen Auftrieb gegeben.

Heute würden die Deutschen sich glücklich schätzen, wenn sie unter Bedingungen leben könnten, wie sie nach 1919 bestanden, aber möglicherweise würden sie dies gar nicht mehr wollen. Eine starke militärische Machtstellung herkömmlichen Stils, gestützt auf eine große Armee, wie sie die deutschen Unterhändler in Versailles als Idealziel vor Augen hatten, wollen sie selbst nicht mehr. Die wirtschaftlichen Diskriminierungen des Versailler Vertrages sind heute bedeutungslos geworden. Den ehemals deutschen Kolonien weint niemand mehr nach, und an die riesigen Schuldenlasten der Zwischenkriegsjahre erinnert nur noch die Existenz einer Bank für internationalen Zahlungsausgleich in Basel, die freilich längst zu einer gewöhnlichen internationalen Geschäftsbank geworden ist. Die Aussöhnung mit Frankreich und mehr noch die Versöhnung mit Polen und den anderen osteuropäischen Völkern ist erreicht, und die heute noch ungleich enger gezogenen Grenzen Deutschlands sind nicht mehr umstritten. Auch die Sicherheitsbedürfnisse unserer europäischen Nachbarn, allen voran Frankreichs, gegenüber Deutschland sind kein Thema. Unter solchen Umständen bestehen günstige Voraussetzungen für eine kritische Bestandsaufnahme aus historischer Sicht, die frei ist von den nationalistischen Leidenschaften, die 1919/20 in allen Ländern, die am Ersten Weltkrieg teilgenommen hatten, den Blick für einen nüchternen Blick auf die Tatsachen verstellten, und die nicht mehr danach fragt, ob die Deutschen denn die Reparationen tatsächlich hätten zahlen können oder nicht, und sich ebenso nicht mehr mit der Frage aufhält, in welchem Umfang die territorialen Neuordnungen, über die inzwischen ein neuer gewaltiger kriegerischer Sturm hinweggefegt ist und diese weithin zu Makulatur gemacht hat, gerechtfertigt waren. Es ist daher angebracht, wenn die historische Forschung, wie es in diesem Bande geschieht, die verhängnisvolle Schieflage der politischen Mentalitäten der europäischen Völker in der Zwischenkriegszeit zur Darstellung bringt.

Anmerkungen

1 Diese Abhandlung ist aus einer Zusamenfassung der Beiträge zu einer Tagung hervorgegangen, die unter dem Titel »Versailles 1919. Ziele, Wirkungen, Wahrnehmung, hrsg. von Gerd Krumeich, Essen 2001« erschienen sind. Auf diese Beiträge wird im Folgenden wiederholt verwiesen.

2 Vgl. Wolfgang J. Mommsen, Die europäische Reaktion auf Woodrow Wilsons »New Diplomacy«, in: Gerhard A. Ritter/Peter Wende (Hrsg.), Rivalität und Partnerschaft. Studien zu den deutsch-britischen Beziehungem im 19. und 20. Jahrhundert, Paderborn 1999, S. 145–162, hier S. 155 ff.; siehe oben S. 193–197. Vgl. auch Klaus Schwabe, »Gerechtigkeit für die Großmacht Deutschland«. Die deutsche Friedensstrategie in Versailles, in: Gerd Krumeich (Hrsg.), Versailles 1919. Ziele, Wirkung, Wahrnehmung, Essen 2001, S. 71–86, hier S. 77 ff.

3 Vgl. Annie Deperchin, Die französischen Juristen und der Versailler Vertrag, in: Ebenda., S. 87–102, hier S. 98 ff.

4 Vgl. Jean-Jacques Becker, Frankreich und der gescheiterte Versuch, das Deutsche Reich zu zerstören, in: Ebenda., S. 65–70.

5 Vgl. Bruno Cabanes, Die französischen Soldaten und der »Verlust des Sieges«, in: Ebenda, S. 269–279.

6 Vgl. Anton Pelinka, Intentionen und Konsequenzen der Zerschlagung Österreich-Ungarns, in: Ebenda, S. 202–211, hier S. 210. Pelinka kommt zu dem Schluss, dass das Selbstbestimmungsrecht »nicht wirklich geeignet« gewesen sei, »dem mitteleuropäischen Raum politische Stabilität zu geben«.

7 Vgl. dazu Pelinka, Zerschlagung Österreich-Ungarns, S. 208 ff., Detlev Brandes, Die Tschechoslowakei und die Pariser Vorortverträge, in: Ebenda, S. 174–192, hier: S. 184 ff., Hans Hecker, Zweimal Polen: In Versailles und heute. Erwartungen

und Ergebnisse, in Ebenda, S. 333–341, hier: S. 335 ff.; und Dittmar Dahlmann, Gewinner oder Verlierer? Die Bedeutung der Pariser Friedensverträge für Jugoslawien und Ungarn, in: Ebenda, S. 193–201.

8 Siehe dazu für den besonders kritischen Fall der Tschechoslowakei: Brandes, Tschechoslowakei, S. 186 ff.

9 Vgl. dazu die bemerkenswerte Studie von François Roth, Die Rückkehr Elsass-Lothringens zu Frankreich, in: Ebenda, S. 126–144, hier S. 130–139.

10 Vgl. Wolfgang J. Mommsen, Vom »Volkstumskampf« zur nationalsozialistischen Vernichtungspolitik in Osteuropa. Zur Rolle der deutschen Historiker unter dem Nationalsozialismus, in: Winfried Schulze/Otto Gerhard Oexle, Deutsche Historiker im Nationalsozialismus, Frankfurt a. M. 2000², S. 183–214, hier S. 183 ff.

11 Hans Rothfels, Das Problem der Nationalität im Osten, in: Ders., Ostraum, Preußentum und Reichsgedanke. Historische Abhandlungen, Vorträge und Reden, Leipzig 1935, S. 183.

12 Vgl. Holger Afflerbach, »... nearly a case of Italy contra mundum?« Italien als Siegermacht in Versailles 1919, in: Krumeich (Hrsg.), Versailles 1919, S. 159–173.

13 Vgl. Gerd Krumeich, Versailles 1919. Der Krieg in den Köpfen, in: Ebenda, S. 53–64.

14 Bezüglich des besonders interessanten Falls der Niederlande, die in der Tat von einer lang anhaltenden Schwächung der Wirtschaftskraft Deutschlands erhebliche Nachteile zu erwarten hatten, siehe Duco Hellema, Die Probleme eines ehemals neutralen Landes. Die Niederlande und der Versailler Vertrag, in: Ebenda, S. 225–233.

15 Vgl. Klaus Schwabe, Friedensstrategie, S. 71 f. bzw. S. 85.

16 Vgl. Stephane Audoin-Rouzeau, Die Delegation der »gueules cassées« in Versailles am 28. 6. 1919, in: Ebenda, S. 280–287, hier S. 286 f.

17 Vgl. Christoph Jahr, Der lange Weg nach München. Britische Außenpolitik unter dem Eindruck von Versailles, in: Ebenda, S. 113–125, hier S. 122 ff.

18 Vgl. Matthias Waechter, Versailles und der amerikanische Liberalismus, in: Ebenda, S. 105–112, hier S. 108 ff.

19 Vgl. Jost Dülffer, Versailles und die Friedensschlüsse des 19. und 20. Jahrhunderts, in: Ebenda, S. 17–34.

20 Vgl. Thomas Würtemberger und Gernot Sydow mit ihrem bemerkenswerten Beitrag über »Versailles und das Völkerrecht«, in: Ebenda, S. 35–52, der deutlich zeigt, wie weit sich die Voraussetzungen für eine Beurteilung des Versailler Vertrages aus völkerrechtlicher Sicht im letzten Halbjahrhundert verschoben haben.

21 Vgl. Jürgen Zimmerer, Von der Bevormundung zur Selbstbestimmung. Die Pariser Friedenskonferenz und ihre Auswirkungen auf die britische Kolonialherrschaft im südlichen Afrika, in: Ebenda, S. 145–158, hier S. 153.

Anhang

Drucknachweis

Studien zur Geschichte des Ersten Weltkrieges: Originalbeitrag.
Der Erste Weltkrieg als Anfang vom Ende des bürgerlichen Zeitalters: Originalbeitrag.

Das Deutsche Reich im Ersten Weltkrieg: Gerhard Hirschfeld/Gerd Krumeich/Irina Renz (Hg.), Enzyklopädie des Ersten Weltkriegs, Paderborn 2003

Wilhelm II. als König von Preußen und deutscher Kaiser: Originalbeitrag.

Kontinuität des Irrtums. Das Deutsche Reich an der Schwelle zum totalen Krieg: Manfred Hettling (Hg.), Figuren und Strukturen. Historische Essays für Hartmut Zwahr zum 65. Geburtstag, München 2002.

Die Mitteleuropaidee und die Mitteleuropapläne im Deutschen Reich: unter dem Titel »Die Mitteleuropaidee und die Mitteleuropaplanungen im Deutschen Reich vor und während des Ersten Weltkrieges« in: Richard G. Plaschka u.a. (Hg.), Mitteleuropa-Konzeptionen in der ersten Hälfte des 20. Jahrhunderts, Wien 1995.

Der »polnische Grenzstreifen«. Anfänge der »völkischen Flurbereinigung« und der Umsiedlungspolitik: unter dem Titel »Anfänge des *ethnic cleansing* und der Umsiedlungspolitik im Ersten Weltkrieg« in: Eduard Mühle (Hg.), Mentalitäten – Nationen – Spannungsfelder. Studien zu Mittel- und Osteuropa im 19. und 20. Jahrhundert, Marburg 2001.

Kriegsalltag und Kriegserlebnis im Ersten Weltkrieg: Militärgeschichtliche Zeitschrift 59 (2000).

Deutsche und englische Dichter im Ersten Weltkrieg: Originalbeitrag

Die christlichen Kirchen im Ersten Weltkrieg: Unter dem Titel »Die nationalgeschichtliche Umdeutung der christlichen Botschaft im Ersten Weltkrieg« in: Gerd Krumeich/Hartmut Lehmann (Hrsg.), »Gott mit uns«. Nation, Religion und Gewalt im 19. und frühen 20. Jahrhundert, Göttingen 2000.

Die europäische Reaktion auf Woodrow Wilsons »New Diplomacy«: Gerhard A. Ritter (Hg.), Rivalität und Partnerschaft. Studien zu den deutsch-britischen Beziehungen im 19. und 20. Jahrhundert. Festschrift für Anthony J. Nicholls, Paderborn 1999.

Der Friedensvertrag von Versailles. Eine Bilanz: Unter dem Titel »Der Vertrag von Versailles: Eine Bilanz« in: Gerd Krumeich/Silke Fehlemann (Hg.), Versailles 1919. Ziele, Wirkung, Wahrnehmung, Essen 2001, S. 351–360.

Namenregister

Wege in die Gewalt

Die modernen politischen Religionen
Herausgegeben von Hans Maier
Band 14904

Um die Gewaltexplosionen des 20. Jahrhunderts erklären zu können, ist eine Auseinandersetzung mit der quasi-religiösen Faszinationskraft moderner Ideologien unerlässlich.

Omer Bartov, Philippe Burrin, Peter Krüger, Hermann Lübbe und andere renommierte Fachleute aus dem In- und Ausland diskutieren diesen neuen ideengeschichtlichen Interpretationsansatz, der nach den Wurzeln totalitärer Gewalt fragt.

Fischer Taschenbuch Verlag

Volker Ullrich

Die nervöse Großmacht 1871-1918

Aufstieg und Untergang des deutschen Kaiserreichs

Band 11694

Der Blick auf das deutsche Kaiserreich von 1871 hat sich in den letzten Jahren verändert. Wurden früher die rückständigen, anachronistischen Elemente betont, so entdeckt man neuerdings die dynamischen, entwicklungsfähigen Züge. Beides aber gehört untrennbar zusammen. Volker Ullrich macht in seinem Buch das eigentümliche Zwitterwesen der Bismarck-Schöpfung sichtbar. Indem er Politik-, Gesellschafts- und Kulturgeschichte zusammenführt, gelingt es ihm, die widerspruchsvolle Verbindung von Immobilität und Modernität auf den verschiedenen Ebenen zu thematisieren.

Aus dieser brisanten Gemengelage vermag er auch die nervöse Reizbarkeit zu erklären, die zu einem spezifischen Merkmal wilhelminischer Politik und Mentalität wurde - und die die konservativen Führungsschichten schließlich im Juli 1914 zur ›Flucht nach vorn‹ in den Weltkrieg getrieben hat. Das Buch besteht aus vier großen Teilen: *Das Deutsche Reich im Zeitalter Bismarcks - Das Wilhelminische Deutschland - Die Gesellschaft des Kaiserreichs* und *Der Erste Weltkrieg.* Vieles, was im Nationalsozialismus schreckliche Wirklichkeit werden sollte, war bereits in der wilhelminischen Ära angelegt.

Fischer Taschenbuch Verlag

fi 2063 / 5

Geschichtswissenschaften

Eine Einführung
Herausgegeben von Christoph Cornelißen

Band 14566

Das unentbehrliche Kompendium
für Studienanfängerinnen und -anfänger.

Geschichtswissenschaften heute
Das Studium – Die Geschichtswissenschaft am Ende
des 20. Jahrhunderts – Der Beruf des Historikers

Epochen der Geschichte
Antike – Mittelalter – Frühe Neuzeit –
Geschichte seit 1789 – Zeitgeschichte

Klassische Felder der Geschichtswissenschaften
Politische Geschichte – Sozialgeschichte –
Kulturgeschichte – Militärgeschichte –
Wirtschaftsgeschichte – Osteuropäische Geschichte –
Imperialgeschichte

Neue Felder der Geschichtswissenschaften
Mentalitätsgeschichte – Technikgeschichte –
Geschichte der Erinnerungskulturen –
Religionsgeschichte – Geschlechtergeschichte –
Historische Anthropologie

Fischer Taschenbuch Verlag